贵州省教育厅青年科技人才成长项目（黔教合KY字［2016］329号）资助

兴义民族师范学院学科建设（方向为：心理健康教育）资助

U0750432

青少年社会交往行为问题的特点、因素及教育对策

谢玲平 ▶ 著

黄河出版传媒集团

阳光出版社

图书在版编目（CIP）数据

青少年社会交往行为问题的特点、因素及教育对策 /
谢玲平著. -- 银川：阳光出版社, 2024.8. -- ISBN
978-7-5525-7484-5

Ⅰ. C912.11

中国国家版本馆CIP数据核字第2024HW2534号

青少年社会交往行为问题的特点、因素及教育对策

谢玲平 著

责任编辑 陈建琼
封面设计 宋俊清
责任印制 岳建宁

黄河出版传媒集团
阳 光 出 版 社 出版发行

出 版 人 薛文斌
地 址 宁夏银川市北京东路139号出版大厦（750001）
网 址 http://www.ygchbs.com
网上书店 http://shop129132959.taobao.com
电子信箱 yangguangchubanshe@163.com
邮购电话 0951-5047283
经 销 全国新华书店
印刷装订 文畅阁印刷有限公司
印刷委托书号 （宁）0031057

开 本 710 mm×1000 mm 1/16
印 张 15.5
字 数 260千字
版 次 2024年8月第1版
印 次 2024年8月第1次印刷
书 号 ISBN 978-7-5525-7484-5
定 价 78.00元

◢ 序 言

　　青少年社会行为和心理健康是心理学、教育学和社会科学领域的研究重点之一。这个时期的青少年经历了身体、认知和情感层面的巨大变化，他们开始在社交和心理健康方面面临许多挑战。青少年时期是人格发展的关键时期，也是建立社交技能和情感调适的关键时期。

　　社会行为包括青少年在社交情境中的表现，涵盖了友谊、家庭关系、同辈互动、学校环境和社交媒体等方面。青少年时期的社会行为表现多种多样，包括友善、亲社会行为、合作，以及反社会行为如攻击、欺凌和违法行为。这些行为不仅影响他们的心理健康，还对同龄人和社会环境产生深远的影响。

　　青少年社会行为与心理健康之间存在密切的相互关系。正向的社会行为和健康关系通常表现出积极的相关性，因为积极的社会互动有助于建立支持性的人际关系，提高自尊心，降低抑郁和焦虑的风险。相反，负向的社会行为，如欺凌、孤立和侵略性行为可能对青少年的心理健康产生严重的负面影响。

　　青少年时期也是自我认同和自我价值发展的关键时期。青少年面临来自同辈、家庭和社会的压力，需要适应社会期望，建立自己的身份。社会行为在这一过程中扮演着重要的角色，因为它们可以塑造青少年的自我概念和情感调适策略。青少年的心理健康问题，如焦虑、抑郁、自杀和自伤行为等也与其社会行为密切相关。

　　总之，研究青少年社会行为与心理健康之间的关系对于我们更好地理解和支持青少年的发展至关重要。这一领域的研究有助于制定更有效的教育政策、心理健康干预措施，以及提供资源来帮助青少年应对社会压力和促进积极的人际互动。

在大中小学生中，攻击性行为一直是心理学和教育领域的研究重点。这种行为表现出多种形式，包括身体暴力、言语侮辱、社交排斥等，对受害者和社会环境都带来严重的负面影响。理解和研究攻击性行为在不同年龄段学生中的发展和表现是至关重要的，因为这有助于采取预防和干预措施，以创造更安全和更健康的学习环境。大中小学生的攻击性行为受多种因素的影响，包括家庭背景、社交互动、心理健康等。在家庭方面，父母的教养方式、亲子关系质量以及家庭暴力等因素可能对孩子的攻击性产生重要影响。此外，同龄人关系、学校氛围和教育政策也在塑造攻击性行为方面发挥着关键作用。

深入探讨不同年龄段学生的攻击性行为的特点、原因和影响，以及如何有效预防和处理这一问题。这将有助于提供更具针对性的教育政策和干预措施，以减少攻击性行为在学校和社会中的发生率。

中小学生通常是攻击性行为的主要表现群体之一，因为他们正处于社交和情感发展的关键时期。小学至中学，是人际关系建立、道德价值观形成和情感调适的时期，这使得攻击性行为成为一个重要的研究领域。中小学生的攻击性行为通常受到多种因素的影响。首先，家庭背景在中小学生攻击性行为中成为关键因素。不良的家庭环境、家庭关系紧张、亲子冲突等因素可能增加中小学生成为攻击行为的受害者或加害者的风险。

攻击性行为对中小学生的影响是多方面的。受害者可能经历身体伤害、情感创伤、自尊心下降和学业成绩下降。暴力行为的受害者也可能在未来面临心理健康问题，如焦虑和抑郁。对于施暴者来说，他们可能在将来表现出犯罪行为，难以建立健康的人际关系。

校园暴力一直是一个备受关注的社会问题，尤其是在中小学阶段。校园暴力包括体罚、欺凌、性骚扰、打架等各种形式的暴力行为，对中小学生的身体和心理健康产生深远的影响。了解校园暴力的原因、影响和预防措施对于提供安全、支持性的学习环境至关重要。校园暴力还对整个学校社区产生负面影响。它破坏了学习环境，引发恐惧和不安，影响了学校的声誉。

因此，研究校园暴力的原因、影响和预防措施至关重要。了解这些因素可以帮助教育工作者、家长和政策制定者采取更有效的干预措施，以创造更安全、支持性的学习环境。同时，校园暴力的研究也有助于推动社会的反暴力运动，促进尊重、和平的文化，使中小学校园成为学习和成长的理想场所。

　　大学生时期通常是个体发展的关键时期，他们不仅面临学业压力，还要适应社交生活的变化和个人身份的建立。攻击性行为在这一时期可能具有特殊的影响机制，因此需要深入研究来了解这一现象。攻击性行为可能受到多种因素的影响。首先，个体的人格特质，如情绪调节能力、自控力和冲动控制，可能在攻击性行为的表现中发挥关键作用。此外，家庭背景、养育方式以及早期社会经验也可能对大学生的攻击性行为产生影响。家庭中的家暴、亲子关系质量以及家庭经济状况都可能与攻击性行为相关。同时，同龄人互动、学校环境和社交媒体等外部因素也可能导致大学生的攻击性行为。

　　因此，研究大学生攻击性行为的影响机制对于理解并预防这一现象的发生至关重要。通过深入了解攻击性行为的成因、心理机制和影响，教育工作者、心理医生和政策制定者可以采取更有效的干预措施，以创造更安全、健康和支持性的大学环境。

杨志伟

2023年10月

◢ 目 录

第一章

▼

小学高年级留守儿童攻击性行为现状及影响因素

第一节 绪论

一、留守儿童的概念及状况

周福林（2006）指出，所谓留守儿童，是指因父母双方或一方外出打工而被留在户籍所在地，不能和父母双方共同生活的未成年人。虽然不同的学者对留守儿童年龄的界定有着不同的划分，但是随着研究的深入开展，研究者近两年在留守儿童年龄标准方面有逐渐达成统一的趋势，即以《联合国儿童公约》的年龄标准（18周岁及以下）为准。在本研究中，留守儿童是指因父母双方或者一方外出打工而被留在其户籍所在地且处于义务教育阶段的儿童。

通过对农村的留守儿童与非留守儿童的比较可以看出，农村留守儿童在与人交往方面和个人的自信心方面与父母在家陪伴的非留守儿童相比明显较差。而这些问题的出现，研究者们认为是父母长期不在身边所导致的儿童教育缺失，因为长期与父母分离的留守儿童缺少家庭成员的关心和与父母进行正常情感交流的机会，他们不能直接从自己最亲的人那里得到情感的安慰，从而使留守儿童在心理上产生一些不必要的焦虑（梁建华，2010）。

儿童期正是和家人培养感情的重要时期，如果得不到亲人特别是母亲的情感呼应，就会影响儿童身心的正常发展。由于留守儿童的处境特殊，不良情绪无法正常发泄，容易导致强烈的攻击性行为。攻击性行为不仅阻碍其社会性的健康发展，也影响学校教育、教学工作的正常进行，客观上对学校德育和正面教育秩序形成一定的干扰与冲击；在一定程度上降低和削弱了德育教育的实际效果，易造成学校德育教育的低效、无效甚至负效。因此，如何矫正和抑制留守儿童个体的攻击性行为，促进其亲社会行为的形成和发展，是提高德育实效性、增强德育针对性的一个重要方面。本章重点探索留守儿童母亲依恋与攻击性行为的关系，从深层次探析影响留守小学生攻击性行为的家庭因素，全面认识小学生的个性发展，从而有利于控制、减少攻击性行为的发生，有利于亲社会行为的培养和发展。

二、问题提出

攻击性行为是指基于敌意、憎恨及不满等情绪，对他人、自身或其他目标所采取的破坏性行为（安德森，2002；侯璐璐等，2017），是一种故意伤害他人并给他人带来身体与心理伤害的行为活动（李宏利，宋耀武，2004）。攻击性行为一般分为直接身体攻击、直接言语攻击和间接攻击（心理攻击）三种类型（王素丽，2006）。直接身体攻击是攻击者利用身体动作而实施的攻击，如打人、扔书本、在书本上乱画等；直接言语攻击是攻击者通过口头言语形式直接实施的攻击，如起外号、取笑人、讲粗话、恐吓人等；间接攻击是攻击者借助第三者对被攻击者实施的攻击，如挑拨关系、游戏活动排斥等。攻击性行为的发展状况将会影响青少年品德与人格的发展，同时也能作为衡量他们社会化成败的一个重要指标。

三、父母依恋研究综述

（一）父母依恋概念的界定

依恋就其本质而言，是一种内涵丰富的社会关系系统，在这个关系系统中，依恋的主体对另一个特定个体产生了持久的情感联系。这种联系可能发生在某物种的年幼个体与成年个体之间，或是幼年个体之间，也可能出现在成年个体之间，或者可能是一个个体对某一特殊群体建立了强烈的情感联结。

在对之前的相关研究资料进行总结之后，我们通常可以看到用"亲子依恋""成人依恋"等概念来界定依恋关系，而本书中我们使用"父母依恋"这个概念，在依恋对象上特指的是子女对父母的依恋，而不包括父母对子女的依恋、恋人的依恋以及配偶的依恋等成人依恋（王浩，2015）。"父母依恋"对应的英文词汇是"Parental Attachment"，即通常所谓的"亲子依恋"。实际上在本研究中"父母依恋"与"亲子依恋"两个概念可以互换（曾晓强，2009）。

（二）依恋的相关研究

许多研究表明父母依恋与心理健康、适应、情绪调节、问题行为等关系密切。夏慕（2013）研究得出，大学生社交焦虑水平与亲子依恋得分存在显著负相关。亲子依恋得分对于社交焦虑水平的预测值为0.347。王云（2012）研究发现，大学生的亲子依恋水平越高，其社会适应性越好。而且亲子依恋也对大学生的人际适应产生显著影响。刘启刚和周立秋（2013）用青少年亲子依恋问卷、情绪调节策略问卷和情绪调节能力问卷对1073名青少年进行调查，考察亲子依恋对青少年情绪调节的影响。结果表明，亲子依恋和情绪调节策略联合对青少年情绪调节能力发挥影响效应。孟仙和余毅震等人（2011）研究指出，亲子依恋与攻击性行为呈显著负相关。

四、攻击性行为研究综述

（一）攻击性行为概念的界定

不同研究者对攻击性行为的界定不同。肖晓玛（2002）研究发现攻击性行为即侵犯行为，是指个体对他人进行身体或言语的攻击。李宏利（2004）研究发现，攻击性行为是一种故意伤害他人并给他人带来身体与心理伤害的行为活动。王素丽（2006）研究发现儿童攻击性行为也叫侵犯行为，指以间接或直接的方式故意伤害他人的心理、身体、物品、权益等，引起他人痛苦、厌恶等反应的行为。一般认为，虽然攻击是由多种原因造成的一种复杂的个体现象，但是在许多情况下又是可以预测、可以控制的。本研究中攻击性行为是指有意伤害他人（包括身体伤害或心理伤害）的行为或倾向，其核心特征为"有意伤害性",攻击通常还涉及愤恨或想要伤害他人的情绪或心理状态（纪林芹，张文新，2007）。攻击性行为的发展状况将会影响青少年品德与人格的发展，同时也能作为衡量他们社会化成败的一个重要指标。

(二) 攻击性行为的相关研究

我国对攻击性行为的研究较晚，始于20世纪80年代末。随着对攻击性行为研究的发展，国内也逐渐关注攻击性行为。

王志英、卢宁（2009）对小学高年级学生的攻击性行为、社会期望及归因方式进行了分析，结果表明：由于年级不同，学生的攻击性、对恐惧的不认可以及归因趋向都不同。刘卓娅等（2011）分析了青少年攻击性行为与社交焦虑的关系，结果指出：高社交焦虑的儿童攻击性也高。罗贻雪（2012）研究了青少年攻击性、自尊及认知的关系，结果表明：攻击总分以及敌意、愤怒、身体攻击与自尊均呈显著负相关，言语攻击与自尊呈显著正相关。栾程程（2014）研究了小学生攻击性行为、父亲教养方式及宽恕的关系，结果发现：在一定程度上，积极的父亲教养方式会抑制个体攻击性，消极的教养方式会增强个体攻击性，宽恕则会有效抑制攻击性行为的产生。

五、父母依恋与攻击性行为的关系研究

已有研究表明亲子依恋与攻击性行为存在密切关系。俞国良等人（2003）的研究表明，如果父母与孩子间缺乏情感上的依恋，父母对孩子管理十分严格，并且对孩子的期望很大，就很容易造成子女心理问题。在儿童身心发展的过程中，亲子关系起到了重要作用。陈立民（2007）对青少年的研究发现父母依恋与攻击性行为及其各个维度有显著的负相关。这与孟仙（2011）和余毅震等人的研究结果一致，小学高年级儿童亲子依恋关系与攻击性行为呈显著负相关，说明依恋关系越好，就越不容易引发其攻击性行为。姚荣英等人（2015）研究结果表明亲子依恋关系对不同性别、不同留守类型儿童攻击性行为的影响不同，针对性地建立安全的亲子依恋关系可有效减少儿童的攻击性行为。通常，子女以后在各种社会关系中的行为表现均受到亲子关系的影响，并且，幼年时期的亲子关系对其日后的行为产生的影响是最大的。付红珍（2011）研究显示，亲

子关系对青少年的社会适应能力有重要影响，不良的亲子关系很容易导致青少年在社会交往过程中表现出攻击、暴力等危险行为。

六、基于潜在剖面分析亲子依恋与留守儿童攻击性行为的关系

安德森（Anderson）和布什曼（Bushman）（2002）认为个人因素和情境因素共同影响认知过程，进而引发攻击行为（侯璐璐等，2017）。如在个体变量方面，自尊和羞耻均与攻击性行为呈负相关（刘勇等，2017）；青少年在儿童期经历的心理虐待会对其攻击性行为产生显著的正向影响（孙丽君等，2017）；同时自伤行为会通过其情绪管理能力这一中介变量来间接影响青少年攻击性行为，因此可以通过增强情绪控制能力来预防其攻击性（张曼等，2019）；对于高认知重评个体来说，特质愤怒主要通过其直接效应对攻击性行为产生影响（侯璐璐等，2017）。

成长环境方面，校园排斥对攻击性行为有直接正向预测作用（张珊珊等，2020）；同伴侵害是青少年攻击行为的重要风险预测因素（王建平等，2020；林等，2018）。在家庭氛围中，初中生的情绪调节自我效能感和情绪不安全感均在其父母冲突影响攻击性行为之间起中介作用（陈婷等，2020）；幼儿的攻击性行为受到其早期母子关系亲密性的负向影响，而早期母子关系冲突性仅对男孩的攻击行为具有正向预测作用（韩丕国等，2017）；消极的父母教养方式对攻击行为有显著的正向预测作用（宋明华等，2017）；父母的心理控制与男生的攻击性呈正相关，父母的行为控制和心理控制与女生的攻击性均呈正相关（韩慧等，2020）。此外，一项对双生子的研究表明，遗传和环境因素对儿童攻击行为均有影响，影响双生子儿童攻击行为的环境因素主要是父母教养方式（黄鑫鑫等，2019）。

亲子依恋指父母与子女间建立的持久而强烈的情感联结（Groh et al.，2017），是青少年与父母形成依恋关系质量的表征，长期影响着他们心理的发展（阿姆斯登和格林伯格，1987）。相关研究得出，无母子依恋是中学生非自杀性自伤行为的独立危险因素（胡旺等，2020）；同时亲子依恋可以直接影响高中生生命意义感（马茜芝等，2020）；外化问题行为（违规、成瘾和攻击等）出现的可能性与亲子依恋水平为负相关（克恩斯和布鲁马尤，2014）。

母子依恋、父子依恋均与青少年的攻击性行为及其各个维度有显著的负相关（陈立民，2007）。小学高年级儿童的亲子依恋水平与攻击性行为呈显著的负相关（孟仙等，2011）。不同留守类型和性别的留守儿童，攻击性行为受亲子依恋关系的影响也不同，针对性地建立安全的亲子依恋关系可有效减少儿童的攻击行为（姚荣英等，2015）。还有研究得到，元刻板印象威胁会导致随迁儿童的挫折感水平升高，从而诱发更多的攻击行为（黄潇潇等，2019）。辽宁省城市留守儿童攻击行为水平较高，师生互动风格对攻击行为有一定的预测作用（王甲娜等，2017）。

以往研究都是采用以变量为中心的视角探讨特定变量的前因、影响。该视角存在着与现实中个体的认知模式不匹配、假定样本同质性等诸多不足（尹奎等，2020），即以上研究均忽略了个体依恋类型的异质性。留守儿童在留守类型和抚养方式上差异较大，这些方面对留守儿童个体的发展影响也存在着不一样的特定，如以往研究还得到留守儿童的攻击行为与躯体虐待、消极的教养方式、是男孩子等方面正相关，而与心理韧性负相关，同时比非留守儿童发生的风险高（郝文等，2020）。以往从以变量为中心的视角已经很难辨析出如何从个体的独特差异来正确矫正和抑制留守儿童的攻击性行为。

潜在剖面分析（Latent Profile Analysis，LPA）是以个体为中心研究取向（Person-Centered Approach）的一种统计分析方法（刘丹等，2018），它假定存在一种分类方式可以对人群进行分类，进而能够分析各类别子群体的独特特征，允许研究者理解变量间的混合以及特定群体所产生的结果，实现基于外显变量的性质及程度的区别来确定不同类型的亚群体，捕捉到以变量为中心的研究无法观察到的群体的不均等性质（王和汉格斯，2011）。

鉴于目前还没有基于个体中心视角对留守儿童的亲子依恋及与心理发展的关系进行探讨，因此本研究采用LPA方法重点探究留守儿童亲子依恋的具体类型差异，以及与攻击性行为发展的关联，深层次探析影响留守儿童产生攻击性行为的家庭因素，更好地全面认识留守儿童的个性发展，从而有利于控制、减少攻击性行为的发生，有利于留守儿童亲社会行为的培养和发展。

七、研究意义

本研究重点探索小学高年级留守儿童父母依恋与攻击性行为的关系，从深层次探析影响留守小学生攻击性行为的家庭因素，更好地认识小学生的个性发展，有利于控制、减少攻击性行为的发生，有利于亲社会行为的培养和发展。

小学阶段，正是儿童和家人培养感情的重要时期，而当前小学生青春期普遍提前，大多在五六年级就进入青春期，青春期学生容易躁动，易攻击别人。如果不能及时得到亲人的情感呼应，就会影响其身心的正常发展。由于留守儿童的处境特殊，不良情绪无法正常发泄，容易导致强烈的攻击性行为。

攻击性行为不仅阻碍其社会性的健康发展，也影响学校教育、教学工作的正常进行，客观上对学校德育和正面教学秩序形成一定的干扰与冲击，在一定程度上降低和削弱了德育教育的实际效果，易造成学校德育教育的低效、无效甚至负效。因此，如何矫正和抑制小学留守儿童个体的攻击性行为，促进其亲社会行为的形成和发展，是提高德育实效性、增强德育针对性的一个重要方面。

第二节　研究方法

一、研究对象

本研究抽取贵州省兴义市（丰都小学、坪东小学、兴义六小、东贡小学、下午屯小学、枫塘小学、活跃小学、木贾小学、老乌沙小学、牛蒡子小学、梨树坪小学、铁路小学）、遵义市（四联完小、柽焉完小、五汇小学、红岩完小、玉坪小学、木盆寺小学）和毕节市（织金七小、平桥小学、绮陌小学、三塘小学）共22所小学进行调查。发放问卷400份，最后收回380份，有效问卷350份，有效率为92.1%。被试的主要特征分布情况见表2-1。

表2-1 被试在人口学变量上的分布情况（N=350）

变量	分类	人数	百分比（%）
性别	男	179	51.1
	女	171	48.9
年级	四年级	103	29.4
	五年级	104	29.7
	六年级	143	40.9
居住地	城市	40	11.4
	县镇	84	24.0
	农村	226	64.6
是否独生子女	是独生子女	65	18.6
	非独生子女	285	81.4
留守类型	父亲外出	82	23.4
	母亲外出	40	11.4
	父母均外出	228	65.1
与父母团聚频率	半年以内	57	16.3
	半年	55	15.7
	一年	186	53.1
	两年以上	52	14.9
父母外出打工时间	半年以下	34	9.7
	半年到一年	169	48.3
	一年到三年	85	24.3
	三年以上	62	17.7
和父母联系频率	一周至少一次	153	43.7
	半个月至少一次	69	19.7
	一个月至少一次	51	14.6
	其他	77	22.0

二、研究工具

（一）BPAQ攻击性行为问卷

采用刘俊升、周颖等修订（2009）的原始Buss-Perry（1992）攻击问卷来评判留守儿童的攻击性行为。问卷分为20个题目，采用5级评分制（1表示完全不符合，2表示比较不符合，3表示既符合又不符合，4表示比较符合，5表示完全符合）。整个量表共包含身体攻击（2、6、8、14、17、20），愤怒（1、11、12、15、19），敌意（10、13、16、18）和替代攻击（3、4、5、7、9）四个维度，量表分数的高低直接测出攻击性行为的程度，分数越低，攻击性行为越弱。其Cronbach's α信度系数依次为0.87、0.82、0.78、0.89。量表总体的内部一致性系数为0.84，重测信度为0.92。本研究中量表总体的内部一致性系数为0.78。

（二）亲子依恋关系量表

采用于海琴等（2002）修订的亲子依恋关系量表（Kens Security Scale）来评判留守儿童亲子依恋现状。该量表为儿童自评量表，共有15个条目，父亲、母亲问卷各自独立但问题内容相同，分别施测后得到儿童对父母各自的依恋安全性得分，简称为"父子依恋得分""母子依恋得分"。量表又分为亲近倾向和信赖程度两个维度。亲近倾向共七个项目（条目1、4、8、9、11、12、14）。信赖程度共八个项目（条目2、3、5、6、7、10、13、15）。本量表采用1~4的四级评分制，其中，第1、6、9、12、14项为反向记分题，分数越高，说明依恋安全性越高。研究表明，2个量表均有良好的内部一致性，克隆巴赫内部一致性系数分别为0.84（父亲）和0.81（母亲）。本研究中父子依恋量表的内部一致性系数为0.70，母子依恋量表的内部一致性系数为0.66。

三、统计方法

数据录入和处理使用SPSS18.0进行处理，统计方法包括描述性统计、T检验、方差分析、相关分析和回归分析。

第三节 研究结果

一、小学高年级留守儿童父母依恋的现状分析

（一）小学高年级留守儿童父母依恋的基本状况

表3-1 小学高年级留守儿童父母依恋的基本状况（N=350）

维度	N	平均数	标准差	最大值	最小值	题平均
（父）亲近倾向	350	18.40	3.81	38.00	9.00	2.63
（父）信赖程度	350	22.16	4.95	32.00	8.00	2.77
（父）依恋总分	350	40.56	7.34	60.00	18.00	2.70
（母）亲近倾向	350	18.46	4.24	55.00	8.00	2.64
（母）信赖程度	350	21.92	5.22	32.00	8.00	2.74
（母）依恋总分	350	40.39	7.79	65.00	18.00	2.69

表3-1的结果显示，从父母依恋各维度的题平均数上来看，被试在父亲信赖程度的题平均得分最高，其次是母亲信赖程度。在父亲亲近倾向的题平均分最低。

（二）小学高年级留守儿童父母依恋的性别差异分析

以性别为自变量，父母依恋各维度及总分为因变量进行独立样本t检验。结果如下表所示。

表3-2 小学高年级留守儿童父母依恋的性别差异

维度	男生（n=179）		女生（n=171）		t	p
	M	SD	M	SD		
（母）依恋	40.26	7.52	40.52	8.09	-0.313	0.755
（母）亲近	18.32	4.61	18.61	3.82	-0.638	0.524
（母）信赖	21.94	4.84	21.90	5.60	0.050	0.960
（父）依恋	41.03	7.50	40.07	7.15	1.228	0.220
（父）亲近	18.52	3.73	18.28	3.89	0.580	0.562
（父）信赖	22.51	5.06	21.79	4.83	1.374	0.170

表3-2说明，小学高年级留守儿童父母依恋总分和各维度在性别上均不存在显著的差异。

（三）小学高年级留守儿童父母依恋是否独生子女的差异分析

以是否独生子女为自变量，父母依恋各维度及总分为因变量进行独立样本t检验。结果如下表所示。

表3-3　小学高年级留守儿童父母依恋在是否独生子女上的差异分析

维度	是(n=65)		否(n=285)		t	p
	M	SD	M	SD		
（母）依恋	37.95	7.29	40.94	7.81	-2.815	0.005
（母）亲近	17.81	4.02	18.61	4.28	-1.372	0.171
（母）信赖	20.14	5.09	22.33	5.17	-3.086	0.002
（父）依恋	38.65	7.39	41.00	7.27	-2.344	0.020
（父）亲近	17.88	3.34	18.52	3.90	-1.236	0.217
（父）信赖	20.77	5.37	22.47	4.81	-2.521	0.012

表3-3说明，小学高年级留守儿童父母依恋在是否独生子女上的差异分析得出，在母亲信赖、母亲依恋总分、父亲信赖、父亲依恋总分上均存在显著性差异，即不是独生子女的显著高于是独生子女的；在母亲亲近和父亲亲近上均不存在显著差异。

（四）小学高年级留守儿童父母依恋的年级差异分析

以年级为自变量，父母依恋各维度及总分为因变量进行方差分析。结果如下表所示。

表3-4　小学高年级留守儿童父母依恋的年级差异（$M±SD$）

维度	①四年级(n=103)	②五年级(n=104)	③六年级(n=143)	F	p	Post Hoc
（母）依恋	41.13±6.94	39.23±7.84	40.69±8.28	1.74	0.177	
（母）亲近	19.24±3.52	17.85±3.81	18.35±4.90	2.89	0.057	
（母）信赖	21.90±5.03	21.38±5.22	22.34±5.35	1.04	0.356	

续表

维度	①四年级 (n=103)	②五年级 (n=104)	③六年级 (n=143)	F	p	Post Hoc
（父）依恋	41.37 ± 7.18	39.98 ± 7.12	40.40 ± 7.60	0.98	0.376	
（父）亲近	19.20 ± 3.81	17.87 ± 3.72	18.22 ± 3.79	3.49	0.031	③②<①
（父）信赖	22.17 ± 5.03	22.11 ± 4.71	22.18 ± 5.10	0.01	0.994	

表3-4说明，不同年级的留守儿童在母亲亲近、母亲信赖、母亲依恋总分、父亲信赖及父亲依恋总分上均不存在显著差异。在父亲亲近上存在显著性差异，且事后检验结果显示，在父亲亲近得分上，四年级学生显著高于五年级和六年级的学生。

（五）小学高年级留守儿童父母依恋的居住地差异分析

以居住地为自变量，父母依恋各维度及总分为因变量进行方差分析。结果如下表所示。

表3-5　小学高年级留守儿童父母依恋在居住地上的差异（M ± SD）

维度	①城市 (n=40)	②县镇 (n=84)	③农村 (n=226)	F	p
（母）依恋	40.61 ± 6.32	39.98 ± 8.93	40.50 ± 7.60	0.15	0.861
（母）亲近	18.63 + 3.21	18.22 ± 5.84	18.52 ± 3.67	0.19	0.828
（母）信赖	21.98 ± 4.74	21.76 ± 5.31	21.97 ± 5.29	0.05	0.949
（父）依恋	41.62 ± 7.87	39.52 ± 7.55	40.76 ± 7.15	1.34	0.262
（父）亲近	19.07 ± 5.11	18.02 ± 3.62	18.43 ± 3.60	1.04	0.355
（父）信赖	22.55 ± 4.92	21.50 ± 5.35	22.33 ± 4.81	1.01	0.366

表3-5说明，不同居住地的小学高年级留守儿童在母亲亲近、母亲信赖、母亲依恋总分、父亲亲近、父亲信赖及父亲依恋总分上均不存在显著差异。

（六）小学高年级留守儿童父母依恋留守类型的差异分析

以留守类型为自变量，父母依恋各维度及总分为因变量进行方差分析。结果如下表所示。

表3-6　小学高年级留守儿童父母依恋在不同留守类型上的差异（M±SD）

维度	①父亲外出 (n=82)	②母亲外出 (n=40)	③父母均外出 (n=228)	F	p	Post Hoc
（母）依恋	38.68 ± 8.18	38.41 ± 4.13	41.35 ± 7.99	5.10	0.007	①②<③
（母）亲近	17.63 ± 4.24	18.31 ± 3.09	18.79 ± 4.38	2.31	0.101	
（母）信赖	21.05 ± 4.95	20.10 ± 3.94	22.56 ± 5.41	5.40	0.005	①②<③
（父）依恋	39.16 ± 7.84	38.33 ± 5.84	41.46 ± 7.25	5.18	0.006	①②<③
（父）亲近	17.93 ± 3.94	18.60 ± 3.40	18.54 ± 3.82	0.842	0.432	
（父）信赖	21.23 ± 5.18	19.73 ± 4.33	22.92 ± 4.80	9.35	0.000	①②<③

表3-6说明，不同留守类型的留守儿童在母亲亲近和父亲亲近上均不存在显著差异。在母亲信赖、母亲依恋总分、父亲信赖及父亲依恋总分上存在显著性差异，且事后检验结果显示，在母亲信赖、母亲依恋总分、父亲依恋总分及父亲信赖得分上，父母均外出的留守儿童均显著高于只有父亲外出和只有母亲外出的留守儿童。

（七）小学高年级留守儿童父母依恋在与父母团聚频率的差异分析

以与父母团聚频率为自变量，父母依恋各维度及总分为因变量进行方差分析。结果如下表所示。

表3-7　小学高年级留守儿童父母依恋在父母团聚频率的差异（M±SD）

维度	①半年以内 (n=57)	②半年 (n=55)	③一年 (n=186)	④两年以上 (n=52)	F	p	Post Hoc
（母）依恋	40.02 ± 8.07	40.43 ± 7.45	40.53 ± 8.02	40.21 ± 7.19	0.07	0.975	
（母）亲近	18.20 ± 3.99	19.36 ± 6.19	18.36 ± 3.68	18.17 ± 3.81	1.01	0.390	
（母）信赖	21.82 ± 5.22	21.08 ± 5.19	22.17 ± 5.45	22.04 ± 4.42	0.64	0.591	
（父）依恋	41.25 ± 7.35	40.06 ± 6.93	41.18 ± 7.11	38.13 ± 8.17	2.63	0.050	④<①③
（父）亲近	18.70 ± 3.72	18.28 ± 3.39	18.63 ± 3.76	17.42 ± 4.37	1.51	0.212	
（父）信赖	22.54 ± 4.79	21.78 ± 5.22	22.55 ± 4.81	20.71 ± 5.18	2.12	0.098	

表3-7说明，与父母团聚频率不同的小学高年级留守儿童在母亲亲近、母亲信赖、母亲依恋总分、父亲亲近及父亲信赖上均不存在显著差异。在父亲依

恋总分上存在显著性差异。事后检验结果显示在父亲依恋总分得分上，与父母
团聚频率为半年以内的和与父母团聚频率为一年的均显著高于与父母团聚频率
为两年以上的留守儿童。

（八）小学高年级留守儿童父母依恋在父母外出打工时间的差异分析

以父母外出打工时间为自变量，父母依恋各维度及总分为因变量进行方差
分析。结果如下表所示。

表3-8　小学高年级留守儿童父母依恋在父母外出打工时间上的差异（$M \pm SD$）

维度	①半年以下 (n=34)	②半年到一年 (n=169)	③一年到三年 (n=85)	④三年以上 (n=62)	F	p	Post Hoc
（母）依恋	40.16 ± 7.96	41.77 ± 6.73	37.48 ± 8.26	40.70 ± 8.78	6.01	0.001	③<②④
（母）亲近	18.10 ± 4.34	19.18 ± 4.25	17.16 ± 3.91	18.49 ± 4.23	4.48	0.004	③<②
（母）信赖	22.06 ± 4.81	22.60 ± 4.85	20.32 ± 5.60	22.21 ± 5.52	3.77	0.011	③<②④
（父）依恋	42.03 ± 8.10	41.67 ± 6.52	37.75 ± 7.28	40.58 ± 8.19	6.16	0.000	③<①②④
（父）亲近	18.94 ± 4.83	18.83 ± 3.50	16.98 ± 3.45	18.89 ± 4.04	5.48	0.001	③<①②④
（父）信赖	23.09 ± 4.78	22.83 ± 4.56	20.78 ± 5.28	21.69 ± 5.27	3.94	0.009	③<①②

表3-8说明，父母外出打工时间不同的小学高年级留守儿童在母亲亲近、
母亲信赖、母亲依恋总分、父亲亲近、父亲信赖及父亲依恋总分上均存在显著
差异。事后检验结果显示，在母亲依恋总分和母亲信赖程度得分上，父母外出
打工时间为半年到一年和父母外出打工时间为三年以上的均显著高于父母外出
打工时间为一年到三年的留守儿童；在母亲亲近得分上，父母外出打工时间为
半年到一年的显著高于父母外出打工时间为一年到三年的留守儿童。在父亲依
恋总分和父亲亲近得分上；父母外出打工时间为半年以下、父母外出打工时间
为半年到一年和父母外出打工时间为三年以上的留守儿童均显著高于父母外出
打工时间为一年到三年的留守儿童。在父亲信赖得分上，父母外出打工时间为
半年以下、父母外出打工时间为半年到一年的留守儿童均显著高于父母外出打
工时间为一年到三年的留守儿童。

（九）小学高年级留守儿童父母依恋在和父母联系频率的差异分析

以和父母联系频率为自变量，父母依恋各维度及总分为因变量进行方差分

析。结果如下表所示。

表3-9　小学高年级留守儿童攻击性行为在父母联系频率上的差异（$M \pm SD$）

维度	①一周至少一次 (n=153)	②半个月至少一次 (n=69)	③一个月至少一次 (n=51)	④其他 (n=77)	F	p	Post Hoc
（母）依恋	41.38 ± 7.65	40.21 ± 8.42	38.84 ± 6.90	39.59 ± 7.91	1.79	0.149	
（母）亲近	19.02 ± 4.54	18.70 ± 4.10	18.19 ± 3.86	17.32 ± 3.77	2.95	0.033	④<①②
（母）信赖	22.58 ± 5.09	21.51 ± 5.30	20.65 ± 5.23	22.27 ± 5.33	1.63	0.182	
（父）依恋	41.12 ± 7.30	40.00 ± 7.78	39.86 ± 6.97	40.43 ± 7.30	0.60	0.619	
（父）亲近	18.70 ± 3.78	18.88 ± 4.36	18.55 ± 3.27	17.30 ± 3.49	2.92	0.034	④<①②
（父）信赖	22.42 ± 4.76	21.12 ± 4.99	21.31 ± 5.27	23.13 ± 4.94	2.69	0.047	②③<④

表3-9说明，和父母联系频率不同的留守儿童在母亲亲近、父亲亲近及父亲信赖程度上均存在显著性差异。事后检验结果显示在母亲亲近、父亲亲近两个方面的得分上，和父母联系频率为一周至少一次及半个月至少一次的留守儿童均显著高于与父母联系频率为其他的留守儿童。在父亲信赖得分上，和父母联系频率为其他的留守儿童均显著高于和父母联系频率为半个月至少一次的和一个月至少一次的留守儿童。

二、小学高年级留守儿童攻击性行为的现状分析

（一）小学高年级留守儿童攻击性行为的基本状况

表3-10　小学高年级留守儿童攻击性行为基本状况

维度	N	平均数	标准差	最大值	最小值	题平均
身体攻击	350	14.64	4.89	29.00	6.00	2.44
愤怒	350	12.32	4.14	24.00	5.00	2.46
敌意	350	11.23	3.47	20.00	4.00	2.81
替代攻击	350	12.43	4.24	49.00	5.00	2.49
攻击总分	350	50.62	12.35	90.00	25.00	2.53

表3-10说明，小学高年级留守儿童攻击性行为总分的平均分为50.62。小学高年级留守儿童攻击性行为在敌意上题平均得分最高，说明小学高年级留守

儿童在这一攻击性行为上表现最突出，其次是攻击行为总分，在身体攻击上题平均数最低。

（二）小学高年级留守儿童攻击性行为的性别差异分析

以性别为自变量，攻击性行为各维度及总分为因变量进行独立样本t检验。结果如下表所示。

表3-11　小学高年级留守儿童攻击性行为的性别差异

维度	男生 (n=179)		女生 (n=171)		t	p
	M	SD	M	SD		
身体攻击	15.39	4.63	13.86	5.04	2.946	0.003
愤怒	12.02	4.19	12.64	4.07	-1.401	0.162
敌意	10.78	3.32	11.69	3.56	-2.475	0.014
替代攻击	12.20	4.49	12.67	3.95	-1.014	0.299
攻击总分	50.39	11.94	50.87	12.79	-0.362	0.718

表3-11说明，小学高年级留守儿童在身体攻击、敌意上均存在显著的性别差异，在身体攻击上男生的得分显著高于女生，在敌意上女生的得分显著高于男生。而在愤怒、替代攻击与攻击性行为总分上不存在显著的性别差异。

（三）小学高年级留守儿童攻击性行为在是否独生子女上的差异分析

以是否独生子女为自变量，攻击性行为各维度及总分为因变量进行独立样本t检验。结果如下表所示。

表3-12　小学高年级留守儿童攻击性行为在是否独生子女上的差异分析

维度	是 (n=65)		否 (n=285)		t	p
	M	SD	M	SD		
身体攻击	14.69	4.28	14.63	5.02	0.085	0.933
愤怒	12.94	3.92	12.18	4.18	1.334	0.183
敌意	11.66	3.62	11.13	3.43	1.123	0.262
替代攻击	13.16	3.99	12.27	4.28	1.541	0.124
攻击总分	52.45	11.80	50.21	12.45	1.325	0.186

表3-12说明，是否独生子女的小学高年级留守儿童在身体攻击、愤怒、敌意、替代攻击及攻击性行为总分上均不存在显著差异。

（四）小学高年级留守儿童攻击性行为的年级差异分析

以年级为自变量，攻击性行为各维度及总分为因变量进行方差分析。结果如下表所示。

表3-13　小学高年级留守儿童攻击性行为的年级差异（ $M \pm SD$ ）

维度	①四年级 (n=103)	②五年级 (n=104)	③六年级 (n=143)	F	p	Post Hoc
身体攻击	15.63 ± 5.00	14.76 ± 4.60	13.85 ± 4.91	4.09	0.017	③<①
愤怒	12.84 ± 4.17	12.37 ± 4.05	11.90 ± 4.17	1.57	0.209	
敌意	11.69 ± 3.53	11.20 ± 3.36	10.91 ± 3.48	1.53	0.217	
替代攻击	12.93 ± 4.10	12.45 ± 3.62	12.06 ± 4.72	1.26	0.286	
攻击总分	53.10 ± 13.02	50.78 ± 11.41	48.73 ± 12.27	3.83	0.023	③<①

表3-13说明，不同年级的小学高年级留守儿童攻击性行为除了在身体攻击和攻击性行为总分上存在显著差异以外，其他方面均不存在显著差异。事后检验结果显示，在身体攻击和攻击性行为总分得分上，四年级的留守儿童均显著高于六年级的。

（五）小学高年级留守儿童攻击性行为的居住地的差异分析

以居住地自变量，攻击性行为各维度及总分为因变量进行方差分析。结果如下表所示。

表3-14　小学高年级留守儿童攻击性行为在居住地上的差异分析（ $M \pm SD$ ）

维度	①城市 (n=40)	②县镇 (n=84)	③农村 (n=226)	F	p
身体攻击	15.20 ± 5.56	14.01 ± 5.07	14.78 ± 4.69	1.06	0.349
愤怒	12.60 ± 4.10	11.75 ± 4.04	12.48 ± 4.18	1.04	0.355
敌意	11.89 ± 3.79	10.82 ± 3.60	11.26 ± 3.35	1.33	0.267
替代攻击	13.20 ± 6.72	12.07 ± 3.52	12.43 ± 3.91	0.97	0.380
攻击总分	52.89 ± 12.86	48.65 ± 12.04	50.96 ± 12.33	1.84	0.161

表3-14说明，不同居住地的小学高年级留守儿童在身体攻击、愤怒、敌意、替代攻击及攻击性行为总分上均不存在显著差异。

（六）小学高年级留守儿童攻击性行为的留守类型的差异分析

以留守类型为自变量，攻击性行为各维度及总分为因变量进行方差分析。结果如下表所示。

表3-15　不同留守类型小学高年级留守儿童攻击性行为的差异（$M \pm SD$）

维度	①父亲外出 (n=82)	②母亲外出 (n=40)	③父母均外出 (n=228)	F	p	Post Hoc
身体攻击	14.81 ± 4.54	16.58 ± 4.65	14.24 ± 4.99	4.00	0.019	③<②
愤怒	12.80 ± 3.93	13.65 ± 4.20	11.91 ± 4.15	3.77	0.024	③<②
敌意	11.44 ± 3.58	10.87 ± 2.90	11.21 ± 3.52	0.37	0.691	
替代攻击	12.41 ± 3.50	13.39 ± 4.59	12.27 ± 4.41	1.18	0.309	
攻击总分	51.47 ± 11.61	54.49 ± 11.85	49.64 ± 12.59	2.90	0.057	

表3-15说明，不同留守类型的小学高年级留守儿童在敌意和替代攻击得分上均不存在显著性差异，而在身体攻击、愤怒上均存在显著性差异。事后检验结果显示，在身体攻击、愤怒的得分上，母亲外出的小学高年级留守儿童的身体攻击、愤怒均显著高于父母均外出的小学高年级留守儿童。

（七）小学高年级留守儿童攻击性行为在与父母团聚频率的差异分析

以与父母团聚频率为自变量，攻击性行为各维度及总分为因变量进行方差分析。结果如下表所示。

表3-16　小学高年级留守儿童攻击性行为在与父母团聚频率的差异（$M \pm SD$）

维度	①半年以内 (n=57)	②半年 (n=55)	③一年 (n=186)	④两年以上 (n=52)	F	p
身体攻击	14.25 ± 4.74	14.90 ± 5.16	14.50 ± 4.71	15.31 ± 5.44	0.54	0.656
愤怒	12.56 ± 4.44	12.86 ± 4.00	12.04 ± 4.16	12.48 ± 3.90	0.70	0.555
敌意	10.70 ± 3.19	11.59 ± 3.65	11.08 ± 3.46	11.98 ± 3.51	1.58	0.193
替代攻击	11.68 ± 3.60	13.77 ± 6.23	12.69 ± 3.75	12.07 ± 3.73	2.61	0.052
攻击总分	49.20 ± 12.48	53.12 ± 13.34	49.98 ± 12.04	51.84 ± 12.10	1.34	0.261

表3-16说明，与父母团聚频率不同的留守儿童在身体攻击、愤怒、敌意、替代攻击、攻击性行为总分五方面的得分上均不存在显著性差异。

（八）小学高年级留守儿童攻击性行为在父母外出打工时间的差异分析

以父母外出打工时间为自变量，攻击性行为各维度及总分为因变量进行方差分析。结果如下表所示。

表3-17　小学高年级留守儿童攻击性行为在父母外出打工时间的差异（$M \pm SD$）

维度	①半年以下 (n=34)	②半年到一年 (n=169)	③一年到三年 (n=85)	④三年以上 (n=62)	F	p
身体攻击	15.18 ± 5.22	14.16 ± 4.67	14.84 ± 4.62	15.40 ± 5.59	1.23	0.298
愤怒	13.18 ± 3.70	12.14 ± 4.14	12.13 ± 4.24	12.58 ± 4.26	0.73	0.537
敌意	11.55 ± 3.17	11.09 ± 3.31	11.10 ± 3.65	11.59 ± 3.81	0.44	0.724
替代攻击	12.41 ± 3.53	12.37 ± 4.62	12.84 ± 3.98	12.05 ± 3.87	0.44	0.726
攻击总分	52.31 ± 11.61	49.77 ± 12.09	50.91 ± 12.75	51.62 ± 12.99	0.629	0.597

表3-17说明，父母外出打工时间不同的小学高年级留守儿童在身体攻击、愤怒、敌意、替代攻击及攻击性行为总分五个方面均不存在显著性差异。

（九）小学高年级留守儿童攻击性行为在和父母联系频率的差异分析

以和父母联系频率为自变量，攻击性行为各维度及总分为因变量进行方差分析。结果如下表所示。

表3-18　小学高年级留守儿童攻击性行为在和父母联系频率的差异（$M \pm SD$）

维度	①一周至少一次 (n=153)	②半个月至少一次 (n=69)	③一个月至少一次 (n=51)	④其他 (n=77)	F	p	Post Hoc
身体攻击	14.19 ± 4.69	15.52 ± 4.87	15.73 ± 5.23	14.04 ± 4.92	2.43	0.065	
愤怒	12.05 ± 3.96	12.46 ± 4.37	13.63 ± 4.26	11.87 ± 4.10	2.28	0.080	
敌意	10.98 ± 3.48	11.53 ± 3.50	10.40 ± 3.20	11.99 ± 3.47	2.68	0.047	①③<④
替代攻击	11.82 ± 3.63	12.98 ± 5.55	13.55 ± 4.56	12.42 ± 3.62	2.65	0.049	①<③
攻击总分	49.05 ± 12.53	52.49 ± 12.77	53.31 ± 13.29	50.32 ± 10.53	2.20	0.088	

表3-18说明，和父母联系频率不同的小学高年级留守儿童在身体攻击、愤

怒及攻击性行为总分三个方面均不存在显著性差异。在敌意和替代攻击上均存在显著性差异，事后检验结果显示，在敌意得分上，和父母联系频率为其他的留守儿童均显著高于和父母联系频率为一周至少一次、一个月至少一次的留守儿童；在替代攻击得分上，和父母联系频率为一个月至少一次的留守儿童显著高于与父母联系频率为一周至少一次的留守儿童。

三、小学高年级留守儿童父母依恋与攻击性行为的相关分析

采用皮尔逊积差相关分析，探讨小学高年级留守儿童父母依恋与攻击性行为的相关关系，结果见表3-19所示。

表3-19　小学高年级留守儿童父母依恋与攻击性行为的相关关系

	身体攻击	愤怒	敌意	替代攻击	攻击总分	母亲亲近	母亲信赖	母依恋总	父亲亲近	父亲信赖	父依恋总
身体攻击	1										
愤怒	0.607**	1									
敌意	0.244**	0.324**	1								
替代攻击	0.360**	0.410**	0.343**	1							
攻击总分	0.791**	0.807**	0.603**	0.719**	1						
母亲亲近	-0.117*	-0.104	-0.093	-0.151**	-0.159**	1					
母亲信赖	-0.176**	-0.209**	-0.125*	-0.162**	-203**	0.351**	1				
母依恋总	-0.181**	-0.197**	-0.134*	-0.191**	-0.241**	0.779**	0.861**	1			
父亲亲近	-0.049	-0.090	-0.046	-0.111*	-0.100	0.419**	0.259**	0.401**	1		
父亲信赖	-0.261**	-0.275**	-0.148**	-0.168**	-0.295**	0.226**	0.527**	0.476**	0.393**	1	
父依恋总	-0.201**	-0.232**	-0.124*	-0.171**	-0.251**	0.370**	0.490**	0.529**	0.784**	0.879**	1

注：*表示 $p < 0.05$；**表示 $p < 0.01$；***表示 $p < 0.001$。下同。

表3-19说明，身体攻击与母亲亲近倾向、母亲信赖程度、母亲依恋总分、父亲信赖程度及父亲依恋总分五个方面均存在显著负相关，身体攻击与父亲亲近倾向不存在显著相关；愤怒与母亲信赖程度、母亲依恋总分、父亲信赖程度及父亲依恋总分四个方面均存在显著负相关，与母亲亲近及父亲亲近不存在显著相关；敌意与母亲信赖程度、母亲依恋总分、父亲信赖程度及父亲依恋总分

均存在显著负相关，敌意与母亲亲近倾向及父亲亲近程度均不存在显著相关；替代攻击与父母依恋的各维度及总分均存在显著负相关；攻击性行为总分与母亲亲近倾向、母亲信赖程度、母亲依恋总分、父亲信赖程度及父亲依恋总分五个方面均存在显著负相关，攻击性行为总分与父亲亲近倾向不存在显著相关。

四、小学高年级留守儿童父母依恋对攻击性行为的回归预测分析

（一）母亲依恋对攻击性行为的回归预测分析

以母亲依恋的亲近和信赖两个维度为预测变量，攻击性行为各维度为因变量进行强迫多元回归分析。以母亲依恋总分为自变量，攻击总分为因变量进行一元线性回归分析。结果如下表所示。

表3-20　母亲依恋对攻击性行为的预测分析

因变量	预测变量	R	R^2	F	B	Beta(β)	t
身体攻击	母亲亲近	0.158	0.034	6.163**	-0.073	-0.063	-1.118
	母亲信赖				-0.144	-0.153	-2.724**
愤怒	母亲亲近	0.212	0.045	8.158***	-0.034	-0.035	-0.621
	母亲信赖				-0.156	-0.197	-3.520***
敌意	母亲亲近	0.135	0.018	3.242*	-0.046	-0.057	-0.998
	母亲信赖				-0.070	-0.105	-1.843
替代攻击	母亲亲近	0.191	0.036	6.561**	-0.107	-0.107	-1.907
	母亲信赖				-0.101	-1.125	-2.215*
攻击总分	母依恋总	0.241	0.058	21.434***	-0.382	-0.241	-4.630***

表3-20说明，小学高年级留守儿童对母亲依恋的两个维度对攻击性行为从四个维度的预测分析表明：母亲依恋两个维度中母亲信赖程度能显著预测身体攻击、愤怒和替代攻击，其中可预测身体攻击3.4%的变异，可预测愤怒4.5%的变异，可预测替代攻击3.6%的变异，且均为负向预测。同时母亲依恋总分对攻击性行为的一元线性回归分析得到母亲依恋总分能显著预测攻击性行为，可预测攻击性行为5.8%的变异，且为负向预测。

（二）父亲依恋对攻击性行为的回归预测分析

以父亲依恋的亲近和信赖两个维度为预测变量，攻击性行为各维度为因变量进行强迫多元回归分析。以父亲依恋总分为自变量，攻击总分为因变量进行一元线性回归分析。结果如下表所示。

表3-21　父亲依恋对攻击性行为的预测分析

因变量	预测变量	R	R^2	F	B	Beta(β)	t
身体攻击	父亲亲近	0.268	0.072	13.385***	0.082	0.064	1.139
	父亲信赖				-0.283	-0.286	-5.088***
愤怒	父亲亲近	0.276	0.076	14.269***	0.023	0.022	0.383
	父亲信赖				-0.237	-0.283	-5.050***
敌意	父亲亲近	0.149	0.022	3.938*	0.013	0.015	0.252
	父亲信赖				-0.108	-0.154	-2.669**
替代攻击	父亲亲近	0.175	0.031	5.487**	-0.060	-0.053	-0.930
	父亲信赖				-0.126	-0.147	-2.557*
攻击总分	父依恋总	0.251	0.063	23.431***	-0.423	-0.251	-4.841***

表3-21说明小学高年级留守儿童对父亲依恋的两个维度对攻击性行为从四个维度的预测分析表明：父亲依恋中父亲信赖程度能显著预测身体攻击、愤怒、敌意和替代攻击，可预测身体攻击7.2%的变异，可预测愤怒7.6%的变异，可预测敌意2.2%的变异，可预测替代攻击3.1%的变异，且均为负向预测。同时父亲依恋总分对攻击性行为的一元线性回归分析也得到父亲依恋总分能显著预测攻击性行为，可预测攻击性行为6.3%的变异，且为负向预测。

五、小学高年级留守儿童亲子依恋潜在剖面类型的分析结果

表3-22呈现了LPA的结果，本研究的各模型指数显示，随着各模型类别数量的增加，AIC、BIC、aBIC的拟合值在模型3时下降幅度最大且开始平缓下降，模型3在模型2的基础上LMR和BLRT都达到了显著性水平，且模型3的模型Entropy值大于模型2（0.905＞0.877），模型4、模型5与模型3相比，LMR值未达到显著性水平，因此模型4、模型5在模型3的基础上并未得到有效改善，

并说明分为三个潜在剖面的模型3为最佳模型（剖面分析图见图1），且保证了简约性和准确性。

表3-22　亲子依恋潜在剖面模型的各拟合指标

模型	AIC	BIC	aBIC	Entropy	LMR(p)	BLRT(p)	类别比例（%）
1	31600.190	31831.666	31641.324				
2	30582.559	30933.631	30644.946	0.877	<0.001	<0.001	49.71/50.29
3	30280.552	30751.220	30364.192	0.905	<0.05	<0.001	11.54/50.20/38.26
4	30103.621	30693.885	30208.514	0.896	0.203	<0.001	10.00/31.43/22.57/36.00
5	29985.265	30695.125	30111.411	0.893	0.684	<0.001	10.00/30.00/27.43/8.00/24.57

从图3-1可以看出剖面1不管是母子依恋还是父子依恋，各题项的得分均是最低的，包含了11.54%的被试，因此命名为危险型；剖面2则包含了50.20%的被试，该剖面中的母子依恋和父子依恋两方面的得分相当，且均高于剖面1，命名为普通型；最后，剖面3（38.26%）的母子依恋和父子依恋各题项得分大部分都是最高的，因此命名为安全型。

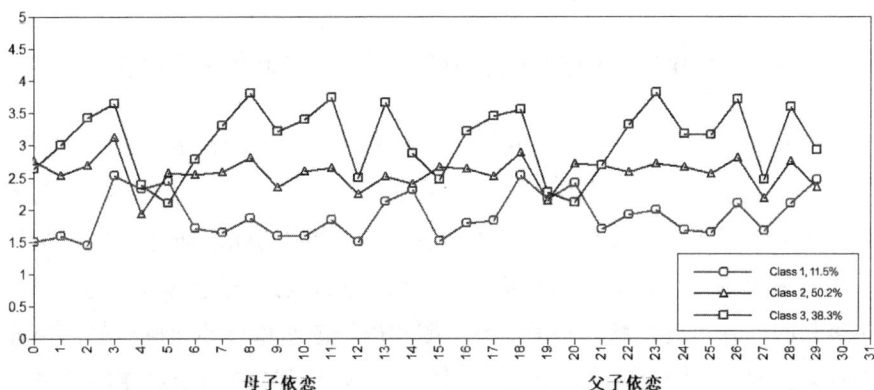

图3-1　留守儿童亲子依恋的潜在剖面分析图

采用单因素方差分析探究留守儿童亲子依恋的潜在类别与其攻击性行为之间的关系（表3-23）。结果表明，不同亲子依恋潜在类别留守儿童的攻击性行为各维度及总分均存在显著的差异，事后检验发现，危险型和普通型亲子依恋潜在类别的留守儿童的身体攻击、愤怒均显著高于安全型的留守儿童；危险型亲子依恋类别的留守儿童的敌意和替代攻击均显著高于普通型和安全型的留守儿童；危险型亲子依恋类别留守儿童的攻击性行为总分显著高于普通型和安全型的留守儿童，普通型留守儿童的攻击性行为总分显著高于安全型留守儿童。该结果说明危险低水平的亲子依恋与留守儿童的攻击性行为关系密切。

表3-23　留守儿童不同亲子依恋类型的攻击性行为差异分析

	危险型 （剖面1）	普通型 （剖面2）	安全型 （剖面3）	F	Post Hoc
身体攻击	16.35 ± 4.817	15.208 ± 4.732	13.352 ± 4.853	8.552***	1, 2 > 3
愤怒	13.65 ± 3.997	13.021 ± 4.06	10.951 ± 3.944	12.575***	1, 2 > 3
敌意	12.797 ± 3.695	11.164 ± 3.229	10.839 ± 3.603	5.068**	1 > 2, 3
替代攻击	14.225 ± 3.655	12.409 ± 3.672	11.918 ± 4.947	4.642*	1 > 2, 3
攻击总分	57.022 ± 11.804	51.803 ± 11.336	47.06 ± 12.821	12.398***	1, 2 > 3 1 > 2

第四节　分析与讨论

一、留守儿童父母依恋在人口学变量上的现状分析讨论

1.对于留守儿童父母依恋在年级上的差异问题，本研究结果表明，不同年级的留守儿童在父亲亲近上存在显著性差异，在父亲亲近得分上，四年级学生显著高于五年级和六年级的学生。于海琴和周宗奎（2002）研究结果只发现母子依恋有显著的年级差异，六年级与四年级儿童在母子信赖维度有显著差异，六年级与四、五年级儿童的父子信赖维度和母子依恋总分差异也显著，随着年级的升高，安全性得分降低了，儿童对父母的亲近维度没有显著年级差异。原因可能是四年级的学生较五、六年级的小，五、六年级的学生即将面临着一些生理心理的变化，而父亲一般也注意不到儿童的这些变化，也无法理解儿童的这些反常现象。所以当儿童心理出现前青春的变化时，他们不愿与父亲进行交流与沟通，这使得儿童和父亲的关系慢慢疏远。

2.对于留守儿童父母依恋在是否是独生子女上的差异问题，本研究结果表明，独生子女和非独生子女的留守儿童在母亲信赖、母亲依恋总分、父亲信赖、

父亲依恋总分上均存在显著性差异，即不是独生子女的显著高于是独生子女的小学高年级留守儿童。可能原因是独生子女可以得到父母全部的爱，而非独生子女的父母的爱将会被分散到所有子女身上，所以他们从父母那里得到的帮助比独生子女少，从而他们想得到父母更多的帮助。

3.对于留守儿童父母依恋在不同留守类型上的差异问题，本研究结果表明，不同留守类型的留守儿童在父母依恋上存在显著性差异，且父母均外出的留守儿童均显著高于父亲外出或母亲外出的留守儿童。原因可能是，和单亲外出的留守儿童相比，父母均外出的留守儿童从父母那里得到的陪伴较少，而心里对父母的关怀、陪伴的渴望使其想得到父母的爱，在遇到困难时更希望父母能够帮助到自己，更希望能体会到家的温暖，父母的关爱。

4.对于留守儿童父母依恋在不同留守时间上的差异问题，本研究结果表明，不同留守时间的留守儿童在父母依恋上存在显著性差异，可以看出父母外出务工时间的长短能影响留守儿童与父母的依恋质量。本研究中，留守时间为一年到三年是留守儿童父母依恋的一个关键点，留守时间为一年到三年的留守儿童父母依恋显著低于留守时间为半年以下、半年到一年的，可能原因是父母外出打工时间较长，留守儿童又很久不能和父母团聚，儿童也因此有了自立自强的精神，因此也和父母慢慢疏远。然而，本研究还发现留守时间为一年到三年的留守儿童父母依恋显著低于留守时间为三年以上的留守儿童，这就打破了父母外出打工时间越短，留守儿童的依恋越高的结论。由于留守时间的变长，和父母之间慢慢疏远，而与监护人、同伴之间产生更为亲密的情感。本研究的对象是学龄儿童，他们接触更多的是同学，在生活学习方面互相帮助，沟通交流也较多，所以慢慢地与同学之间的感情取代了对父母的依恋。然而时间久了之后，发现身边的同学都有父母的陪伴，和别人发生矛盾时、受委屈时、遇到困难时等都有父母的全程关心帮助。这使得留守儿童重新渴望父母的陪伴，关心，也希望得到父母的帮助。

二、留守儿童攻击性行为在人口学变量上的现状分析讨论

1.对于留守儿童攻击性行为在性别上的差异问题，本研究结果表明，小学高年级留守儿童在身体攻击、敌意上均存在显著的性别差异。在身体攻击上男

生的得分显著高于女生，在敌意上女生的得分显著高于男生。这与赵祝（2013）的研究结果一致，即男女生在身体攻击上存在显著差异，且男生的身体攻击得分显著高于女生。可能原因是女生心理年龄发育的时间要比男生发育的时间早，女生要比男生更加成熟。因此，大多数学者都认为男性的直接攻击性要高于女性。在实际生活中，暴力犯罪，如抢劫、袭击、勒索、绑架、谋杀、和身体伤害等犯罪行为中，男性的犯罪率要远远高于女性。而女性的间接攻击性行为高于男性。和男性相比女性不需要证明自己是最强大的，这大概就是女性没有表现出明显攻击性行为的主要原因，不是女性出于被动、温柔或者没有能力进行攻击，而是因为她们对情况的看待和男性不同，不像男性那样看中地位、权利或者自我表现。因此，男生易冲动，爱调皮捣蛋，而女生较成熟、稳定，所以男生更容易表现出身体攻击。这与之前的研究结果相同：男生和女生在攻击行为表现上存在显著差异。

2.对于留守儿童攻击性行为在年级上的差异问题，本研究结果表明，不同年级的留守儿童攻击性行为在身体攻击和攻击性行为总分上存在显著差异，在身体攻击和攻击性行为总分得分上，四年级的留守儿童均显著高于五六年级的。然而孟仙等人（2011）的研究结果显示：不同年级小学生攻击行为及其各维度得分经过方差分析，言语攻击、间接攻击以及攻击行为总分在不同年龄组差异有统计学意义，且随着年级增加攻击性提高。因为四年级是儿童成长的一个关键时期，在小学教育中正好处于低年级到高年级的过渡期，生理和心理特点变化明显，是培养儿童情绪控制能力的关键期。然而留守儿童在这关键期中缺少了父母的细心呵护和耐心引导，情绪控制能力没能得到更好的提升，当不良情绪没能更好地控制调节时，他们就会以攻击性行为的方式将不良情绪发泄出来。

3.对于留守儿童攻击性行为在不同留守类型上的差异问题，本研究结果表明，不同留守类型的小学高年级留守儿童在身体攻击、愤怒及攻击性行为总分上均存在显著性差异。母亲外出的留守儿童的身体攻击、愤怒和攻击性行为总分均显著高于父母均外出的留守儿童。因为多数儿童都觉得父亲比较严厉，然而多数父亲都是以暴力的形式来管教儿童，儿童长期在这种环境中生活，父亲的暴力行为会无意识地影响到儿童，所以当儿童遇到问题时，就会向父亲学习以暴力的形式来解决问题。

4.对于留守儿童攻击性行为在与父母联系频率上的差异问题，本研究结果表明，和父母联系频率不同的小学高年级留守儿童在敌意和替代攻击上均存在显著性差异，研究发现儿童与父母联系的频率越少，其攻击性行为越明显。和父母缺少了联系，就缺少了有效的社会支持，儿童需要自己保护自己，这就使其攻击性行为产生。

三、留守儿童父母依恋与攻击性行为关系的分析讨论

通过皮尔逊积差相关统计分析可以看出，通过小学高年级留守儿童父母依恋与攻击性行为的关系研究得到，小学高年级留守儿童父母依恋与攻击性行为呈显著负相关，这与孟仙等人（2011）的研究结果一致。也就是说，父母依恋越安全，就越不容易引发其攻击性行为。其中母亲信赖、父亲信赖和攻击各个维度均存在显著负相关，母亲亲近只与身体攻击和替代攻击存在显著负相关，父亲亲近只与替代攻击存在显著负相关。母亲亲近和父亲亲近反映儿童是否看中父母的帮助，母亲信赖和父亲信赖反映儿童是否把母亲看作易接近、可获得的，及对父母的信任程度。由于年龄的增长，父母的外出，孩子们渐渐意识到父母满足其需要的局限性。首先，父母和孩子待在一起的时间减少；其次，父母对其关注的时间减少。在遇到困难时，他们更多地希望父母对其独立性的支持，成为他们最值得信任的人，而不是直接提供帮助，过分地进行保护和干涉。这一点可以看出母亲信赖和父亲信赖在孩子的成长过程中显得尤为重要。亲子依恋之所以与攻击性的关系显著，主要原因可能是，高质量的亲子依恋为个体提供了高质量的"安全基地"，如果个体与父母存在安全依恋，那么在他们遇到危险需要支持的时候，他们会从父母那里得到更合理的建议和更成熟的经验，与父母的关系预示着他们在外与他人的人际关系，良好的亲子关系给个体创造出一个更好的认识外界的平台。

回归分析表明：父母依恋能显著预测攻击性行为，且为负向预测。其中母亲信赖能显著预测身体攻击、愤怒和替代攻击，父亲信赖能显著预测攻击各维度。进一步地说明了父母依恋对儿童攻击性行为的重要影响。因为母亲是儿童重要的抚养人，通过长时间地与儿童相处，母亲与儿童建立了非常密切、融洽的母子关系，母亲的情绪状态、行为、处事方式以及价值观都会对儿童造成潜移默化的影响，良好的母子依恋关系能让儿童产生安全感，也能帮助儿童建立

起对自己以及对别人的尊重感，有助于儿童形成对人对事的正确认识，同时对自己的消极行为与情绪形成良好的自我监控和约束能力，有效抵御不安、焦虑等消极情绪的干扰，从而可以减少攻击行为的产生。父与子之间的交往与母与子之间的交往通常存在质的不同；父亲通常与孩子一起从事一些游戏活动，而母亲的行为更直接地以减少孩子不安且满足、抚慰孩子为目的。

四、潜在剖面分析的结果讨论

本研究通过皮尔逊积差相关分析得出留守儿童亲子依恋与攻击性行为呈显著负相关，这与孟仙等人（2011）的研究结果一致。同时，本研究首次采用以个体为中心视角，使用LPA的方法探讨了留守儿童亲子依恋的潜在类别。结果表明，留守儿童的亲子依恋可以分为安全型、普通型和危险型三种不同的潜在类别。而更重要的是本研究对不同潜在剖面组的留守儿童攻击性行为差异分析后得到了更加可靠的结果，即普通型和危险型亲子依恋的留守儿童攻击性行为均会显著高于安全型亲子依恋的留守儿童。也就是说，亲子依恋越安全，就越不容易引发其攻击性行为。以往的研究也发现母子依恋、父子依恋可以对高中生欺凌实施行为产生直接作用（申婷等，2019）；父子依恋和母子依恋均可显著负向预测青少年的外化问题行为（李菁菁等；关汝珊和赖雪芬，2019），不安全型依恋会直接和间接影响青少年的内外化问题（攻击、抑郁等等）（彭源等，2018）。

依恋理论认为，个体在与其抚养者的互动过程中会形成一种人际关系的"内部工作模式"，如果个体在早期的关系中体验到爱和信任，就会建立起积极的内部工作模式，形成对各种人际关系（亲子关系、同胞关系）的积极认知。而如果个体的依恋需要没得到满足，则容易形成消极的内部工作模式，对他人缺乏信任感，降低个体对他人的接纳和互动程度（李甜甜等，2020；鲍尔比，1973）。这说明，危险的亲子依恋会导致留守儿童产生更多的消极认知和对他人更少的接纳，造成较差的人际关系等等，从而产生更多的攻击性行为。如青少年情感忽视是攻击行为倾向的独立危险因素（张焕等，2020）；而父/母子疏离是自杀意念、自杀计划和自杀未遂危险因素（蓝晓倩等，2019）；中学生亲子依恋是压力应对的影响因素，提高亲子依恋水平对改善压力应对能力可能具有一定作用（朱天晨等，2019）。父母亲的方方面面都对儿童起着潜移默化的影响，同样良好的亲子依恋关系能让留守儿童产生安全感并有效抵御消极情绪的干扰，建立起良好的人际关系，从而较少发生攻击性行为。

本研究采用以个人为中心的视角探究了留守儿童亲子依恋存在的三种潜在类别以及与攻击性行为的关系，虽然本研究克服了以变量为中心研究取向中的一些不足，但是毕竟本研究仍然为横断面调查，还是难以明确因果关系，根据个体发展的生态系统理论应该更多采用纵向研究才能更好地明确家庭环境对留守儿童攻击性行为产生的具体影响。

第五节　对策与建议

留守儿童这一特殊群体是正处于义务教育阶段的儿童，由于父母长期在外，少了对孩子的管教，使他们缺少了和父母的沟通，缺少了父母的引导，缺少了来自父母的关心，他们内心孤独，缺少安全感，使其慢慢发展为攻击性行为这一不容忽视的心理问题。

一、留守儿童需要与母亲有更多的沟通和交流

家庭是孩子成长的第一所学校，母亲是孩子的第一任老师。研究结果显示母亲依恋能够显著负向预测攻击性行为，也就是说母亲依恋越安全，攻击性行为就越不容易产生。所以如果有可能，在孩子幼小的阶段母亲尽量不要长期外出，特别是在孩子发展的关键期尽可能地和孩子生活在一起。这样有利于和孩子培养安全型依恋。如果实在没有办法母亲必须外出，则要尽量保证抚养人和抚养环境的稳定性，不要频繁地更换抚养人和搬家，不要频繁地换学校。在外的母亲应该加强与留守子女的交流和沟通，要经常与留守子女保持联系，倾听留守儿童的心声，让留守儿童在沟通与交流中获得安全感。同时要尽可能地找机会回家陪陪孩子，向老师和监护人了解孩子在学校和家里的学习、生活情况，或向孩子邮寄衣服、学习用品，让孩子感受到父母的关爱、家庭的温暖，在交流中形成对家庭安全型的依恋。母亲要学会表达自己对孩子的关爱，让孩子感

受到并接受家长对他的爱。儿童年龄越小越需要母亲的呵护，对母亲的依恋越强烈。留守儿童的问题，很大程度上与缺少母亲的情感支持有关。因此，不在孩子身边的母亲要时刻让孩子感受到母爱。具体的建议有以下几个方面。

深入了解孩子的需求和感受。母亲首先需要倾听孩子的声音，了解他们内心的需求和感受。这有助于建立信任和亲子关系。通过提供稳定的家庭环境来减轻留守儿童的不安全感。这包括有规律的日常生活、一致的规则和家庭价值观。母亲应该鼓励孩子积极表达情感和需求，确保他们知道可以与母亲分享问题和担忧。在了解孩子的需求和感受的同时，母亲可以通过亲近、温暖和关怀的亲子互动来建立情感亲近，这有助于孩子感受到被爱和重视。

设立明确的规则和界限。明确的规则和界限可以帮助留守儿童了解什么是可接受的行为，有助于降低攻击性行为的发生。在明确规则的基础上，母亲可以教授孩子情感管理技巧，例如冷静下来、用言辞表达情感。同时母亲可使用正面激励和奖励来强化良好的行为，以提高孩子的自尊心和积极性。母亲还可以帮助孩子培养社交技能，如与同龄人合作、分享和解决冲突，从而提高他们的人际关系能力。

促进家庭互动。家庭互动对于留守儿童的发展至关重要。家长和监护人应尽量在有限的时间内与孩子建立紧密联系，参与家庭活动，传递价值观念和道德教育。在家庭互动方式上不要过分依赖手机而不采取面对面的交流互动。虽然电子设备可以提供娱乐和沟通的机会，但过度使用可能导致产生孤立和攻击性行为。

最后如果说情况比较严重，攻击性行为严重或持续，母亲应该考虑咨询相关心理教师的意见，以获取专业的帮助。因此最重要的是，母亲需要展现耐心和理解，明白攻击性行为往往是留守儿童内心问题的外在表现。通过与孩子建立亲密的关系、提供指导和支持，母亲可以为他们创造更健康、积极的成长环境。

二、学校与老师要更加关注留守儿童的心理状况

对于留守儿童的教育不仅仅依靠父母，还需要学校通过营造积极向上的环境，使其养成良好的行为。学校要做好留守儿童的心理辅导工作，在工作中

留意留守儿童的心理变化，对他们的不正常行为要及时发现，及早干预，正确引导，给他们更多的关怀。教师要善于发掘留守儿童身上的优点，对他们自立自强的精神加以表扬，鼓励他们以作文的形式将生活中的困难倾诉出来。营造积极向上的社会环境，带给留守儿童安全感。针对留守儿童易怒、急躁或敏感、自卑的性格特点，可以组织他们从事适当的体育运动、找老师好友倾诉。任课教师、班主任要关心留守儿童的成长，增加情感投入，鼓励他们积极参与集体生活，帮助他们排除认识和情绪困扰，顺利度过生理和心理成长的关键时期。

学校和老师在塑造儿童行为、价值观和社会技能方面起着至关重要的作用。学校首先在为留守儿童提供结构化的日常生活方面起到不可忽视的作用，这有助于降低焦虑和冲突；帮助建立清晰的日程表，包括学习时间、休息时间和娱乐活动，可以帮助他们感到安全和有秩序，这有助于减少攻击性行为的发生。

首先，教育课程应该注重培养学生的情绪智力和冲突解决能力。攻击性行为通常与情感管理能力的不足有关，帮助留守儿童学会认识和表达情感，以及应对挫折和冲突的方法，可以降低攻击性行为的发生率，可以通过心理健康咨询、情感教育课程或个体辅导来实现。学校可以引入专门的课程或模块，教授学生如何理解和处理情绪，以及如何建立健康的人际关系。这些课程可以包括解决冲突的技巧、共情、合作和沟通等内容，帮助学生学会以更成熟的方式应对自己和他人的情绪，减少攻击性行为的发生。

其次，学校应该鼓励积极的行为，建立奖励制度，强调奖励的重要性。奖励可以是口头表扬、奖状、小礼品等，鼓励学生表现出友善、尊重和合作的行为。通过正向激励，学校可以塑造积极的行为模式，鼓励学生在日常生活中展现出良好的社会行为。

第三，建立支持系统，提供心理健康服务。学校可以配备专业的心理健康教师，为学生提供心理健康咨询和支持。这可以帮助儿童面对压力、情绪问题和家庭困难等，消除攻击性行为的根源。学校提供专业的支持是很有必要的，学校心理健康教师可以提供定支持和干预措施，以帮助儿童管理他们的情感和行为。

此外，老师的角色至关重要。老师应该参加关于儿童心理健康和行为管理的培训，提高对儿童心理健康问题的认识，以更好地理解和应对学生的攻击性行为。老师应该采用积极的教育方法，如鼓励、启发和建设性的反馈，以激发学生的学习兴趣，提高他们的自尊心和自信心。

最后，学校在努力创造友善、支持性的学习环境的时候，包括反欺凌政策的制定、鼓励同学友善和互助，以及提供心理支持，学校和老师要与家庭保持紧密联系，建立双向沟通机制。定期的家长会议、家访和家长培训课程可以帮助家长了解学生的学校生活，共同关注学生的心理健康和行为问题，共同努力减少儿童的攻击性行为。

总的来说，学校和老师在改善儿童攻击性行为方面发挥着关键作用。通过合适的教育课程、积极的奖励制度、心理健康服务和良好的教育方法，可以为儿童创造一个友善、和谐和支持性的学习环境，帮助他们养成积极的社会行为和心态。

三、社会大家庭一起呵护留守儿童的身心健康

动员社会各界人士，奉献一份爱心，尽一份义务，争当留守儿童的"代管家长"，使留守儿童既能得到有效的学习引导，也能得到生活上的温暖，解决留守儿童的情感缺失问题。政府有关部门要切实担负起责任，加快当地经济发展，增加本地就业机会，让更多的务工者做到"挣钱养家"两不误，从而减少留守儿童，创造促进孩子健康成长的社会环境。留守儿童常常感到孤独、焦虑和不安。提供情感支持是关键，可以通过聆听他们的问题和感受，与他们建立亲近关系，让他们感到被理解和接受。这有助于减少攻击性行为的出现。

社区或者相关部门为留守儿童多组织一些社交活动，多鼓励他们参加，以提高积极的社交技能，因此可以鼓励留守儿童积极参与社交活动，如体育、艺术、志愿服务等。这有助于提高他们的自尊心、自信心和人际交往能力，减少攻击性行为的发生。所以要改善儿童攻击性行为，社会和媒体对于儿童的影响至关重要。通过积极的社会发展和负责任的媒体传播，可以塑造积极的价值观，提高儿童的社会意识和情商，减少攻击性行为的发生。

首先，社会发展应重视儿童教育和社会参与。政府和相关组织应该共同努力，建立更多的儿童教育机构和社区活动中心，提供丰富多样的课程和活动，培养儿童的社交技能、责任心和团队合作精神。此外，鼓励家长参与儿童教育，

提高他们的育儿技能和心理健康意识，以建立健康、温馨的家庭环境。

其次，媒体在塑造儿童行为和价值观方面扮演着关键角色。媒体应该致力于传播积极、教育性的信息和内容，强调友善、合作、尊重和爱的重要性。儿童节目、电视剧、动画片等应该注重教育性质，通过生动有趣的方式向儿童传递积极的价值观。此外，媒体也应该加强对儿童心理健康问题的关注和报道，减少暴力、侵略等负面内容的呈现。要建立监管机制，确保儿童节目和广告不含有任何对儿童有害的信息，保护儿童的心理健康。

在社会层面，应该鼓励媒体与学校、家庭等教育机构合作，共同推动儿童教育。举办儿童教育主题的研讨会、座谈会，促进各方面的合作和交流，形成共识，共同致力于改善儿童攻击性行为。

总的来说，通过社会和媒体的共同努力，我们可以创造一个更有益、积极和友善的社会环境，有利于儿童良好行为的养成和发展。这需要多方合作，共同营造一个关爱、支持和教育儿童的社会氛围。

第二章

▼

中学生校园暴力状况及影响因素

第一节 文献综述

一、校园暴力的文献综述

（一）校园暴力的界定

目前，不管是国外还是国内，对于校园暴力的定义没有完全统一。国外学者对校园暴力的界定，最早可以追溯到20世纪70年代挪威心理学家奥维尤斯仅从发生在学生之间的欺负角度将校园暴力定义为，一个学生若反复地或长期地成为一个或多个学生负面行为的攻击对象，这个学生就是被欺负或暴力行为的受害者。国内学者廖海霞认为校园暴力既是一种社会暴力现象，更是一种法律现象，必然有其教育法律内涵（廖海霞，2016）。朱作鑫（2005）指出校园暴力是指在校园内及其周边地区，在学生之间、师生之间所产生的暴力行为。支愧云（2013）认为校园暴力是指在校园内发生的一切蓄意针对身心和财产造成伤害或者威胁的行为，包括心理暴力和身体暴力两个方面。姚建龙认为校园暴力是发生在学校及其周边，故意攻击师生人身及其财产，破坏教学秩序的行为（姚建龙，2008）。其中相对认可的是薛玲提到根据WHO（世界卫生组织）对暴力分类的方法，校园暴力是指以校园为背景发生在校园内外，施加于学校成员（既包括学生又包括老师）导致身体或心理伤害的行为（薛玲等，2010）。本研究也采用此概念。校园暴力，顾名思义就是发生在校园内的事件，且导致学校成员有身体或心理伤害的行为。

（二）中学生校园暴力的相关研究

校园暴力研究最早出现于西方发达国家，尤以美国为甚。一提起校园暴力，人们马上就会想到美国的校园枪击案和种族伤害案。从20世纪六七十年代起，西方发达国家出现了日益严重的校园暴力事件，这一情况引起了政府和社会各界的高度关注，为此各个政府投入了大量的人力物力财力，与大学和研究机构合作，企图找出预防校园暴力的有效途径，尤其在理论研究方面取得了丰硕的成果。归纳起来主要集中在校园暴力原因分析和校园暴力防治两个方面。

由于我国一直没有关于校园暴力的权威定义，所以开展校园暴力研究比西方国家要晚一些。因此，我国校园暴力研究的主要内容和方法大多借助于发达国家的研究成果。但由于历史文化与生活环境不一样，在我国的文化背景下，我们只能借鉴外国的研究成果结合我国的情况来研究。

近年来，随着国内校园暴力越来越受到社会关注，相关的研究成果也越来越多，并取得了不错的研究成果。徐畅提出了预防校园暴力策略（徐畅，2008）。汤亮（2006）从家庭、学校、社会和学生本身各方面提出一些针对性的干预措施。金一斌（2010）提到校园暴力事件多以个体性、单一性的行为方式表现出来，严重危害青少年的身心健康以及家庭、学校和整个社会的稳定与发展。王琳（2009）提出青少年所受的伤害远远不止皮肉的创伤，更严重的是孩子们心灵上的扭曲和心理创伤。宋雁慧（2014）提到旁观者已经构成了当前校园暴力问题的重要组成部分。包蓉（2011）指出同伴间的校园暴力不仅影响到施害者和受害者，对旁观者的心理也造成很大的影响。王娟（2013）也表示严重影响受害者的精神健康和将来的学习及生活。李雯（2013）对于校园暴力易出现的形式，医学生认为是师生之间实施的暴力的占4.3%。另外，罗建河（2011）表明女生校园暴力的频发已成为校园暴力的新表象。女生校园暴力行为有着一些独特的表现，如群体性、戏谑性、常常包含着性凌辱或者性侵犯等。

此外，我国关于校园暴力行为研究多选用问卷调查法和文献分析法，并且对于校园暴力产生的原因也趋于一致的观点：校园暴力的产生原因具有多元性。这些原因主要归为两个方面：一方面是内因，包括青少年自身生理和心理的因素；另一方面是外因，包括家庭因素、学校因素、政府因素、社会因素。

二、师生关系的文献综述

（一）师生关系的界定

目前对于师生关系的定义也是众说纷纭。陈永进（2014）提到师生关系是指教师和学生在教学过程中形成的相互关系，包括彼此所处的地位、作用和相互态度。赵晨（2014）将师生关系界定为教师与学生在教育过程中产生的特殊的人际关系。王耘（2002）认为师生关系是学校中教师与学生之间以情感、认知和行为交往为主要表现形式的心理关系。张檬（2015）认为师生关系是一种发生在教育系统之中，在教师和学生之间的人际关系，并且这种人际关系受到教师和学生不同地位、任务、行为的影响。李田田（2015）提到师生关系是指学生和老师在学校学习的过程中相互沟通，相互影响的一种人际互动模式，它在学生社会化形成过程和学生成长发展的道路上都有重要的影响作用。在本研究中将使用这一定义。因为关系即为关联，师生关系就是一种相互影响的互动模式。

（二）中学生师生关系的相关研究

随着学生的成长，他们在家的时间比在学校中的时间少得多，而其中与教师的交往更加频繁，因而师生关系在学生成长过程中越来越重要。章志光（2001）研究显示师生关系和青少年发展相关性高，其影响力甚至超过亲子关系。姚计海等（2005）在探讨中学生师生关系时发现师生关系各维度存在显著年级差异，且师生关系质量随年级升高呈波浪式下降趋势，其中初一学生的师生关系最好，而初二和高二学生的师生关系最不理想。邹泓等（2009）把中学生师生关系与其学校适应联合研究，结果显示不同类型师生关系的中学生对学校的喜欢程度有很大的差异。其中，亲密型师生关系的学生得分显著高于一般型和冲突型师生关系的学生；冲突型师生关系显著低于亲密型和一般型师生关系的学生。李小青等（2008）研究发现，师生亲密性、低冲突性、支持性和关系满意度均与流动儿童自尊显著相关。说明良好的师生关系，满足了流动儿童的情感需求，缓冲了外界消极评价对他们产生的不良影响，保护了他们的自尊。邹泓和李彩娜（2009）在研究中学生师生关系时发现亲密的师生关系更有助于个体形成良好的学业行为。马春艳（2009）研究发现教师语言暴力是影响师生关系的重要因素。肖顺凯（2014）表示部分老师对学生缺乏人文关怀，对学生沟通不多，缺乏耐心，没有帮助学生释放压力，反而增添学生烦恼，激化师生矛盾。作为主动实施教育教学活动的教师，作为中学生在学校交往与发展过程中的重要他人，教师在中学生人际关系中具有重要地位，且对中学生的心理发展具有极其重要的意义（肖顺凯，2014）。因而调查中学生的师生关系状况是非常重要和必要的。

（三）中学生师生关系与校园暴力的相关研究

目前，研究中学生师生关系与校园暴力的关系较少。有研究表明近年来师生矛盾、校园暴力的新闻屡见网络，打开各高中学校校园贴吧，怨恨、仇视母校和老师，攻击、咒骂老师的学生留言比比皆是（朱琳，2010）。也有学者表示师生关系在校园暴力行为中扮演着十分重要的角色（杨尧忠，廖小磊，2008）。肖顺凯（2014）提到有一些老师偏爱成绩好的学生，歧视后进生，甚至强迫后进生退学，不准参加高考、中考报名，这伤害了纯洁的师生关系。而青春期的学生心理易冲动，自我调控能力差，从而导致师生关系恶化。陈永进的研究表明师生关系与校园暴力各因子存在负相关；师生关系对身体暴力和心理暴力有显著的预测作用（陈永进，2014）。因此，本研究着重研究中学生校园暴力与师生关系的内在联系，为建立良好的师生关系以及和谐的校园生活提供心理依据。

三、问题提出

校园欺凌是世界各国大中小学校园中普遍存在的现象，我国也不例外。从1994年的朱令事件到2013年复旦投毒案、2016年的四川师范大学杀人案，以及2017年的南方医科大学杀人案等暴力侵害案件在各大高校"上演"，越来越多的大学生正在直接或者间接地接触校园暴力。2015年6月22日，四川资阳乐至3名未成年少女对一女孩施暴。2015年6月23日，江西永新县女初中生打架的视频受到网友广泛关注。2017年4月10日，四川广安某教师群流出一个视频：一个小学生在教室发怒，其暴怒指数远超其年龄阶段应有的特质。面对学生的暴怒老师却束手无策，只能招呼同学离开，默默拍摄视频"明哲保身"。众多事件表明校园暴力屡见不鲜，那到底是什么原因造成的？我们又应该如何防范？这是一个值得各界人士深思的问题。鉴于此，研究校园暴力与师生关系的关系具有一定的理论意义与实际意义。

国务院原总理李克强针对校园暴力频发，专门作出重要批示和部署：校园应是最阳光、最安全的地方，要加强中小学幼儿园安全风险防控体系建设，打造平安校园；校园暴力频发，不仅伤害未成年人身心健康，也冲击社会道德底线，要加强对学生的法治教育，坚决遏制漠视人的尊严与生命的行为；要建立防控校园欺凌的有效机制，及早发现、干预和制止欺凌、暴力行为，对情节恶劣、手段残忍、后果严重的必须坚决依法惩处。校园暴力是指以校园为背景发生在校园内外，施加于学校成员（既包括学生又包括老师）导致身体或心理伤害的行为。不同领域的学者从心理卫生、教育学、社会学和法律学等多个角度对校园暴力进行了探讨分析。

以往研究表明中学生的暴力行为普遍存在，校园暴力行为在中学生中发生率较高，学习成绩差的学生、低年级中学男生和父母婚姻异常家庭的孩子是校园暴力的高危人群。同时，吸烟、饮酒、上网等个人行为是高中生校园暴力行为总效应最高的影响因素。公办与民办学校中学生校园暴力的发生均受到个体（性别、学习成绩、本人吸烟饮酒等）、家庭（家庭关系、独生子女、父母外地工作、母亲吸烟、户籍所在地等）、社会等多方面因素的共同影响。朱文芬等（2015）研究还发现青少年暴力行为指标受遗传和特殊环境因素的共同影响，受环境的影响较大，父母的教育方式对该指标具有一定的影响；暴力行为青少年的父母在惩罚、严厉方面显著高于正常青少年父母，父母亲情感温暖却低于正常青少年。

社会学领域学者从社会对校园暴力的应对不力的视角，国家治理视角，身体社会学的视角，构建教育、预防、处理、救济于一体视角等方面深入分析了校园暴力的恶劣社会影响及校园暴力防治体系的建设。还有法学领域学者从"恶意补足年龄"规则作为未成年人犯罪年龄认定的补充规则，185起校园暴力案件的观察与分析，未成年女生校园暴力和未成年女生校园暴力行为法律规制的研究多个角度探讨了校园暴力行为的法律法规制度建设。

师生关系是学校中教师与学生之间以情感、认知和行为交往为主要表现形式的心理关系，是指学生和老师在学校学习的过程中相互沟通、相互影响的一种人际互动模式，它在学生社会化形成过程和学生成长发展的道路上都有重要的影响作用。良好的师生关系是促进学生发展和减少学生问题行为的关键因素，亲密的师生关系有利于儿童形成对学校的积极情感态度，积极参与班级、学校活动，有利于与同学形成积极的情感关系，发展良好的个性品质。李小青等（2008）研究发现，师生亲密性、低冲突性、支持性和关系满意度均与流动儿童自尊显著相关，良好的师生关系，满足了流动儿童的情感需求，缓冲了外界消极评价对他们产生的不良影响，保护了他们的自尊。而自尊在师生关系对内化问题的影响中起重要作用，对于内化问题的干预可以通过改善师生关系，提高青少年自尊，进而有效改善内化问题。亲子依恋和师生关系均与儿童问题行为呈显著负相关，在高师生关系条件下，亲子依恋可以显著减少儿童问题行为，师生关系可以增强亲子依恋对儿童问题行为的预测作用。另外多项研究表明，良好的师生关系有助于促进中学生良好学业行为、学业成就、学习动机、创造性思维和创新效能感等身心的全面积极发展。

师生关系是学校中教师与学生之间的基本人际关系，也是青少年社会化过程中的重要社会关系之一，贯穿于整个教育的始终，直接关系到学生的健康成长。作为主动实施教育教学活动的教师，作为中学生在学校交往与发展过程中的重要他人，教师在中学生人际关系中具有重要地位，且对中学生的心理发展具有极其重要的意义。因而从中学生师生关系的角度探讨其与校园暴力的关系具有重要的实际意义。

第二节　调研方法

一、调研对象

本研究抽取贵州省遵义市的四所学校：湄江高级中学、茶城中学、建国中学以及遵义西点中学的300名中学生作为研究被试进行问卷调查。最后回收有效问卷为267份，有效率为89%。被试情况如表2-1。

表2-1 被试在人口学变量上的分布情况

变量	分类	人数	百分比（%）
性别	男	115	43.07
	女	152	56.93
年级	初一	53	19.90
	初二	42	15.70
	初三	41	15.40
	高一	47	17.60
	高二	43	16.10
	高三	41	15.40
生源地	城镇	68	25.50
	农村	199	74.50
班干部	是	77	28.80
	否	190	71.20
独生子女	是	70	26.20
	不是	197	73.80
学习成绩	优	30	11.20
	良	121	45.30
	中	93	34.80
	差	23	8.60
学校性质	公办	128	47.90
	民办	139	52.10
恋爱情况	是	21	7.90
	否	246	92.10
家庭关系	很好	121	45.30
	一般	121	45.30
	不太好	22	8.20
	糟糕至极	3	1.10
家庭经济情况	很好	16	6.00
	一般	190	71.20
	困难	47	17.60
	特困	14	5.20

二、调研工具

（一）师生关系问卷

《师生关系问卷》：师生关系原问卷由皮安达（Pianta，1994）编制，屈智勇等（2007）对这一问卷进行了修订，修订后的问卷由23个项目组成，分为亲密性、冲突性、支持性和满意度等4个维度，采用学生评定，从"完全不符合"到"完全符合"依次记1~5分。其中反向计分题目：12、16、19。验证性因素分析的结果表明问卷具有较好的结构效度（$\chi^2/df=3.44$，GFI=0.91，TLI=0.91，CFI=0.92，REMSA=0.06）和项目信度，各项目的载荷均在0.44以上；各维度的Cronbach's α信度系数分别在0.71~0.87之间。在本研究中的α为0.68。

（二）中学生暴力行为量表

《中学生暴力行为量表》：由郑春玲编制（2013），该量表由44个条目组成。其中心理暴力分问卷包括人格侮辱、关系攻击、性骚扰、权利侵犯等4个维度；躯体暴力分问卷包括攻击他人、自虐行为、自杀意念与行为、极严重暴力等4个维度。心理暴力和躯体暴力各22题，要求被试以3个角色（A：实施者；B：受害者；C：目击者）分别作答。以1学期为周期，从"没发生"到"每周发生多次"依次记为0~4分，采用正向计分。两个分量表的Cronbach's α系数分别为0.82和0.80，重测信度分别为0.82和0.79。该量表的内部一致性和重测信度均在0.70以上。在本研究中的α为0.96。

三、统计方法

数据采用SPSSl 8.0软件包进行数据录入并处理。首先，通过描述性统计分析得到中学生师生关系、中学生暴力行为的总分或维度得分。然后，通过独立样本t检验和单因素方差分析对两个变量进行性别、年级、生源地等人口学变量上的差异检验。最后，通过相关分析和回归分析考察两个变量之间的关系。

第三节　调研结果

一、中学生校园暴力现状的调查结果

（一）中学生校园暴力的描述性分析

表3-1　中学生校园暴力的发生率（n=267）

	实施暴力 得分（$M \pm SD$）	发生率 （%）	遭受暴力 得分（$M \pm SD$）	发生率 （%）	目击暴力 得分（$M \pm SD$）	发生率 （%）
人格侮辱	0.56 ± 0.74	72.3	0.70 ± 0.75	78.7	1.19 ± 0.93	88.4
关系攻击	0.35 ± 0.56	48.7	0.39 ± 0.54	56.6	0.66 ± 0.73	69.3
性骚扰	0.11 ± 0.38	18.0	0.13 ± 0.37	22.5	0.22 ± 0.51	34.1
权利侵犯	0.18 ± 0.37	41.6	0.27 ± 0.46	51.7	0.49 ± 0.57	68.9
攻击他人	0.11 ± 0.22	34.1	0.09 ± 0.20	27.0	0.29 ± 0.37	59.9
自虐行为	0.06 ± 0.13	24.3			0.11 ± 0.24	31.5
自杀意念	0.01 ± 0.06	4.9			0.01 ± 0.06	5.2
严重暴力					0.00 ± 0.01	0.4
心理暴力	0.32 ± 0.44	82.8	0.40 ± 0.47	89.5	0.68 ± 0.55	94.8
躯体暴力	0.05 ± 0.08	48.3	0.03 ± 0.05	27	0.11 ± 0.13	70
总暴力	0.18 ± 0.24	86.1	0.21 ± 0.24	89.5	0.40 ± 0.31	95.9

　　表3-1说明，目击暴力的发生率最高，高达95.9%。其次是遭受暴力和实施暴力，发生率分别为89.5%、86.1%。其中，中学生的心理暴力发生率高于躯体暴力的发生率。此外，在遭受自虐行为、遭受自杀意念以及实施严重暴力和遭受严重暴力上的发生率为0，因此无相应数据。

（二）中学生校园暴力在性别上的差异分析

表3-2　中学生校园暴力在性别上的差异分析（$M \pm SD$）

	性别		t
	男（n=115）	女（n=152）	
实施心理暴力	0.34 ± 0.44	0.30 ± 0.44	0.61
遭受心理暴力	0.45 ± 0.51	0.35 ± 0.41	1.80

	性别		t
	男（n=115）	女（n=152）	
目击心理暴力	0.74 ± 0.59	0.64 ± 0.51	1.49
实施躯体暴力	0.05 ± 0.07	0.05 ± 0.09	0.33
遭受躯体暴力	0.03 ± 0.06	0.02 ± 0.05	1.41
目击躯体暴力	0.11 ± 0.12	0.10 ± 0.14	0.70
实施总暴力	0.19 ± 0.23	0.17 ± 0.25	0.61
遭受总暴力	0.24 ± 0.27	0.19 ± 0.22	1.80
目击总暴力	0.43 ± 0.33	0.37 ± 0.30	1.45

表3–2说明，不同性别的中学生在校园暴力各因子上无显著性差异。

（三）中学生校园暴力在年级上的差异分析

以实施心理暴力、遭受心理暴力、目击心理暴力、实施躯体暴力、遭受躯体暴力、目击躯体暴力、实施总暴力、遭受总暴力以及目击总暴力为因变量，以年级为自变量进行单因素方差分析。

表3–3　中学生校园暴力在年级上的差异分析（M ± SD）

	年级						F	LSD
	①初一 (n=53)	②初二 (n=42)	③初三 (n=41)	④高一 (n=47)	⑤高二 (n=43)	⑥高三 (n=41)		
实施心理暴力	0.33 ± 0.46	0.38 ± 0.54	0.37 ± 0.40	0.25 ± 0.39	0.21 ± 0.20	0.36 ± 0.55	1.19	
遭受心理暴力	0.52 ± 0.49	0.48 ± 0.47	0.44 ± 0.42	0.30 ± 0.39	0.22 ± 0.20	0.40 ± 0.60	2.88*	①②③>⑤; ①>④
目击心理暴力	0.82 ± 0.66	0.79 ± 0.57	0.71 ± 0.46	0.60 ± 0.52	0.46 ± 0.31	0.69 ± 0.62	2.67*	①>④; ①②③>⑤; ⑤>⑥
实施躯体暴力	0.05 ± 0.07	0.05 ± 0.12	0.05 ± 0.07	0.05 ± 0.05	0.03 ± 0.04	0.05 ± 0.09	0.39	
遭受躯体暴力	0.03 ± 0.06	0.03 ± 0.06	0.03 ± 0.05	0.02 ± 0.05	0.01 ± 0.03	0.02 ± 0.06	0.98	

续表

	年级						F	LSD
	①初一 (n=53)	②初二 (n=42)	③初三 (n=41)	④高一 (n=47)	⑤高二 (n=43)	⑥高三 (n=41)		
目击躯体暴力	0.16 ± 0.14	0.13 ± 0.15	0.08 ± 0.08	0.09 ± 0.15	0.08 ± 0.09	0.09 ± 0.12	2.91*	①>③④⑤
实施总暴力	0.19 ± 0.26	0.22 ± 0.31	0.21 ± 0.23	0.15 ± 0.20	0.12 ± 0.11	0.20 ± 0.31	1.13	
遭受总暴力	0.27 ± 0.26	0.25 ± 0.26	0.23 ± 0.22	0.16 ± 0.21	0.12 ± 0.10	0.21 ± 0.32	2.89*	①②③>⑤; ①>④
目击总暴力	0.49 ± 0.37	0.46 ± 0.33	0.39 ± 0.25	0.35 ± 0.30	0.27 ± 0.17	0.39 ± 0.35	2.95*	①②>⑤; ①>④

注：*表示 $p < 0.05$；**表示 $p < 0.01$；***表示 $p < 0.001$。

表3-3说明，中学生在遭受心理暴力、目击心理暴力、目击躯体暴力、遭受总暴力以及目击总暴力上存在年级显著差异。遭受躯体暴力以及实施总暴力上不存在年级显著差异。事后检验结果显示，在遭受心理暴力得分上，初一、初二、初三的中学生显著高于高二的中学生；初一的中学生显著高于高一的中学生。在目击心理暴力得分上，初一的中学生显著高于高一的中学生；初一、初二、初三的中学生显著高于高二的中学生；高二的中学生显著高于高三的中学生。在目击躯体暴力得分上，初 的中学生显著高于初二、高一以及高二的中学生。在遭受总暴力得分上，初一、初二、初三的中学生显著高于高二的中学生；初一的中学生显著高于高一的中学生。在目击总暴力得分上，初一、初二的中学生显著高于高二的中学生；初一的中学生显著高于高一的中学生。

（四）中学生校园暴力在是否独生子女上的差异分析

表3-4　中学生校园暴力在是否独生子女上的差异分析（$M \pm SD$）

	是否独生子女		t
	是 (n=70)	否 (n=197)	
实施心理暴力	0.22 ± 0.28	0.35 ± 0.48	-2.79**
遭受心理暴力	0.30 ± 0.34	0.43 ± 0.49	-2.31*

	是否独生子女		t
	是（n=70）	否（n=197）	
目击心理暴力	0.67 ± 0.47	0.69 ± 0.57	-0.13
实施躯体暴力	0.04 ± 0.05	0.05 ± 0.09	-1.23
遭受躯体暴力	0.01 ± 0.04	0.03 ± 0.06	-2.52*
目击躯体暴力	0.11 ± 0.13	0.11 ± 0.13	0.05
实施总暴力	0.13 ± 0.15	0.20 ± 0.27	-2.77**
遭受总暴力	0.16 ± 0.18	0.23 ± 0.26	-2.46*
目击总暴力	0.39 ± 0.29	0.40 ± 0.32	-0.10

注：*表示 $p < 0.05$；**表示 $p < 0.01$。

表3-4说明：是或不是独生子女的中学生在实施心理暴力、遭受心理暴力、目击心理暴力、遭受躯体暴力、实施总暴力、遭受总暴力上存在显著差异，即不是独生子女的得分显著高于独生子女。其余均不存在显著差异。

（五）中学生校园暴力在学校性质上的差异分析

表3-5　中学生校园暴力在学校性质上的差异分析（M ± SD）

	学校性质		t
	民办（n=128）	公办（n=139）	
实施心理暴力	0.46 ± 0.56	0.18 ± 0.20	5.32***
遭受心理暴力	0.55 ± 0.57	0.26 ± 0.25	5.30***
目击心理暴力	0.75 ± 0.63	0.62 ± 0.46	2.05*
实施躯体暴力	0.05 ± 0.10	0.04 ± 0.06	1.12
遭受躯体暴力	0.03 ± 0.06	0.02 ± 0.05	2.81**
目击躯体暴力	0.12 ± 0.16	0.10 ± 0.09	1.03
实施总暴力	0.26 ± 0.31	0.11 ± 0.11	4.94***
遭受总暴力	0.29 ± 0.30	0.14 ± 0.14	5.29***
目击总暴力	0.44 ± 0.36	0.36 ± 0.26	2.02*

注：*表示 $p < 0.05$；**表示 $p < 0.01$；***表示 $p < 0.001$。

表3-5说明：不同性质学校的中学生在实施心理暴力、遭受心理暴力、目击心理暴力、遭受躯体暴力、实施总暴力、遭受总暴力、目击总暴力上存在显著差异，即公办性质学校的学生得分显著低于民办性质学校的学生。而在实施躯体暴力、目击躯体暴力上则不存在显著差异。

二、中学生师生关系现状的调查结果

（一）中学生师生关系的描述性分析

表3-6　中学生师生关系的基本情况

维度	N	题平均分	标准差	最大值	最小值
亲密性	267	2.62	0.85	4.86	1.00
冲突性	267	1.86	1.86	3.86	1.00
支持性	267	3.34	0.62	4.80	1.20
满意度	267	3.07	3.07	4.75	1.00

表3-6说明：在师生关系的4个因子中，支持性因子的题平均分最高，冲突性因子的题平均分最低。

（二）中学生师生关系在性别上的差异分析

表3-7　中学生师生关系在性别上的差异分析（$M \pm SD$）

	性别		t
	男（n=115）	女（n=152）	
亲密性	19.30 ± 6.19	17.66 ± 5.66	2.25*
冲突性	13.25 ± 4.83	12.79 ± 4.22	0.83
支持性	16.77 ± 3.19	16.66 ± 3.05	0.26
满意度	12.69 ± 2.91	11.97 ± 2.19	2.20*

注：*表示 $p < 0.05$。

表3-7说明：不同性别的中学生只在亲密性、满意度上存在显著差异，即男生得分显著高于女生。其余差异均不显著。

（三）中学生师生关系在年级上的差异分析

以亲密性、冲突性、支持性以及满意度为因变量，年级为自变量进行单因素方差分析。

表3-8　中学生师生关系在年级上的差异分析（$M \pm SD$）

	年级						F	LSD
	①初一（n=53）	②初二（n=42）	③初三（n=41）	④高一（n=47）	⑤高二（n=43）	⑥高三（n=41）		
亲密性	20.51 ± 5.63	18.86 ± 5.23	17.76 ± 5.58	16.04 ± 6.40	18.53 ± 5.69	18.22 ± 6.33	3.09*	①②⑤>④；①>③
冲突性	10.77 ± 3.23	13.76 ± 4.66	12.78 ± 4.70	14.04 ± 4.60	13.33 ± 4.98	13.71 ± 4.06	3.82**	②③④⑤⑥>①
支持性	17.98 ± 2.56	17.21 ± 2.76	15.59 ± 2.84	16.57 ± 3.24	17.14 ± 3.23	15.37 ± 3.27	5.18***	①>③④⑥，②>③⑥，⑤>③，⑥>⑤
满意度	13.60 ± 2.28	11.98 ± 1.79	11.85 ± 2.91	11.68 ± 2.37	12.26 ± 2.77	12.02 ± 2.61	4.05*	①>②③④⑤⑥

注：*表示 $p < 0.05$；**表示 $p < 0.01$；***表示 $p < 0.001$。

表3-8说明，不同年级的中学生在师生关系各因子上均存在显著性差异。事后检验结果显示，在亲密性得分上，初一、初二、高二的中学生显著高于高一的中学生；初一的中学生显著高于初三的中学生。在冲突性得分上，初二、初三、高一、高二以及高三的中学生显著高于初一的中学生。在支持性得分上，初一的中学生得分显著高于初三、高一以及高三的中学生；初二的中学生得分显著高于初三和高三的中学生；高二的中学生得分显著高于初三的中学生；高三的中学生得分显著高于高二的中学生。在满意度得分上，初一的中学生得分显著高于初二、初三、高一、高二以及高三的中学生。

（四）中学生师生关系在学习成绩上的差异分析

以亲密性、冲突性、支持性以及满意度为因变量，成绩为自变量进行单因素方差分析。

表3-9　中学生师生关系在成绩上的差异分析（$M \pm SD$）

	成绩				F	LSD
	①优 （n=30）	②良 （n=121）	③中 （n=93）	④差 （n=23）		
亲密性	21.1±6.65	18.39±6.11	18.37±5.26	14.74±5.04	5.21**	①>②③④； ②③>④
冲突性	11.27±4.18	12.82±4.37	12.97±4.32	16.22±4.80	5.80***	④>①②③
支持性	16.7±4.10	17.10±2.87	16.70±2.81	14.70±3.32	4.00**	①②③>④
满意度	11.9±3.27	12.40±2.66	12.41±2.22	11.65±1.97	0.85	

注：* 表示 $p<0.05$；** 表示 $p<0.01$；*** 表示 $p<0.001$。

表3-9说明，不同成绩的中学生在亲密性、冲突性以及支持性上存在显著性差异。而在满意度上不存在显著性差异。事后检验结果显示在亲密性得分上，成绩优的中学生显著高于成绩良、成绩中以及成绩差的中学生；成绩良的中学生显著高于成绩差的中学生；成绩中的中学生显著高于成绩差的中学生。在冲突性得分上，成绩差的中学生显著高于成绩优、成绩良以及成绩中的中学生。在支持性得分上，成绩优、成绩良、成绩中的中学生得分显著高于成绩差的中学生。

（五）中学生师生关系在家庭关系上的差异分析

以亲密性、冲突性、支持性以及满意度为因变量，家庭关系为自变量进行单因素方差分析。

表3-10　中学生师生关系在上的家庭关系差异分析（$M \pm SD$）

	家庭关系				F	LSD
	①很好 （n=121）	②一般 （n=121）	③不好 （n=22）	④糟糕 （n=3）		
亲密性	19.60±6.05	17.65±5.56	16.32±6.23	13.00±5.00	4.13**	①>②③
冲突性	12.16±4.17	13.14±4.37	16.05±5.00	18.00±6.24	6.45***	③④>①，③>②
支持性	17.26±2.83	16.47±3.13	15.73±3.59	11.33±3.58	5.50***	①>②③④； ②③>④
满意度	12.74±2.78	12.17±2.17	10.55±2.42	11.00±1.00	5.35***	①>②③

注：* 表示 $p<0.05$；** 表示 $p<0.01$；*** 表示 $p<0.001$。

表3-10说明，不同家庭关系的中学生在师生关系各因子上均存在显著性差异。事后检验结果显示在亲密性得分上，家庭关系很好的中学生显著高于家庭关系一般、家庭关系不好的中学生。在冲突性得分上，家庭关系不好以及糟糕的中学生得分显著高于家庭关系很好的中学生；家庭关系不好的中学生得分显著高于家庭关系一般的中学生。在支持性得分上，家庭关系很好的中学生得分显著高于家庭关系一般、不好以及糟糕的中学生；家庭关系一般以及不好的中学生得分显著高于家庭关系糟糕的中学生。在满意度得分上，家庭关系很好的中学生得分显著高于家庭关系一般和不好的中学生。

三、中学生师生关系与校园暴力的相关分析

表3-11　师生关系与实施校园暴力的相关分析

	亲密性	冲突性	支持性	满意度
实施人格侮辱	-0.15*	0.14*	-0.14*	0.02
实施关系攻击	-0.02	0.09	-0.05	0.09
实施性骚扰	-0.06	0.14*	-0.05	0.01
实施权利侵犯	-0.02	0.19**	-0.01	0.01
实施攻击他人	-0.01	0.06	-0.01	-0.02
实施自虐行为	0.02	0.09	-0.06	-0.02
实施自杀意念与行为	-0.06	0.14*	-0.11	-0.20**
实施极严重暴力				

注：*表示$p < 0.05$；**表示$p < 0.01$。

表3-11说明，通过皮尔逊积差相关统计分析可以看出，师生关系中的亲密性与实施人格侮辱存在显著的负相关。冲突性与实施人格侮辱、实施性骚扰、实施权利侵犯、实施自杀意念与行为存在显著正相关。支持性与实施人格侮辱存在显著负相关。满意度与实施自杀意念与行为存在显著负相关。由于实施极严重暴力的情况未发生，因此并未有相对应的数据。

表3-12　师生关系与遭受校园暴力的相关分析

	亲密性	冲突性	支持性	满意度
遭受关系攻击	0.004	0.04	-0.003	0.11
遭受性骚扰	-0.02	0.11	-0.06	0.03
遭受权利侵犯	0.10	0.03	0.05	-0.12*
遭受攻击他人	0.02	0.03	0.02	0.10
遭受自虐行为				
遭受自杀意念与行为				
遭受极严重暴力				

注：*表示 $p < 0.05$。

表3-12说明，通过皮尔逊积差相关统计分析可以看出，师生关系中的冲突性与遭受人格侮辱存在显著正相关。满意度与遭受权利侵犯存在显著负相关。由于遭受自虐行为和遭受自杀意念与行为，以及遭受极严重暴力的情况未发生，因此并未有相对应的数据。

表3-13　师生关系与目击校园暴力的相关分析

	亲密性	冲突性	支持性	满意度
目击自虐行为	-0.04	0.13*	-0.05	-0.005
目击自杀意念与行为	-0.10	0.01	-0.11	-0.06
目击极严重暴力	0.01	-0.04	0.01	0.02
目击性骚扰	-0.04	0.11	-0.03	0.07
目击权利侵犯	0.05	0.11	0.01	0.07
目击攻击他人	0.01	0.08	0.05	0.06
目击人格侮辱	-0.16**	0.08	-0.06	-0.03
目击关系攻击	-0.04	0.05	0.05	0.04

注：*表示 $p < 0.05$。

表3-13说明：通过皮尔逊积差相关统计分析可以看出，师生关系中的亲密性与目击人格侮辱存在显著负相关。冲突性与目击自虐行为存在显著的正相关。

四、师生关系对校园暴力的预测分析

为了进一步探讨师生关系对校园暴力的影响，分别以校园暴力24个因子为因变量，师生关系4个因子为自变量，进行逐步回归分析。

表3-14　遵义市中学生自变量预测因变量的回归分析

因变量	预测变量	R	R^2	F	B	Beta(β)	t
实施人格侮辱	亲密性	0.154	0.024	6.461*	-0.019	-0.154	-2.542*
遭受人格侮辱	冲突性	0.125	0.016	4.209*	0.021	0.125	2.052*
目击人格侮辱	亲密性	0.165	0.027	7.410**	-0.026	-0.165	-2.722**
实施性骚扰	冲突性	0.139	0.019	5.284*	0.012	0.139	2.299*
实施权利侵犯	冲突性	0.185	0.034	9.346**	0.015	0.185	3.057**
遭受权利侵犯	满意度	0.121	0.015	3.953*	0.022	0.121	-1.988*
目击自虐行为	冲突性	0.125	0.016	4.221*	0.007	0.125	2.055*
实施自杀意念与行为	满意度	0.202	0.041	11.327***	-0.004	-0.202	-3.366***

注：*表示 $p < 0.05$；**表示 $p < 0.01$；***表示 $p < 0.001$.

表3-14说明，中学生师生关系的四个维度对实施人格侮辱、遭受人格侮辱、目击人格侮辱、实施性骚扰、实施权利侵犯、遭受权利侵犯、目击自虐行为，以及实施自杀意念与行为的回归预测分析表明：师生关系四个维度中只有亲密性对实施人格侮辱、目击人格侮辱有显著的负向预测作用，解释变异率分别为2.4%、2.7%。冲突性对遭受人格侮辱、实施性骚扰、实施权利侵犯以及目击自虐行为有显著的正向预测作用，解释变异率分别为1.6%、1.9%、3.4%、1.6%。师生关系中满意度对遭受权利侵犯、实施自杀意念与行为有显著的负向预测作用，解释变异率分别为1.5%、4.1%。

第四节　分析与讨论

一、关于心理暴力、躯体暴力现状的讨论

本研究发现，中学生心理暴力的发生率高于躯体暴力的发生率。实施心理

暴力、遭受心理暴力以及目击心理暴力的发生率依次是82.8%、89.5%、94.8%。实施躯体暴力、遭受躯体暴力以及目击躯体暴力的发生率依次为48.3%、27%、70%。荆春霞等（2005）研究也表明，言语暴力发生率高于躯体暴力。原因可能是：躯体暴力比较明显，而心理暴力则比较隐蔽。例如，鄙视的眼神，很多人很多时候都不会当回事，除非特定情况。因而使得心理暴力比躯体暴力相对来说更方便实施。由于家长或老师一般不会在意，而且又不会造成太大损失，使得对这部分暴力的关注度大大降低，既然实施了又不得有惩罚，导致此类暴力具有普遍性。而躯体暴力，顾名思义，要有身体上的接触发生的暴力。而中学生又是一个重视同伴关系的时期，一般不会轻易发生躯体暴力，而心理暴力也能达到躯体暴力的伤害程度，只是形式不一样而已，但结果一样，所以导致心理暴力的发生率较高于躯体暴力的。

二、中学生校园暴力的人口学变量现状讨论

（一）中学生校园暴力在性别上的现状讨论

本研究发现，中学生在实施心理暴力、遭受心理暴力、目击心理暴力、实施躯体暴力、遭受躯体暴力、目击躯体暴力、实施总暴力、遭受总暴力、目击总暴力上均不存在性别显著差异。但是，我国学者郑春玲调查发现（2013），男生实施心理暴力、遭遇心理暴力、目击心理暴力、实施躯体暴力和目击躯体暴力平均得分都显著高于女生。池桂波等人（2007）研究显示，男生的心理暴力和躯体暴力的发生率均高于女生的，结果与本研究不一致。首先，取样的区域过于局限，导致地区差异不明显。其次，如今的教育环境以及生活环境，导致对男生和女生的偏差不大，不像传统思想，女生应该端庄，而男生则活泼一点。随着社会的发展，倡导男女平等的今天，人们对男生和女生的期望也在改变，女生的社会地位和以往也大有不同。因此这可能是导致研究结果不一致的原因之一。

（二）中学生校园暴力在年级上的现状讨论

本研究发现，中学生在遭受心理暴力、目击心理暴力、目击躯体暴力、遭受总暴力以及目击总暴力上存在显著性差异，且初中生显著高于高中生，说明

初中生参与暴力的程度明显高于高中生。而在实施心理暴力、实施躯体暴力。遭受躯体暴力以及实施总暴力上不存在显著性差异。郑春玲（2013）调查显示，初中生实施心理暴力、遭遇心理暴力、目击心理暴力、实施躯体暴力、遭遇躯体暴力和目击躯体暴力的平均得分都显著高于高中生，说明初中生参与暴力的程度明显高于高中生。这与本研究结果部分一致。原因是此时的初中生处于心理和身体急剧变化的初期，自我意识高涨，思维片面且极端、偏激，情绪表现相互矛盾，心理上既高傲又自卑。

（三）中学生校园暴力在是否独生子女上的现状讨论

本研究发现：中学生在实施心理暴力、遭受心理暴力、目击心理暴力、遭受躯体暴力、实施总暴力、遭受总暴力上存在显著差异，即不是独生子女的得分显著高于独生子女。原因可能是由于是独生子女，因而家长对子女的要求反而更高。加上家里就一个孩子，父母肯定把所有的一切都给予自己的孩子，从而导致孩子充满满足感与幸福感。心中有爱的孩子到哪都是温暖的。相反，不是独生子女的家庭，父母不可能做到完全的公平，因而导致孩子的心里充满不满，但又不敢在家随意表露，以致在同伴之间发泄出来。所以这可能是导致独生子女的得分反而显著低于不是独生子女的原因。

（四）中学生校园暴力在学校性质上的现状讨论

本研究发现：中学生在实施心理暴力、遭受心理暴力、目击心理暴力、遭受躯体暴力、实施总暴力、遭受总暴力、目击总暴力上存在显著差异，即公办性质学校的学生得分显著低于民办性质学校的学生。由于公办性质的学校相对民办性质的学校来说，在学校管理等各方面比民办性质的学校更加系统和完善。因此公办性质学校的学生比民办性质学校的学生更方便管理，学生也更容易接受学校的管理方式。

三、中学生师生关系在人口学变量上的现状讨论

（一）中学生师生关系在性别上的现状讨论

本研究发现：中学生在亲密性、满意度上存在性别显著差异，即男生得分

显著高于女生，而在冲突性、支持性上的得分差异则不显著。屈智勇等（2007）调查发现，在冲突性维度上，女生得分显著低于男生得分；在其他三个维度上得分没有显著差异。主要原因是：随着社会的进步，在过去的十年里，学生的心态等各方面都有着不同程度的变化，导致他们对事物的认识也不一样了。另外，那时候的学生与老师的接触时间相对来说没有现在的接触时间长，这也是原因之一。

（二）中学生师生关系在年级上的现状讨论

本研究发现：不同年级的中学生在师生关系各因子上均存在显著性差异。其中，除冲突性维度得分是高年级显著高于低年级外，其余三个维度均是低年级显著高于高年级。本研究结果与姚计海研究结果一致（2005）。青少年时期是自我同一性形成与同一性混乱相冲突，并获得新的自我同一性的时期。体现了他们既希望与老师亲密同时又希望表现自我独立性的内心矛盾。而初一的学生刚进校，学习压力没有高年级的大，特别是初三、高三的学生。高年级的学生相对来说学习任务更加繁重，加之老师和家长的期望较高的同时忽略了学生的成长，导致师生关系淡漠。所以高年级的学生较易与老师发生冲突。

（三）中学生师生关系在成绩上的现状讨论

本研究发现，不同成绩的中学生在亲密性、冲突性以及支持性上存在显著性差异，而在满意度上不存在显著性差异。除冲突性维度得分是成绩差的中学生显著高于成绩优、成绩良以及成绩中的中学生外，在亲密性、支持性维度得分是成绩稍好的中学生得分显著高于成绩稍差的中学生。原因可能是成绩稍好的学生平时与老师的沟通比较多，因而对老师的印象肯定比平时接触得少的学生好。成绩稍差的学生一般情况下与老师的沟通较少，甚至不沟通，因而缺乏对彼此的认识。所以成绩稍差的学生容易与老师发生冲突。

（四）中学生师生关系在家庭关系上的现状讨论

本研究发现，不同家庭关系的中学生在师生关系各因子上均存在显著性差异。在亲密性、支持性、满意度得分上，家庭关系很好的中学生显著高于家庭关系稍差的中学生。而在冲突性得分上，家庭关系稍差的中学生得分显著家庭关系很好的中学生。家庭是孩子的港湾，有家就有温暖，有家就有爱。然而，这只是针对家庭关系和谐的来说，如果家庭关系不和谐，对孩子的心灵就会造成一定的伤害。而不和谐的家庭，特别是经常争吵的家庭，在这种环境下长大的小孩相对较和谐的家庭长大的小孩更容易发生暴力行为。家庭是青少年成长的主要环境，对青少年的成长有非常重要的影响。家长的不恰当言行会给孩子树立一个负面的"榜样"，使孩子误以为人与人之间的纠纷用暴力方式处理没什么不对（刘薇，2016）。由于小孩的模仿能力很强，如果总是看到不和谐的画面，久而久之，在小孩的心里便会形成遇事只有用暴力解决的想法。

四、中学生校园暴力与师生关系的相关关系

在师生关系中，师生之间具有较高的亲密性以及满意度时，校园暴力就会相应地减少。相反，当师生之间存在较高的冲突时，则会加剧校园暴力的发生。由此可见，师生关系是影响校园暴力发生的一个重要因素。在老师与学生接触期间，当教师对学生生活方面或学习方面给予相应的支持与鼓励时；在学生的认知、情感方面也给予一定的支持，保持与学生的亲密关系，使得学生感觉自己是被在乎的，那学生实施校园暴力的发生率就会减少。相反，如果老师存在不恰当的教育方式时，比如，侮辱学生、冷落学生，就会使学生感觉自己受到人格侮辱，特别是部分自尊心很强的学生，当这种情况出现时，师生之间的冲突性就会增加，学生就会采取不恰当的发泄方式，有的可能直接与老师发生冲突，有的可能会把这种愤怒转移到其他事物上，有可能是身边的同学，也有可能是公共物品，但不管是哪一种，都是不理智的行为。因此，老师应主动减少与学生的冲突，学会宽容，在面对师生间冲突或学生之间不可避免的冲突时，不对学生进行人格上的侮辱，耐心与其谈话，真正地去倾听学生的心声，使学生觉得自己被尊重，也让学生知道暴力的方式解决不了问题。此外，老师主动关心学生，随时了解学生的心理动态，当老师与学生之间的关系距离拉近时，学生对老师的看法就会有所改变，当学生和老师打成一片时，学生对老师的满意度也会大大增加。只有师生之间形成一个和谐、相互尊重的模式时，才会减少校园暴力的发生率。

第五节　对策与建议

通过对师生关系与中学生暴力行为的相关分析，中学生校园暴力行为发生的重要影响因素之一是学校中师生关系间的冲突性。

青少年是国家的未来，其身心的健康成长直接关系着中华民族的繁荣昌盛，关系着我们国家的繁荣安定。而师生关系作为中学生人际关系中的重要组成部分，从研究两者的相关关系去预防和减少校园暴力行为的发生。现就个人、学校与教师、家庭、社会四个方面提出相应建议。

一、个人方面

作为校园暴力的当事人，不管是实施者还是遭受者或者目击者，应从以下几方面来审视自己。

第一，提高自我认知水平。初中生提高自我认知水平，能让其辨别是非的能力提高，在面对外界的诱惑等问题时对能做和不能做的事情有一个清晰的认识。意识到自己的情感和行为对校园氛围的影响。如果你感到愤怒或沮丧，请尝试寻求支持或倾诉，而不是将情绪发泄在他人身上。

第二，提高自我控制能力。无论是成人还是未成年人，都需要进行自我控制。自控能力强的人能严格要求自己，通过锻炼自己的自控力去避免人生道路上出现的偏颇。每个人都应该以尊重和友善的态度对待他人。避免用侮辱性的言语、歧视性的行为或恶意的笑话来伤害他人的感情。

第三，提高自我保护意识。如果你自己成为校园暴力的受害者或知道其他人受到侵害，务必报告给学校工作人员或相关当局，以便采取适当的行动。如果你目睹校园暴力或欺凌行为，不要袖手旁观。采取行动，报告给学校工作人员或老师，或者向受害者表达支持。学习有关校园暴力、欺凌和冲突解决的知识，了解如何识别、预防和应对这些问题。一旦感到沮丧、焦虑或愤怒，可以寻求心理健康专业人士的帮助，心理健康支持有助于更好地处理情感和认知问题。

第四，提高自身的法律意识。施暴者往往法律意识淡薄，对法律无知，一些同学考虑问题过于偏激，做事不多考虑，想不到可能导致的严重后果和需要承担的法律责任，做了以后才会发现问题的严重性，但这时候后悔已晚。所以提高自身的法律意识也是很有必要的。

第五，积极参与校园活动。参与学校活动，主动加入社团，与多样化的人群建立联系，增进理解和友谊。接受每个人都是独特的，有不同的背景、兴趣和信仰，不需要歧视或欺凌那些与众不同的人。参与校园暴力预防和减少的倡议，与其他学生和社区成员一起合作，努力创造更安全的校园环境。在校园活动中建立支持系统，可以在需要时向他们寻求支持和建议。并将有积极、友好和尊重行为的同学作为榜样。

第六，发展冲突解决技能。学习有效的冲突解决技能，包括沟通、倾听和妥协。这有助于减少争吵和敌对行为。拒绝参与任何形式的恶作剧或暴力游戏，这些可能会升级为真正的暴力事件。利用社交媒体和其他平台分享有关反对校园暴力的信息，鼓励他人加入预防校园暴力的努力。

二、学校与教师

（一）学校

学校应正视不同类型学生多元化的需求。国家现在注重学生多元发展，因此学校也应该正视这个问题。学校不仅要关注学生成绩的好坏，更应该注重其内心的需求，开展丰富的课余活动。学校可以为教师、学生和家长提供培训，帮助他们识别校园暴力，了解应对策略。这有助于提高学生和家长预防校园暴力的意识。学校应制定清晰和全面的校园安全政策，其中包括预防校园暴力、处理暴力事件的程序以及报告机制。这些政策应该反映学校对校园暴力的零容忍立场，确保所有成员都了解学校对此问题的严肃态度。并建立明确的纪律政策，以明确规定校园暴力的后果，包括惩罚措施和重建性的纪律方法，以帮助学生改正行为。同时学校应该努力创造一个支持性的校园环境，使学生感到受到尊重和关爱。这可以通过鼓励学生参与社交和课外活动来实现，以帮助其建立积极关系。学校最好设立专门的支持团队，包括班主任、学校心理健康教师和家委会成员等，以提供校园暴力受害者和施暴者的辅导。

配备专业的心理健康教师及其相应的心理健康装置。校园暴力不仅对受害者产生长期伤害，还影响整个学校的氛围。专业的心理教师和支持团队可以发挥关键作用，帮助学生应对情感和行为问题，提供早期干预和支持，以预防和减轻校园暴力的发生。

专业的心理教师可以识别学生中可能存在的情感和行为问题，采取早期干预措施，通过与学生交流、观察和测评，提前发现迹象，防止问题进一步恶化；提供心理辅导，心理教师具备心理辅导的专业知识和技能，可以为受害者和施暴者提供必要的心理支持；教授情感智力，心理教师可以教授学生情感智力和冲突解决技能，有助于学生更好地管理情感，在面对冲突时寻求和平解决方案；建立信任关系，心理教师与学生建立信任关系，使学生愿意分享他们的问题和担忧，这种信任关系对于早期识别问题、提供支持和干预至关重要；参与校园预防项目，专业心理教师可以参与校园暴力预防项目，包括制定校园安全政策、教育讲座和主题日；提供多层次支持，心理健康教师可提供多层次的支持，以满足不同学生的需求，对学生提供情感支持，或者提供资源、建议和指导，以帮助家庭处理情感问题，并为孩子提供支持。

开展有关校园暴力的教育讲座。开展校园暴力教育方面的讲座可以帮助学生、教师和家长更好地了解校园暴力的本质、危害和表现形式。通过提供信息和案例研究，这些讲座可以让人们认识到校园暴力的现实存在，并学到预防校园暴力的方法。校园暴力教育讲座可以教授学生有效解决冲突的技能，以帮助他们应对校园冲突。这些技能包括学会沟通、倾听、协商和寻求成熟的解决方案，而不是采取暴力手段。校园暴力教育讲座还可以提供信息和资源，以帮助受害者获得支持和庇护。学生和教师可以了解如何报告校园暴力事件，以及可以寻求何种帮助。开展有关校园暴力的教育讲座的策略有：制定详细的课程计划，明确定义讲座的目标和内容，涵盖校园暴力的定义、种类、影响和预防策略；开展有关校园暴力的教育讲座需要适应不同年龄和年级，根据学生的不同年龄和年级水平进行调整，内容和教学方法可以根据学生的认知水平和情感需求进行适当改变；讲座应具备互动性和参与性，通过小组讨论、角色扮演、案例研究和游戏等方法实现；教育讲座可制作具体的教育材料，如手册、宣传册、海报和多媒体演示，以帮助学生巩固所学的知识。这些材料可以在讲座结束后继续提供信息和资源；教育讲座还应该吸引教师和家长的参与，通过将这些讲座扩展到学校社区中的各个层面，可以形成更加全面的校园暴力教育；定期举行教育讲座，校园暴力教育讲座不应该是一次性的活动，而是需要定期举行。

这有助于确保知识的持续传播，以及不断提高校园的警觉性；教育讲座的评估和反馈，学校应该对校园暴力教育讲座进行评估，以了解其效果和影响。这可以通过学生反馈、学业成绩、校园暴力事件的减少等方式来实现。根据评估结果，可以调整和改进讲座内容和方法。

（二）教师

教师在改善中学生校园暴力问题上发挥着关键的作用。他们不仅在教育学生的学术知识方面扮演着重要的角色，还在塑造学生价值观、社交技能和行为习惯方面承担着责任。教师在改善校园暴力问题上有着重要的作用，并能提供一些有效的策略，以帮助更好地应对校园暴力问题。

教师是校园内的监督者，他们可以在校园暴力事件发生时迅速采取行动。他们可以监督学生的行为，确保校园内的秩序和安全，以及察觉任何可能的校园暴力行为。教师有责任提供教育和引导，帮助学生了解校园暴力的危害以及如何预防它，这可以通过教育课程、校内活动和讨论来实现。教师可以协助受害者获得支持和庇护，同时也可以为施暴者提供引导和机会改正行为，这有助于遏制校园暴力的蔓延。

教师的示范行为。教师的行为和态度被学生观察和模仿，通过展示互相尊重、合作和积极的行为，教师可以成为学生值得尊重的榜样，鼓励学生效仿他们的行为。教师的行为和态度对学生产生深远的影响，通过展示互相尊重、合作和冲突解决的积极行为，教师可以为学生树立榜样，教导他们如何。以积极的方式处理问题。当教师之间互相尊重、对待学生尊重，并鼓励学生互相尊重时，学生更有可能在校园内展现相同的行为。教师可以通过示范情感智力的重要性，帮助学生发展这一关键技能，从而更好地理解和处理情感，避免采取暴力行为。教师可以教授学生解决冲突的技能，包括有效的沟通、协商和合作。这有助于学生学会以和平的方式解决问题。

提供社交技能的帮助。教师不仅可以在教育学科知识方面发挥作用，还可以教授学生重要的社交技能。通过示范积极的冲突解决、倾听和有效沟通等技能，教师有助于培养学生正确的行为模式，减少校园暴力事件的发生。通过示范同情、关心和支持，教师可以帮助学生建立积极的情感连接，降低情感问题和校园暴力事件的发生。教师可以通过示范解决问题的方法，帮助学生学会在面对冲突和挑战时采取建设性的方法，包括协商、沟通和寻求和平解决方案。

教师的早期干预。教师可以在早期干预方面发挥作用，通过识别可能存在的校园暴力问题，寻求帮助和支持，并提供学生所需的引导。教师在校园暴力问题的早期识别中发挥关键作用。他们在每天与学生的互动中，有机会观察和监测学生的行为和情感状态。这意味着他们可以快速识别那些可能受到校园暴力行为影响的学生。一旦教师识别到可能存在的校园暴力问题，他们可以及早提供支持和引导，这可以包括与学生交谈、提供情感支持、或引导他们寻求更专业的帮助。早期支持和干预有助于防止问题进一步恶化。通过早期干预，教师可以促进积极的行为模式。这可以通过教授冲突解决技巧、倾听技巧，以及如何建立互相尊重和合作的关系来实现。教师的示范行为和指导可以在学生中建立正确的价值观和行为习惯。

三、家庭

家庭在改善中学生校园暴力问题上发挥着至关重要的作用。家庭是孩子成长过程中的第一个社会化环境，家庭背景和亲子关系对孩子的行为和价值观产生深远的影响。探讨家庭在改善中学生校园暴力问题中的作用，并提供一些有效的策略，以帮助家庭更好地应对这一问题。

家庭影响孩子的行为和价值观。家庭环境对孩子的行为和价值观产生深刻的影响。家庭成员的行为和价值观被孩子观察和模仿，这直接影响了孩子如何对待他人、如何解决冲突，以及如何理解互相尊重的概念。一个支持性、互相尊重、和谐的家庭环境有助于孩子在校园中表现出积极的行为。家庭应该建立开放的沟通渠道，鼓励孩子分享他们的问题、担忧和经历。孩子应该知道他们可以向家长倾诉，而不用担心被指责或受到惩罚，这种开放的沟通有助于早期识别校园暴力问题。

家庭为孩子提供支持和庇护。家庭是孩子的庇护所，也是他们寻求情感支持的地方。如果孩子在家庭中遇到问题，能够获得家庭成员的支持和理解，将有助于他们更好地应对校园暴力事件或情感困扰。家庭支持对于帮助孩子克服校园暴力事件造成的创伤至关重要。家庭可以通过与孩子建立深厚的关系，教授互相尊重、同情和解决冲突等关键技能。这种教育有助于孩子在校园中表现出积极的行为，避免参与校园暴力行为。一旦问题被发现，家庭应该采取早期干预措施，提供支持和引导，帮助孩子改善行为并避免进一步参与校园暴力。家庭应该为孩子提供情感支持，使他们感到安全和受到尊重，这种支持有助于孩子更好地处理校园暴力事件的创伤，减轻后果。家庭成员创造时间与孩子互动，应该划出时与孩子进行互动和沟通，可以通过共进晚餐、参与家庭活动和设立家庭会议来实现，有时间的家庭更有机会了解孩子的需求和担忧。在一个支持性的家庭环境中，孩子可以学会如何以和平的方式解决问题、倾听他人的需求和合作，这些技能对于避免校园暴力事件的发生至关重要。

建立家庭规则和价值观。家庭可以建立明确的规则和价值观，以教导孩子互相尊重、合作和解决冲突，这些规则可以强调非暴力行为和互相尊重的原则。家庭成员应该示范互相尊重和谐的关系。当孩子看到父母或其他家庭成员如何互相尊重、如何解决冲突，他们更有可能在校园中复制这种行为。一个积极的家庭环境对于孩子的发展至关重要。家庭应该强调互相尊重、合作和情感支持，通过建立家庭规则、家庭会议、和亲子互动来实现。家庭应该监督孩子的互联网使用，教育他们如何使用社交媒体，并提供指导，以防止网络欺凌和虐待的发生。家庭应该鼓励孩子发展自尊心，帮助他们建立积极的自我认知，从而更能够应对挑战和负面压力。

家庭成员监测孩子的行为。家庭成员应该定期监测孩子的行为，以确保他们没有参与校园暴力事件。如果发现任何问题，家庭应该及早采取干预措施，提供支持、指导和监督。家庭成员之间的合作也对于教育孩子互相尊重和合作的重要性起到示范作用。家庭成员应该一起解决问题、决策事项，以鼓励孩子学会协作和团队合作。家庭可以积极参与学校的校园暴力预防项目，包括参加家长会议、支持学校政策，以及与学校合作，共同致力于创造安全的校园环境。

家庭在改善中学生校园暴力问题上扮演着不可或缺的角色。通过建立积极的家庭环境、教育和支持孩子，以及示范互相尊重和谐的关系，家庭可以有力地影响孩子的行为和价值观，减少校园暴力事件的发生。同时，家庭也应积极与学校合作，参与校园暴力预防项目，以共同努力创造安全的学习环境，为中学生提供更好的未来。只有家庭、学校和社区的紧密合作，才能最有效地改善校园暴力问题，确保每个学生都能在尊重、和谐的环境中茁壮成长。

四、社会

改善中学生校园暴力问题需要社会的广泛参与和多层次策略的实施，需要深入探讨社会在解决中学生校园暴力问题中的作用，并提供一系列策略，以帮助社会更好地应对这一严重的挑战。

促进互相尊重和多元文化。社会塑造了文化和价值观，这直接影响了校园暴力问题。社会价值观的特征，如互相尊重、和平解决冲突和公平正义，对校园暴力问题的预防和解决至关重要。社会应该鼓励互相尊重和多元文化的理念。这包括推动多元文化教育，教育人们尊重不同文化和背景的人，以减少校园暴力事件中的歧视。

鼓励家庭参与活动。社会相关组织可以通过鼓励家庭参与，提供家庭教育和资源，以帮助家长更好地理解和应对校园暴力问题。家庭是校园暴力问题的根源，家庭的积极参与对于预防问题和提供支持至关重要。鼓励家庭积极参与学校和社区活动，以加强家庭与学校的合作。这可以通过家长会、家庭教育、和社区合作项目来实现。举办社区活动，以提高预防校园暴力问题的意识，并鼓励不同家庭成员一起参与预防和解决努力，这包括举办讲座、座谈会、和社区服务项目。

提供支持服务以促进社交发展。社交发展是预防校园暴力的关键因素。社会可以通过组织社交活动、培训社交技能和鼓励互相尊重的行为，帮助孩子更好地适应社会环境，减少校园暴力事件的发生。社会可以提供支持服务，包括心理辅导、社交服务、法律援助，以帮助校园暴力的受害者和施暴者，这些支持服务对于恢复和改善个体的情况非常重要。还可以提供支持和资源，包括心理健康服务、社交服务、法律援助，以帮助校园暴力的受害者和施暴者，这有助于恢复和预防问题的进一步恶化。社区工作人员可以通过各种教育和意识活动，帮助人们更好地理解校园暴力问题，这包括在学校、社区和媒体中进行宣传，以引起公众关注，增强意识，鼓励人们为校园暴力预防和解决而努力。

网络传播信息的正确引导。优化媒体与网络环境，网络媒体充斥太多的暴力黄色信息，很多时候浏览网站、查询信息时都能自动弹出，因此需要优化网络环境。加强媒体的正确引导，多在媒体平台上发布积极的师生关系、校园关系案例。每天都播报校园暴力事件，不可否认在一定程度上引起了广大群众的关注，但是初中生辨别是非的能力不足，且擅长模仿，会认为这是一种"大姐大""大哥"的行为。因此应加强媒体的正确引导。

建立校园暴力预防计划。社会通过政策和法律的制定和执行，可以为校园暴力问题提供法律框架。这包括建立校园暴力预防和纠正的法律机制，明确违法行为，制定相应的处罚。同时社会可以协助学校建立校园暴力预防计划，包括培训教师和学生、建立举报机制，以及提供支持服务。这有助于学校更好地应对校园暴力问题。

第三章

大学生攻击性行为与教养方式、情绪、
人际方面的关系

第一节　研究目的与意义

　　如何处理好人际交往中的各种矛盾冲突成为了大学生不可避免的问题，也有很多的学者去调查研究大学生在人际交往中遇到的各种矛盾，以及矛盾产生的原因和应对方式等，其中冷暴力成为了大部分学生在人际交往中的"杀手"。如有调查研究显示，面对冲突，选择大打出手的大学生占4.7%，选择采取言语辱骂的大学生有9.3%，而选择采取忍让退让，包括冷处理、减少与对方共事、孤立对方等处理方式的大学生有26.6%（李艳兰，2016 ）。所以本研究着重基于对大学生在人际交往中出现的攻击行为，如以冷嘲热讽、视若无睹、冷淡疏远、漠不关心等现象开展了相应的调查分析。

　　本次研究主要通过对攻击性行为、父母教养方式与积极情绪体验的研究，来探讨它们之间的重要联系，并提出预防大学生攻击性的相应对策，以供大学生借鉴与参考。同时希望大学生在人际交往中能理性地对待攻击性行为的相关问题，合理地规划自己的大学生活并努力实现人生目标，本项研究对大学生生活的一些方面也有重要的启迪作用。

　　本研究欲从父母教养方式、攻击性行为和积极情绪体验等几个方面对大学生进行调查研究，对父母教养方式理论、攻击性行为理论和积极情绪体验理论都具有一定的探索价值和意义。通过调查大学生父母教养方式、攻击性行为、积极情绪体验之间的关系，验证已有的相关研究成果的同时，也丰富了父母教

养方式、攻击性行为和积极情绪体验方面的研究。

本研究通过调查了解大学生父母教养方式、攻击性行为和积极情绪体验的性别差异、年级差异等现状，给大学生提供一些人际交往需要的方法，来帮助大学生学会如何拥有良好的人际关系，减少或避免攻击性行为的出现。同时通过对大学生父母教养方式、攻击性行为、积极情绪体验的调查，得出它们之间的关系，为大学生提供一些可行的建议，来预防人际交往中攻击性行为的发生，并拓宽大学生心理研究领域，为学校心理健康教育提供参考。

第二节　核心概念及研究现状

一、攻击性行为的概念界定及相关研究

（一）攻击性行为的概念界定

国内外关于攻击性行为的研究都非常多，但关于攻击性行为的概念界定一直存在争议。

在西方，多拉德把攻击性定义为个体蓄意对有机体实施伤害的行为；班杜拉从攻击性的社会判断进行定义，攻击性是人们依据行为者和行为本身的特性对一些伤害性或破坏性行为所做出的判断；布斯提出，评定攻击行为的主要依据是其行为的后果，只要伤害了被攻击者，无论是身体上还是心理上，都是攻击性行为（陈志霞，2016）。

在中国，攻击行为研究者高桦（1997）把攻击行为定义为"伤害他人的身体行为或言语行为，是有意伤害别人且不为社会规范所许可的行为"。张宝强（2012）认为，攻击性是个体表现出攻击性行为的内部心理特征。当然，在一定条件下，这种攻击和攻击性行为也可以转化为对人或其他事物的有意侵犯。徐黎光（2018）认为攻击性行为是指在社会生活中攻击者试图伤害另一个人，导致受害者逃跑，对受伤的一方造成伤害的行为或行为模式，包括身体攻击、言语攻击、愤怒和间接攻击。

综上所述，攻击性和攻击行为的概念时常混淆不清，但基本都认为攻击性主要为内部心理特征，包含外在表现；而攻击行为主要为外部表现的行为或语

言，包含内部心理动机。

（二）攻击性行为的相关研究

目前国内外关于攻击性行为的研究非常多，研究者从不同角度、不同层次对攻击性行为进行了深度探讨，其中关于攻击性行为的探讨主要有以下几个方面。

性别差异一直是心理学各个领域都非常重视而且必不可少的一个研究方向。晋丹丹（2017）通过对青少年认知风格、自我同一性与攻击性的关系进行研究发现，青少年的攻击性行为存在显著的性别差异，男生的攻击性行为明显高于女生，但在言语攻击性上女生高于男生。总而言之，青少年男性比女性更容易产生攻击性行为。徐大真和杨治良（2001）通过实验对内隐社会认知中的攻击性行为的性别差异研究发现：被试对认知材料中的性别差异与攻击、被攻击形象反应不敏感。被试对男性攻击女性或女性攻击男性中的攻击者（男，女）偏好测验成绩显著高于对被攻击者（男，女）的偏好。李闻戈（2004）通过实验偏好测验图片（攻击者和被攻击者）发现，男性和女性相比，男性对攻击者的崇拜和偏好相对要多于女性，女性对被攻击者的同情要多于男性。

年龄也是攻击性行为研究的重要领域。我国学者张文新、陈学超等（1995）曾对6~13岁的中国儿童对伤害情景的意图认知与反应倾向的关系发展的研究发现，在幼儿园大班的儿童（平均6岁7个月）就能识别不同伤害情景中他人的行为意图，而且能够把他人的行为意图的知觉整合到自己的反应策略中去；从小学二年级起（9岁），他们对他人的行为做出的判断和反应主要依据他人的意图，而不是伤害结果的严重性。而幼儿园大班的儿童却不能根据伤害情景的不同做出不同的反应。孙小玉（2018）提出攻击性行为是影响当前青少年健康成长的重要因素，在最近几年中小学生的攻击性行为也频繁出现，小学生攻击性行为一旦成为一种心理上的常态，就会增加今后社会中的暴力犯罪，便会越发难以控制。邹巍和后慧宏（2018）认为儿童的攻击性行为是儿童在成长过程中所表现出来的一种消极的行为，这种行为不仅会影响儿童的人格和自身健康，也对社会有潜在的危害。

目前大多数攻击性的个体差异研究集中于特殊人群的研究。张嫔（2018）指出留守儿童因缺少家长陪伴以及父母教育观念、教育能力等原因导致部分留守儿童有攻击性行为的发生。且农村地区留守儿童行为问题发生的概率高于非留守儿童行为问题发生的概率。尚雪玲（2018）指出羞怯个体因性格问题更容易受欺负，进而变得更有攻击性。因为羞怯使得个体自身情绪没有得到及时的宣泄，长期的压抑心理得不到"适当的补偿"，个体会突然爆发攻击性等外化行为问题。王虹旭和王洪（2018）通过以未成年男性犯罪作为调查对象发现，独生子女的攻击性显著高于非独生子女，惯犯的攻击性显著高于初犯，且未成年犯的自尊水平越高，其攻击性越高。

攻击性行为的影响因素也是多种多样的。周炜婷（2019）从影响攻击性行为的方面进行分析后提出，影响攻击性行为的因素包括生理因素、社会因素，以及家庭因素。邓柯（2019）通过分析大量青少年犯罪的过程及行为，发现青少年的违法犯罪行为中，往往都模仿了网络游戏中的暴力倾向。因此发现计算机网络暴力游戏是影响青少年攻击性行为的重要因素。丁静、李秀锦（2018）通过对大学生攻击性行为发生的原因进行探讨，发现家庭教育、酒精以及对社会中攻击性行为的模仿是大学生产生攻击性的主要原因。邹巍等（2018）提出除家庭和社会因素外，学校过于重视学生的学业成绩而忽视学生课外的表现、错误的训导方式使得学生产生不合适的情绪表达方式等都会使学生产生攻击性行为。

二、父母教养方式的概念界定及相关研究

（一）父母教养方式的概念界定

关于父母教养方式的研究，国内外学者提出了不同的见解，对父母教养方式的定义也不尽相同。

首先，在国内研究中，顾明远（1991）提出将父母教养方式分成广义和狭义。从广义上来说是指在一个家庭中两辈之间彼此影响的一种教育方式，从狭义上来说是指父母教育其子女的方式。在后续的研究中，大家都倾向于从狭义方面来定义。如林磊（1995）将父母教养方式定义为家长在教育和抚养子女的日常活动中表现出来的一种比较稳定的行为倾向。左占伟（2005）也提出父母教养方式是指父母的教养观念、教育行为和对子女的情感表现的组合。蒋奖（2004）也将父母教养方式定义为是其父母在教育和抚养子女的日常生活中呈

现出来的一种行为倾向。

然后在国外研究中，西尔斯和马科比（Sears & Maccoby，1957）认为父母对子女的教养方式，在本质上是一种亲子间的交互作用，包含父母的态度、价值、兴趣、信念、照顾和训练等行为。鲍姆林德（Baumrind，1989）认为父母教养方式是一种相对稳定的、包含日常育儿环境和情感环境的父母特征。达林和斯坦伯格（Darling & Steinberg，1983）认为父母教养方式是父母传达给子女的对其子女的态度的集合体，同时也是一种由父母的行为所表达出的情绪与情感气氛，是一种组合方式；强调父母教养是一种复杂的管教态度与许多特殊行为所集合组成，可单独地或共同地对儿童心理与行为发展产生决定性的影响。

（二）父母教养方式的相关研究

父母是子女模仿和学习的榜样，父母的教养方式在子女的发展过程中具有不可忽视的作用。从小学开始，父母的教养方式就显现出来了，如张静（2013）的研究表明高年级小学生父母所提供的教养氛围基本上是温暖的，总体来看，教养方式更倾向于积极的方向。而到了中学阶段，由于孩子处在叛逆期，尤其敏感，所以父母教养方式更倾向于温暖与理解或惩罚与严厉，但父母教养方式间是存在显著差异的，母亲在教养方式各维度得分都要高于父亲。而在大学阶段，父亲教养方式和母亲的教养方式之间的差异会越来越明显，孟繁莹（2015）的研究发现，大学生感知到母亲情感温暖理解和母亲拒绝否认程度显著高于父亲；父亲惩罚严厉程度显著高于母亲。但不管差异再怎么大，父母教养方式的总体情况呈现出中上水平，这也就表明我国的父母教养方式普遍较好。

父母教养方式对孩子的其他方面也会产生影响，如依恋焦虑、攻击性行为、社会支持、拖延行为、主观幸福感、手机依赖，甚至是生命意义感、人格偏离和人格特点等等。有研究表明父母教养方式和依恋焦虑显著相关，并且抑郁的产生与父母教养方式、依恋焦虑有密不可分的关系（王倩倩，2010）。在以往的研究中，研究得最多的就是攻击性行为与父母教养方式的关系。如罗贵明（2008）的研究结果显示大学生的攻击性行为与父母教养方式、自尊水平均存在显著相关，且父母教养方式在一定程度上可以预测攻击性行为的发生。除此之外，郭秀琴（2015）的研究也表明大学生攻击性与父母教养方式具有显著相关性，而且父母教养方式中的某些因子对大学生攻击性具有一定的预测作用。社会支持和主观幸福感也受父母教养方式的影响，如张志涛（2012）的研究表明父母的情感温暖和理解，会使孩子得到更多的社会支持，并且这有利于降低孩子的孤独感而增加其主观幸福感。拖延和手机依赖也是大多数学者研究的方向，如有研究表明大学生拖延行为的形成与父母采用的不良教养方式关系密切（马欣仪，2011）。手机依赖可以说是大学生的一大焦点问题，而父母教养方式与手机依赖的关系又非常密切，所以通过改善父母教养方式能够影响手机依赖（邓兆杰等，2015）。生命意义感与父母教养方式的研究较少，李艳、何畏的研究表明，大学生生命意义感与父母情感温暖呈正相关（李艳，何畏，2014）。

更值得关注的是青少年的心理健康与父母教养方式的关系。有研究显示，父母消极的教养方式将使学生的焦虑增加，且不良的父母养育方式、家庭环境和学校环境都会造成人格障碍的形成，而积极的父母教养方式则有利于青少年形成健康的人格特点和良好的人际关系（李柞山，2001）。

三、积极情绪体验的概念界定及相关研究

（一）积极情绪体验的概念界定

随着积极情绪的兴起，学科界对它的研究日益增多，积极情绪作为积极心理学的一大重要领域，人们对其也非常重视，许多学者也给出过积极情绪定义的相应理论支撑。王振宏（2011）认为积极情绪是指与个体需要的满足相联系的、伴随愉悦主观体验的情绪，一方面积极情绪是短暂的情绪状态，如高兴、快乐、感激、兴趣、满意等，只能够持续几分钟；另一方面积极情绪又可以是低紧张、低注意专注的和弥散持续的情绪状态或者是积极心境。弗雷德里克森（Fredrickson，2001）的积极情绪扩展–建设理论认为积极情绪能够扩展个体瞬间的思维与行动序列，帮助个体发展和建设个人资源，同时个体个人资源的增强又有助于个体更好地应对生活挑战提高自身创造性、充分利用各种机会取得成功；且通过体验正向情绪，人们可以使自己变成知识更渊博，更有弹性，更综合的社会交际和更健康的个体，该理论主要从积极情绪能够建设个人资源的功能上对其进行解释。情绪认知理论认为"积极情绪就是在目标实现过程中取得进步或得到他人积极评价时所产生的感受"（拉扎罗斯，即Lazarus，1991）。

从分立理论的观点来看，积极情绪是指个体由于体内外刺激、事件满足个体需要而产生的伴有愉悦感受的情绪，包括快乐、满意、兴趣、自豪、感激和爱等（郭小艳，王振宏，2007）。这两个理论强调积极情绪的体验。

（二）积极情绪体验的相关研究

目前，许多学者对积极情绪已有不少研究，但大多是从积极情绪与人际关系单方面（如人际关系困扰、人际信任、人际互动）之间关系的研究验证，对积极情绪与人际关系综合实证研究不多，且前人大多以积极情绪作为研究变量进行试验研究或是对积极情绪的综述探讨，很少有对积极情绪做调查研究。在少量以大学生为研究主体的积极情绪的相关研究中，有对积极情绪现状及在性别的相关讨论，但基本没有在专业、年级、是否有留守经历的大学生进行过探讨。谭余芬等人（2013）研究发现大学生的积极情绪处于中等偏下的水平，其积极情绪在性别上不存在显著性差异。

从学者们的研究中发现，无论是建设个人资源的积极情绪还是伴随着愉悦的积极情绪状态，对个体的心理健康都有促进作用，如郭小艳等人（2007）总结出积极情绪的表达能够提高主观幸福感从而促进个体心理更好地发展；王振宏等（2011）也发现个人资源在积极情绪与心理健康之间起完全中介作用，积极情绪能够通过建设个人资源而促进个体心理健康水平。董妍（2012）发现积极情绪对于个体健康有着相对正面的影响，并列举了现存的直接效应模型和积极情绪对健康的压力缓冲模型，用以说明积极情绪对健康的作用机制。郭小艳等（2007）还发现积极情绪的撤销效应能够撤销和恢复消极情绪导致的各种心血管活动的激活状态，使其恢复到正常的基线水平，通过对消极情绪导致的生理唤醒及限制思维活动等方面的撤销，来保持甚至提高个体心理的愉悦性。

积极情绪也能对人际关系产生一定的影响，谭余芬（2013）发现积极情绪对人际关系困扰的两个维度（人际交谈和人际交友）以及人际关系困扰总分有较好的负向预测作用，也有研究者发现积极情绪能够提高和增进幸福感。

四、人际关系的概念界定及相关研究

（一）人际关系的概念界定

人际关系一词最早由美国心理学家梅奥于20世纪30年代提出。人际关系是心理学所研究的正式用语，一直是社会心理学研究的重要话题。人际关系是指人们为了满足某种需要，通过交往形成的彼此之间比较稳定的心理关系，人际关系的好坏反映着人们心理距离的远近。心理学不同学科对人际关系的定义也略有不同。社会心理学认为人际关系是人们在共同活动中彼此为寻求满足各种需要而建立起的相互间的心理关系。行为心理学认为人际关系是人们在生产或生活过程中建立的一种行为关系。管理心理学认为人际关系是人们在社会交往过程中形成的社会关系的网络，在情绪的基础上形成的人与人的心理关系。除此之外，人际关系还有广义与狭义之分，广义的人际关系是指社会中所有人的人际关系，以及人与人关系的所有方面。狭义的人际关系是指人们在物质交往与精神交流中发生、发展和建立起来的人与人之间的心理关系。

大学生人际关系也有广义与狭义之分，广义的大学生人际关系是指与大学生有关的所有人际联系，而这些联系的主体可以是群体也可以是个体。狭义的大学生人际关系指大学生在校期间其与周围有关的所有个体与群体的相处及其交往的关系。本研究主要研究狭义的大学生人际关系。

综上，根据本研究所使用的研究工具，引用申武丹对大学生人际关系的定义：大学生人际关系是大学生在学习、工作、生活过程中与他人结成一种心理和社会上的联系，主要包括师生关系、同学关系、与家人（主要为父母）关系及与他人的关系。

（二）人际关系的相关研究

大学生人际关系是大学校园人际关系研究中的重要组成部分。20世纪80年代以来，大学生人际关系的研究一直作为大学生心理健康教育的重点来发展。研究者分别从以下几方面对大学生人际关系进行了探讨。

对人际关系的现状调查是众多研究者考察的主要方面。吴翠萍和杨海波（2018）通过调查研究发现一半以上的大学生无人际关系困扰，近三分之一的人有轻微的人际关系困扰，将近十分之一的人存在严重的人际关系困扰。从人口统计学特征来看，大学生人际关系在年级和文理科上无统计学差异，在性别上，大学生人际关系存在显著差异。竺丽芳和苏丹（2014）通过实证研究的方式发现，在大学人群中一定比例的人存在社交焦虑问题，且男生的社交焦虑和压力显著高于女生。孙利（2011）通过对大学生进行问卷调查研究发现，相比于大学生同学人际关系而言，大学生与老师之间的关系处于中等水平；农村与城市相比较而言，来自城市的大学生人际关系好于来自农村的，其中最应受关注的是来自农村的男生。王平（2017）通过调查发现60%的大学生存在不同程度的人际关系问题，32%的大学生人际交往能力低下。宋志英（2017）通过问卷调查研究发现在大学生人际困扰中交友困扰对大学生的影响最大，其中大学生的性别及是否是独生子女也是影响大学生人际交往的重要影响因素。

人际关系的特点也是众多研究者感兴趣的一个方面。胡晓娜（2017）指出在新媒体时代下大学生人际关系呈现出广泛化、多样化、自由化、便捷化等特点，同时也导致大学生人际交往出现冷漠、沟通障碍、人际交往能力低和安全意识低等问题。付冰冰和吴疆鄂（2013）通过问卷调查研究发现大学生总体人际交往状况尚好，一些学生存在交往障碍，部分大学生的交往能力，人际关系状况等都急需提升。刘中培等（2012）通过对大学生发放调查问卷发现大部分学生与同学的关系较好，但也有少部分学生与同学的关系还有待改进。

人际关系的影响因素是人际关系调查中不可缺少的部分。姚曙光（2018）采用质性研究发现大学生因生活习惯、性格特征、沟通不良、利益纠纷、兴趣爱好、生活学习目标、价值观、家庭经济条件等原因导致存在人际关系冲突。刘珍珍（2017）通过分析"手机成瘾"对大学生人际交往的关系发现，大学生使用手机时间过长，减少了与他人面对面交流的时间，长此以往将影响到生活中的人际交往。周文娜（2016）从大学生人际交往发展的角度指出，手机新媒体在弱化大学生现实交往规则的同时还会导致现实人际关系的疏离。王冬等（2014）认为自我中心、功利化、社交焦虑以及认知偏差等心理是影响大学生人际交往的重要因素。曹喜龙（2014）通过调查研究发现有过留守儿童经历的大学生因成长环境的相对闭塞或没有受到后天关于人际交往的刻意训练，导致大部分学生缺乏一定的人际沟通能力，人际关系也存在一定的问题。

关于人际关系调试的研究也对人际关系起着重要作用。周春梅（2017）发现体育游戏对改善内向孤僻的大学生的性格有一定的促进作用，并能在一定程度上改善大学生的人际交往能力。王仕芬（2014）发现团体心理辅导对改善大学生人际交往，如人际敏感、人际信任以及自我接纳等方面有明显的改善作用，能在一定程度上提高大学生人际交往的能力。杨彦冰（2009）通过教授学生语文从而重视人文教育、人文关怀，关心大学生的成长，使语文教学在学生人际关系中起到重要作用。孙莉（2015）指出和谐的人际关系有助于大学生形成健康的心理，健全的人格并能促进大学生的社会化。邢秀茶和王欣（2003）通过团体心理辅导的形式，发现团体心理辅导不仅可以调动学生主体的活动，使学生具备心理健康这一重要的内在资源，还能使学生提高生命质量，增强其幸福感，因此提出团体心理辅导是提高大学生人际交往技能的切实可行的方式。刘成东等（2016）通过进行心理剧疗法的被试进行前后施测发现，心理剧疗法对改善大学生人际安全起到明显的效果。

综上所述，研究者从不同角度进行了对大学生人际关系的研究，不仅体现出了大学生人际关系对大学生身心成长的重要性，也突出了人际关系研究的多样性和复杂性。

（三）大学生人际关系与攻击性行为的相关研究

张珂（2010）根据大学生人际关系与内隐攻击性关系的研究得出，人际关系不同的大学生在词汇材料间存在不同的内隐攻击性；但人际关系与外显攻击性间不存在显著相关。赵茜（2015）通过调查研究发现大学生攻击性是竞争态度和宿舍人际关系的部分中介变量，而宿舍人际关系总分与各因子分与攻击性总分与各因子分均显著负相关，说明个体的攻击性越强，越不容易融入宿舍的人际环境，容易与舍友产生矛盾与摩擦，宿舍人际关系质量越低。王春霞（2022）的研究也发现寄宿制高中生人际关系与攻击行为有显著负相关。朱凤书等（2022）通过篮球干预大学生攻击行为发现，人际关系对大学生攻击行为产生影响。李璐（2020）的研究发现人际关系敏感对攻击行为有影响。对初中生而言，校园人际关系对攻击行为产生影响（谢念均，2022）。

第三节　调研方法

一、调研对象

采用方便取样法，选取兴义民族师范学院、凯里学院、贵州大学、贵州财经大学、贵州中医药大学、贵州民族大学、贵州工程应用技术学院和遵义医科大学八所大学的部分本科生作为被试。研究共发放问卷1000份，收回有效问卷839份，有效率为83.9%。其中男生342人，女生497人；文科类228人，理科类225人，艺体类176人，医学类210人；大一242人，大二239人，大三218人，大四140人。

二、研究工具

（一）中文版Buss-Perry攻击性量表

《中文版大学生Buss-Perry攻击性量表》采用由吕路等引进Buss-Perry攻击性量表（BPAQ）修订的中文大学生版。该量表共22个项目，每个项目采用5级评分（1=非常不符合至5=非常符合），得分越高表示攻击性越强。由敌意、身体攻击、冲动、易怒性四个分量表组成。总量表的内部一致性克隆巴赫内部一致性系数为0.89，4个分量表的内部一致性系数为0.73~0.85。总量表的重测信度为0.94，4个分量表的重测信度为0.75~0.80。通过统计分析，该问卷在本研究中的分半信度系数为0.720。

（二）父母教养方式问卷

采用帕克、图珀林与布朗（Parker, Tupling & Brown）等人于1979年编制的《父母教养方式问卷》，中文版由蒋奖、许燕（2009）修订。该问卷有两个版本，父亲版和母亲版，每个版本的项目数相同，各25个题目。修订后的四因素模型的两个版本各维度的内部一致性信度均在0.74~0.85之间，说明该问卷的内部一致性较好。重测信度均达0.6以上，表示具有跨时间稳定性。四因素模型包括：关怀维度、冷漠拒绝维度、过度保护维度和自主性维度。问卷采用0~3的李克特四点计分，0=非常不符合，1=比较不符合，2=比较符合，3=非常符合。该问卷在本研究中的内部一致性克隆巴赫内部一致性系数为0.893。

（三）积极情绪体验问卷

本研究采用王振宏和吕薇等编著的《积极情绪体验问卷》作为大学生积极情绪的测量工具，来测量大学生积极情绪体验水平，共15个题目，采用"完全不符合"到"完全符合"6点计分，无反向计分项，计分方式为各题目分相加，分数越大表明积极情绪体验水平越高。该问卷为单维结构，单因素模型的各项拟合指标良好，内部一致性系数为0.81，重测信度为0.91，具有良好的信效度。

（四）大学生人际关系问卷

采用申武丹编制的大学生人际关系问卷，由33个题目组成，量尺采用李克特自评式5点量表记分，依次为经常、有时、很少、极少、从未，每题分值为1分、2分、3分、4分、5分，根据评分标准，得分越高表示人际关系越和谐。分为现实人际关系、虚拟人际关系两大维度，其中现实人际关系又包含了师生人际关系、同学人际关系和生活人际关系3个因子。各分量表和总量表的内部一致性系数在0.623~0.922之间，大学生人际关系量表的分半信度系数为0.641~0.931，大学生人际关系总量表的重测信度为0.792~0.887。通过统计分析，该问卷在本研究中的分半信度系数为0.590。

三、数据处理

以班级为单位进行集体施测，由心理学专业人员发放和回收问卷，完成数据收集。统计分析主要运用SPSS18.0和AMOS18.0，采用t检验、相关分析和回归分析对数据进行检验，检验水准为α=0.05。

第四节 调研结果

一、大学生攻击性行为在人口学变量上的差异分析

(一)大学生攻击性行为在性别上的差异分析

以大学生攻击性行为各维度及总分为因变量，性别为自变量进行独立样本t检验，结果如表4-1所示。

表4-1 大学生攻击性行为在性别上的差异分析（$M \pm SD$）

	男（n=342）	女（n=497）	t	p
敌意	22.08 ± 5.56	21.30 ± 5.59	1.990	0.047
身体攻击	12.86 ± 4.39	9.60 ± 4.40	10.552	0.000
冲动	18.11 ± 4.03	18.58 ± 4.64	-1.549	0.122
易怒性	7.93 ± 2.68	8.14 ± 2.99	-1.104	0.270
攻击性	60.99 ± 12.48	57.63 ± 12.22	3.858	0.000

上表说明，冲动和易怒性在性别上不存在显著差异，而在敌意、身体攻击和攻击性总分上存在显著差异。具体表现为女生在敌意、身体攻击以及攻击性总分的得分显著低于男生的得分。

(二)大学生攻击性行为在年级上的差异分析

以大学生攻击性行为各维度及总分为因变量，年级为自变量进行单因素方差分析，并对有显著差异的变量做事后检验，结果如表4-2所示。

表4-2 攻击性行为在年级上的差异分析（$M \pm SD$）

	①大一（n=242）	②大一（n=239）	③大三（n=218）	④大四（n=140）	F	POST HOC
敌意	21.29 ± 5.71	21.97 ± 5.47	22.40 ± 5.60	20.38 ± 5.32	4.382**	②③>①④
身体攻击	9.89 ± 4.61	10.57 ± 4.85	11.87 ± 4.61	11.83 ± 4.16	9.342***	③④>①②
冲动	18.60 ± 4.49	18.74 ± 4.35	18.46 ± 4.13	17.36 ± 4.66	3.243*	①②③>④
易怒性	7.83 ± 3.05	8.10 ± 2.90	8.51 ± 2.82	7.66 ± 2.47	3.263*	③>①④
攻击性	57.61 ± 13.00	59.37 ± 11.91	61.25 ± 11.67	57.24 ± 12.94	4.458**	③>①④

注："*"表示$p<0.05$，"**"表示$p<0.01$，"***"表示$p<0.001$；下同。

上表说明，大学生攻击性行为各维度及总分在年级上有显著差异，对其进行事后检验后发现，大三大二的学生在敌意维度的得分显著高于大一大四学生；大三大四学生在身体攻击维度的得分显著高于大二大一学生；大二大一学生在冲动维度的得分显著高于大三大四学生；在易怒性及攻击性总分上大三学生显著高于大一大四学生。具体的趋势分布图如图4-1所示。

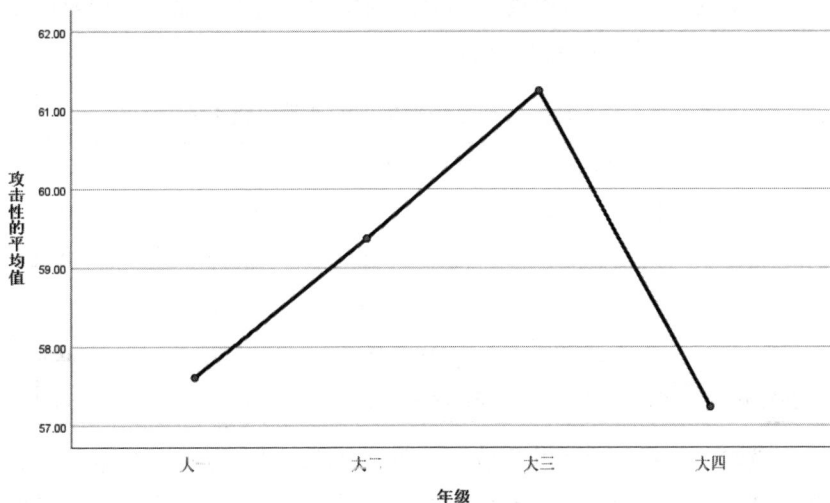

图4-1 大学生攻击性在年级上的趋势分布图

（三）大学生攻击性行为在是否有留守经历上的差异分析

以大学生攻击性行为各维度及总分为因变量，是否有留守经验为自变量进行独立样本t检验，结果如表4-3所示。

表4-3 攻击性行为在是否有留守经历上的差异分析（M±SD）

	是 (n=359)	否 (n=480)	t	p
敌意	22.01 ± 5.55	21.31 ± 5.61	1.799	0.072
身体攻击	11.07 ± 4.73	10.77 ± 4.63	0.905	0.366
冲动	18.71 ± 4.27	18.16 ± 4.05	1.787	0.074
易怒性	8.32 ± 2.80	7.86 ± 2.91	2.304	0.021
攻击性总分	60.12 ± 11.86	58.11 ± 12.81	2.342	0.019

上表说明，敌意、身体攻击和冲动在是否有留守经历上不存在显著差异，而易怒性和攻击性总分在是否有留守经历上存在显著差异。具体表现为有过留守经历的学生的得分高于无留守经历的学生。

（四）大学生攻击性行为在是否独生子女上的差异分析

以大学生攻击性行为各维度及总分为因变量，是否为独生子女为自变量进行独立样本t检验，结果如表4-4所示。

表4-4　攻击性行为在是否独生上的差异研究（$M \pm SD$）

	是（$n=216$）	否（$n=623$）	t	p
敌意	21.91 ± 5.74	21.52 ± 5.53	0.870	0.385
身体攻击	11.63 ± 4.80	10.68 ± 4.61	2.594	0.010
冲动	18.08 ± 4.24	18.50 ± 4.40	-1.192	0.234
易怒性	7.95 ± 2.89	8.09 ± 2.85	-0.577	0.565
攻击性总分	59.58 ± 13.03	58.78 ± 12.22	0.815	0.415

上表说明，敌意、冲动以及易怒性和攻击性总分在是否为独生子女上不存在显著差异，而身体攻击在是否为独生子女上存在显著差异。具体表现为独生子女在身体攻击上的得分高于非独生子女。

（四）大学生攻击性行为在所学专业上的差异分析

以大学生攻击性行为各维度及总分为因变量，所学专业为自变量进行单因素方差分析，并对有显著差异的变量做事后检验，结果如表4-5所示。

表4-5 攻击性行为在专业上的差异研究（$M \pm SD$）

	文科①（$n=228$）	理科②（$n=225$）	艺体③（$n=176$）	医学④（$n=210$）	F	LSD
敌意	21.92 ± 5.56	21.88 ± 5.70	21.35 ± 5.90	21.25 ± 5.20	0.816	
身体攻击	9.87 ± 4.50	12.07 ± 4.70	10.78 ± 4.70	10.94 ± 4.57	8.701***	②>③，④>①
冲动	18.71 ± 4.41	18.00 ± 4.31	18.44 ± 4.64	18.44 ± 4.30	1.007	
易怒性	8.13 ± 2.93	8.01 ± 2.70	8.23 ± 3.20	7.87 ± 2.67	0.580	
攻击总分	58.63 ± 12.15	59.97 ± 12.56	58.81 ± 13.47	58.50 ± 11.65	0.651	

上表显示，敌意、冲动、易怒性以及攻击总分在所学专业上不存在显著差异。但在身体攻击维度上存在显著差异。对其进行事后检验发现，理科专业学生的身体攻击得分高于艺体和医学专业的学生，而文科专业的学生其身体攻击得分最低。具体的趋势分布图如图4-2所示。

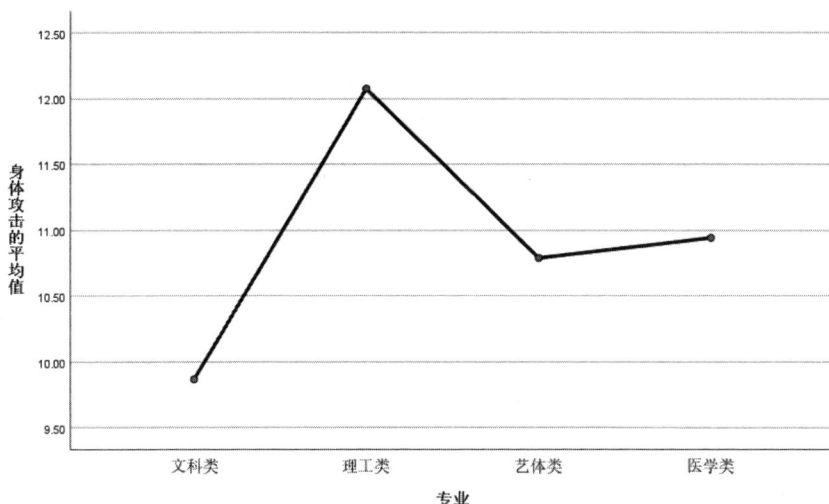

图4-2 大学生身体攻击在专业上的趋势分布图

（五）大学生攻击性行为在生源地上的差异分析

以大学生攻击性行为各维度及总分为因变量，生源地为自变量进行单因素方差分析，并对有显著差异的变量做事后检验，结果如表4-6所示。

表4-6 攻击性行为在生源地上的差异研究（$M \pm SD$）

	城市①（n=70）	乡镇②（n=122）	农村③（n=647）	F	LSD
敌意	21.21 ± 5.69	21.90 ± 5.30	21.61 ± 5.63	0.341	
身体攻击	12.07 ± 4.75	11.77 ± 4.58	10.64 ± 4.65	5.367**	①②>③
冲动	17.99 ± 4.14	18.16 ± 4.73	18.48 ± 4.37	0.601	
易怒性	7.61 ± 2.40	7.98 ± 2.73	8.12 ± 2.94	1.028	
攻击性总分	58.89 ± 11.62	59.81 ± 12.56	58.85 ± 12.51	0.310	

上表显示，敌意、冲动、易怒性以及攻击性总分在生源地上的得分上不存

在显著差异，而身体攻击在生源地上存在显著差异。对其进行事后检验发现，来自城市和乡镇的学生的得分高于来自农村的学生。具体的趋势分布图如图4-3所示。

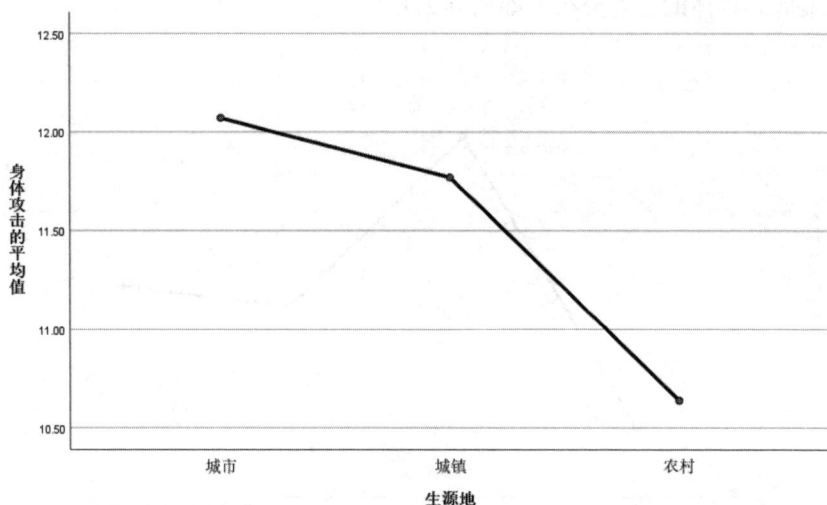

图4-3　大学生身体攻击在生源地上的趋势分布图

（六）大学生攻击性行为在父亲学历上的差异分析

以大学生攻击性行为各维度及总分为因变量，父亲文化程度为自变量进行单因素方差分析，并对有显著差异的变量做事后检验，结果如表4-7所示。

表4-7　攻击性行为在父亲学历上的差异分析（$M \pm SD$）

	小学① （n=273）	初中② （n=365）	高中③ （n=107）	大学④ （n=66）	无⑤ （n=28）	F	LSD
敌意	21.89 ± 5.65	21.39 ± 5.61	21.43 ± 5.38	21.59 ± 5.52	22.79 ± 5.52	0.652	
身体攻击	10.48 ± 4.51	11.00 ± 4.70	11.17 ± 4.99	11.50 ± 4.07	11.86 ± 5.81	1.235	
冲动	18.44 ± 4.43	18.48 ± 4.48	17.78 ± 4.36	18.09 ± 3.73	19.93 ± 2.56	1.502	
易怒性	8.54 ± 2.90	8.09 ± 2.89	7.36 ± 2.53	7.06 ± 5.63	7.86 ± 3.10	5.680[***]	①>②， ②>③④
攻击总分	59.35 ± 12.16	58.96 ± 12.87	57.74 ± 12.29	58.24 ± 11.25	62.43 ± 12.17	0.927	

上表显示，敌意、身体攻击以及冲动和攻击性总分在父亲学历上不存在显

著差异，而易怒性在父亲学历上存在显著差异。对其进行事后检验发现，父亲学历为小学的学生得分高于父亲学历为初中的学生，其中父亲学历为高中和大学的学生得分最低。具体的趋势分布图如图4-4所示。

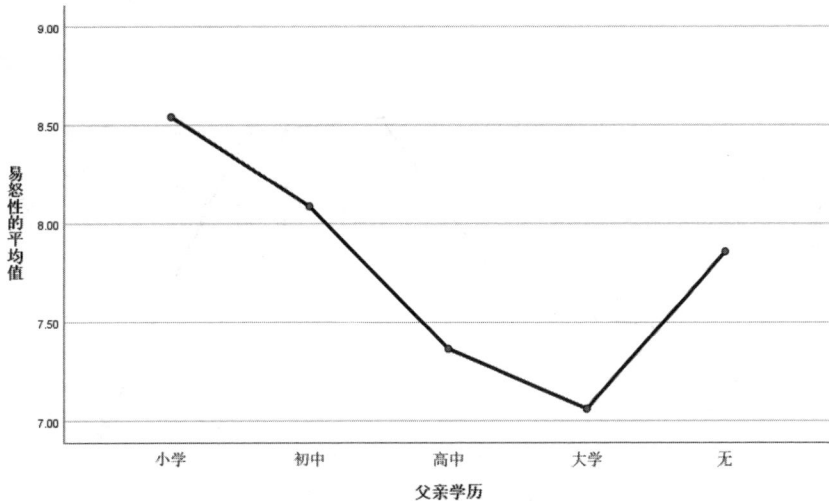

图4-4 大学生易怒性在父亲学历上的趋势分布图

（七）大学生攻击性行为在母亲学历上的差异分析

以大学生攻击性行为各维度及总分为因变量，母亲文化程度为自变量进行单因素方差分析，并对有显著差异的变量做事后检验，结果如表4-8所示。

表4-8 攻击性行为在母亲学历上的差异研究（$M \pm SD$）

	小学① (n=378)	初中② (n=217)	高中③ (n=68)	大学④ (n=49)	无⑤ (n=127)	F	LSD
敌意	21.83 ± 5.45	20.97 ± 5.93	22.22 ± 5.14	21.95 ± 5.00	21.65 ± 5.77	1.091	
身体攻击	10.76 ± 4.64	10.93 ± 4.70	12.60 ± 4.85	12.47 ± 3.97	9.89 ± 4.57	5.280***	③④>②, ②>①⑤
冲动	18.43 ± 4.47	18.20 ± 4.64	18.16 ± 4.26	18.20 ± 3.37	18.83 ± 4.25	0.494	
易怒性	8.24 ± 2.95	7.82 ± 2.95	7.35 ± 2.36	8.08 ± 2.43	8.27 ± 2.82	1.966	
攻击总分	59.25 ± 12.41	57.93 ± 13.34	60.34 ± 12.67	60.71 ± 9.59	58.65 ± 11.64	0.895	

上表显示，敌意、冲动以及易怒性和攻击性总分在母亲学历上不存在显

著差异，而在身体攻击上存在显著差异。对其进行事后检验发现，母亲学历为高中和大学的学生在身体攻击上的得分高于母亲学历为初中的学生，而母亲从未上过学和母亲学历为小学的学生其得分最低。具体的趋势分布图如图4-5所示。

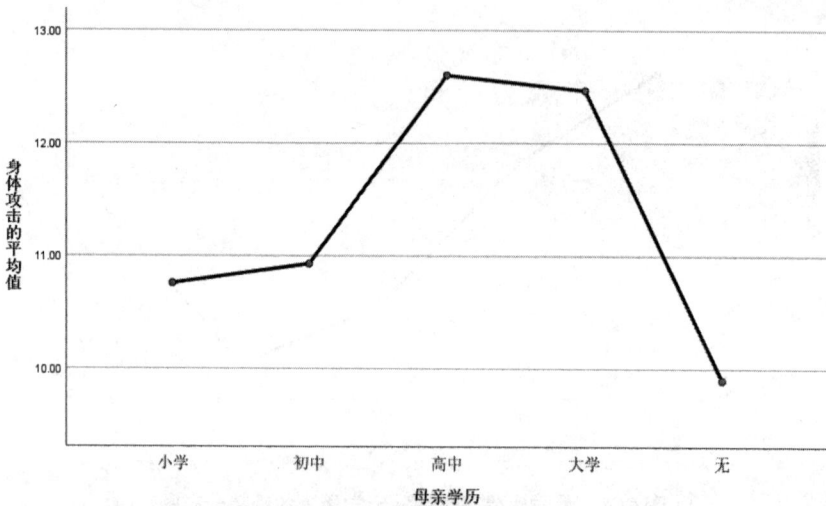

图4-5 大学生身体攻击在母亲学历上的趋势分布图

（八）大学生攻击性行为在家庭经济情况上的差异分析

以大学生攻击性行为各维度及总分为因变量，家庭经济情况为自变量进行单因素方差分析，并对有显著差异的变量做事后检验，结果如表4-9所示。

表4-9 攻击性行为在家庭经济情况上的差异分析（$M \pm SD$）

	很好① (n=11)	较好② (n=56)	一般③ (n=477)	较差④ (n=214)	很差⑤ (n=81)	F	LSD
敌意	23.82±5.21	22.09±5.54	21.34±5.54	22.07±5.56	22.41±5.92	1.187	
身体攻击	14.91±4.72	12.70±4.26	10.76±4.68	10.39±4.39	11.51±5.14	5.253***	①②>③④⑤
冲动	17.55±4.08	18.34±2.94	18.36±4.58	18.57±4.20	18.30±4.79	0.217	
易怒性	8.18±2.79	7.71±2.23	8.08±2.95	7.99±2.75	8.25±3.11	0.340	
攻击性总分	64.46±14.35	60.84±9.79	58.55±12.88	59.04±11.47	59.47±13.39	1.025	

上表显示，敌意、冲动、易怒性以及攻击性总分在家庭经济情况上不存在显著差异，而身体攻击在家庭经济情况上存在显著差异。对其进行事后检验发现，家庭经济情况很好和较好的学生在身体攻击上的得分高于家庭经济情况为一般、较差和很差的学生。具体的趋势分布图如图4-6所示。

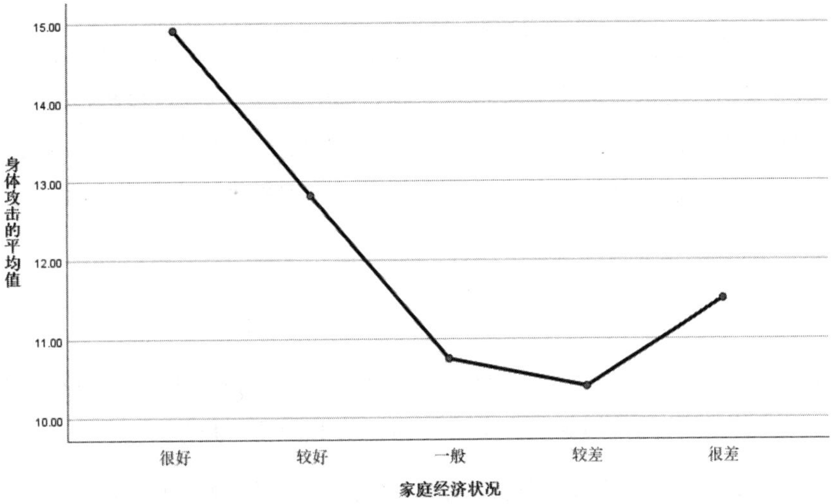

图4-6　大学生身体攻击在家庭经济状况上的趋势分布图

二、大学生父母教养方式在人口学变量上的差异分析

（一）大学生父母教养方式在性别上的差异分析

以大学生父母教养方式各维度为因变量，性别为自变量进行独立样本t检验，结果如表4-10所示。

表4-10　大学生父母教养方式在性别上的差异分析（$M \pm SD$）

	男（n=342）	女（n=497）	t	p
父亲关怀/关爱	11.31 ± 3.61	12.00 ± 3.76	-2.663	0.008
父亲冷漠拒绝	7.13 ± 3.95	6.05 ± 3.94	3.910	0.000
父亲过度保护	8.80 ± 4.35	7.76 ± 4.30	3.443	0.001
父亲自主性	11.70 ± 3.43	11.98 ± 3.64	-1.135	0.257

续表

	男 (n=342)	女 (n=497)	t	p
母亲关怀/关爱	11.70 ± 3.56	12.72 ± 3.38	-4.198	0.000
母亲冷漠拒绝	7.96 ± 3.09	7.21 ± 3.09	3.479	0.001
母亲过度保护	8.70 ± 4.13	8.08 ± 4.27	2.087	0.037
母亲自主性	11.78 ± 3.42	12.07 ± 3.59	-1.161	0.246

结果表明，父母教养方式在性别上存在显著差异，具体表现为女生在父亲关怀/关爱和母亲关怀/关爱维度上得分要显著高于男生（P<0.05），而男生在父亲冷漠拒绝、过度保护和母亲冷漠拒绝、过度保护维度上得分却要高于女生（P<0.05）。

（二）大学生父母教养方式在年级上的差异分析

以大学生父母教养方式各维度及为因变量，年级为自变量进行单因素方差分析，并对有显著差异的变量做事后检验，结果如表4-11所示。

表4-11　大学生父母教养方式在年级上的差异分析（$M \pm SD$）

	①大一 (n=242)	②大二 (n=239)	③大三 (n=218)	④大四 (n=140)	F	POST HOC
父亲关怀/关爱	12.45 ± 3.41	12.04 ± 3.80	11.16 ± 3.94	10.81 ± 3.41	8.338***	②①>④③
父亲冷漠拒绝	5.91 ± 3.82	6.05 ± 4.03	7.21 ± 4.02	7.13 ± 3.83	6.416***	③④>①②
父亲过度保护	8.16 ± 4.16	7.43 ± 4.34	8.55 ± 4.49	8.91 ± 4.27	4.271***	③④>②
父亲自主性	12.15 ± 3.41	12.08 ± 3.75	11.86 ± 3.43	11.01 ± 3.55	3.566*	①②③>④
母亲关怀/关爱	12.78 ± 3.43	12.62 ± 3.45	12.10 ± 3.49	12.26 ± 3.44	6.726***	①②③>④
母亲冷漠拒绝	7.04 ± 2.86	7.20 ± 3.26	8.19 ± 3.21	7.81 ± 2.92	6.693***	③>①②
母亲过度保护	8.28 ± 4.02	7.69 ± 4.25	8.70 ± 4.36	8.94 ± 4.17	3.426*	③④>②
母亲自主性	12.16 ± 3.64	12.18 ± 3.46	12.03 ± 3.34	11.12 ± 3.62	3.254*	①②③>④

数据表明，父母教养方式在年级上存在显著差异，具体表现为：大一、大二学生在父亲关怀/关爱维度的得分要高于大三、大四学生；大三、大四学生在父亲冷漠拒绝维度上的得分要高于大一、大二学生；大三、大四学生在父亲过度保护和母亲过度保护维度上的得分要高于大二学生；大一、大二、大三学生在父亲自主性、母亲关怀/关爱和母亲自主性维度上的得分都要高于大四学

生；大三学生在母亲冷漠拒绝维度上的得分要高于大一、大二学生。具体的趋势分布图如图4-7至图4-14所示。

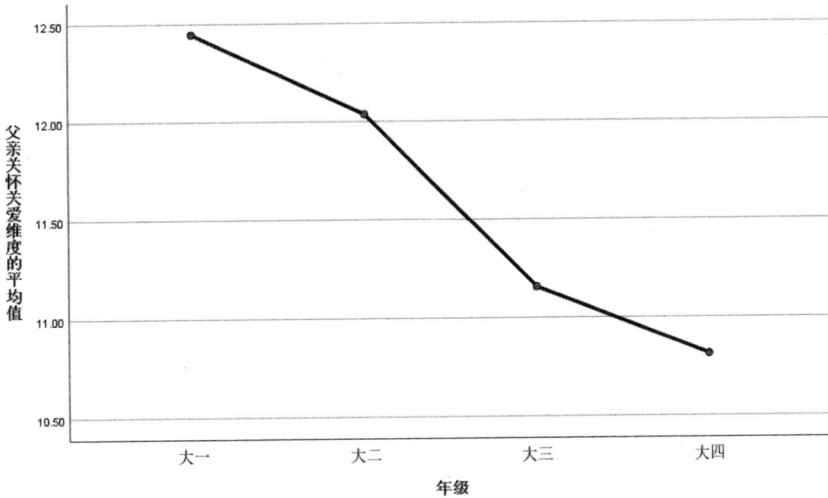

图4-7 大学生的父亲关怀/关爱在年级上的趋势分布图

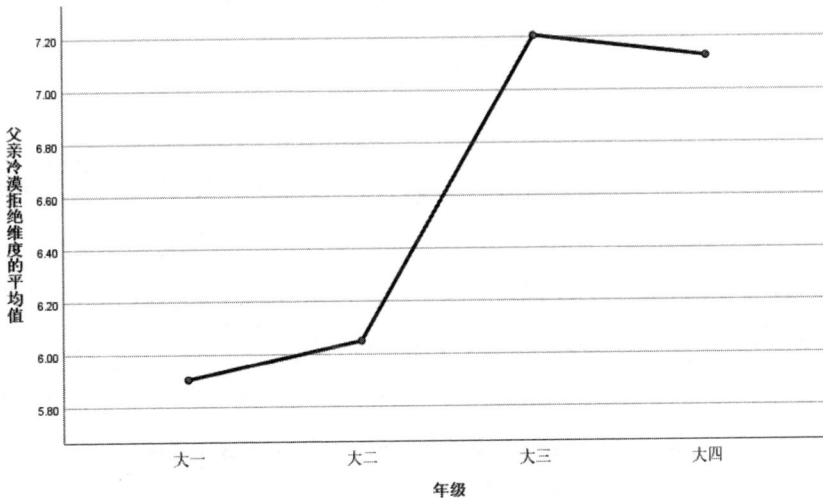

图4-8 大学生的父亲冷漠拒绝在年级上的趋势分布图

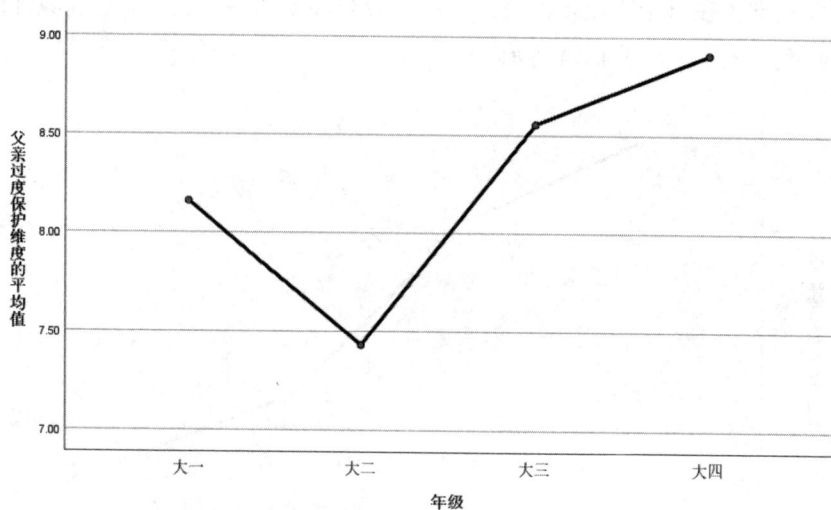

图4-9 大学生的父亲过度保护在年级上的趋势分布图

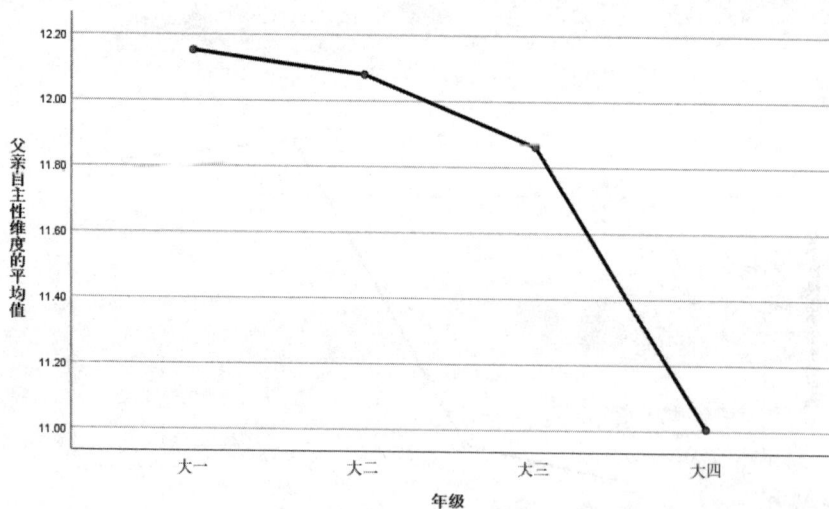

图4-10 大学生的父亲自主性在年级上的趋势分布图

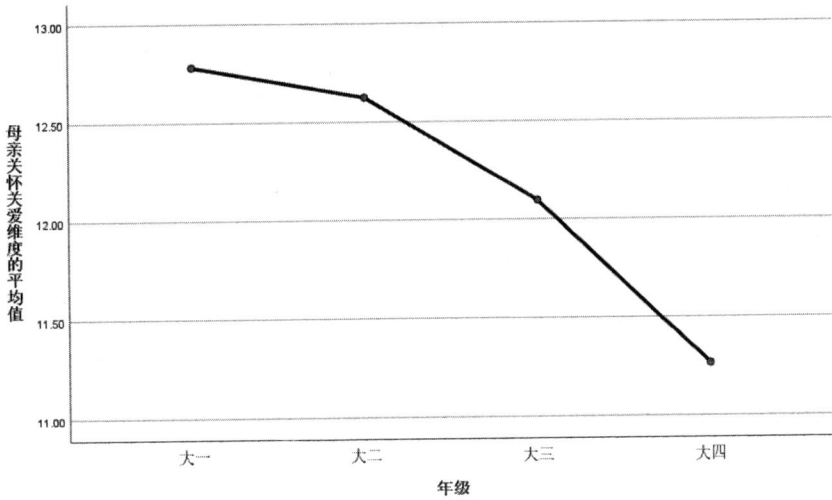

图4-11　大学生的母亲关怀/关爱在年级上的趋势分布图

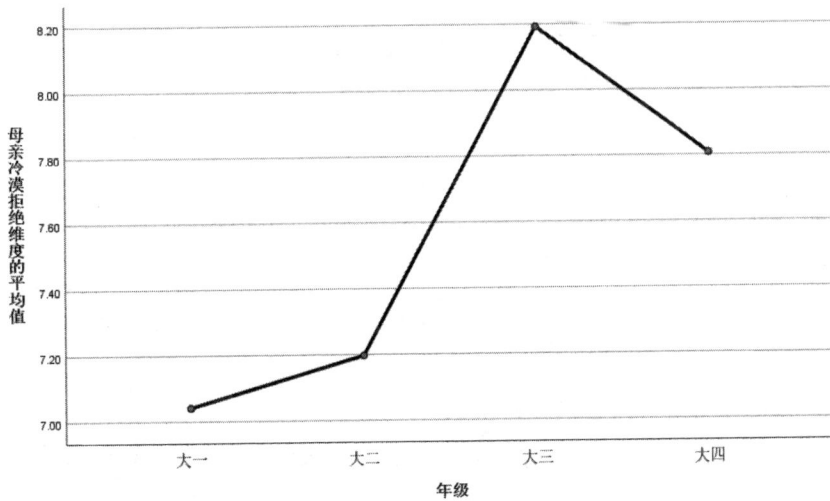

图4-12　大学生的母亲冷漠拒绝在年级上的趋势分布图

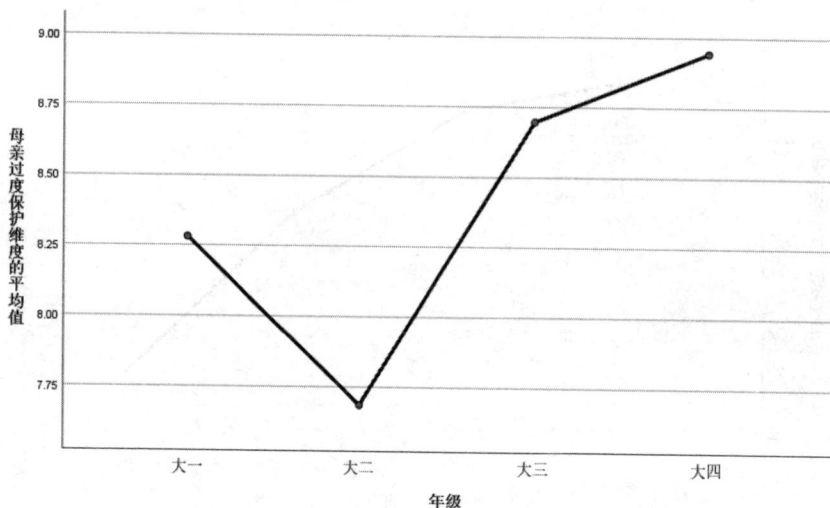

图4-13 大学生的母亲过度保护在年级上的趋势分布图

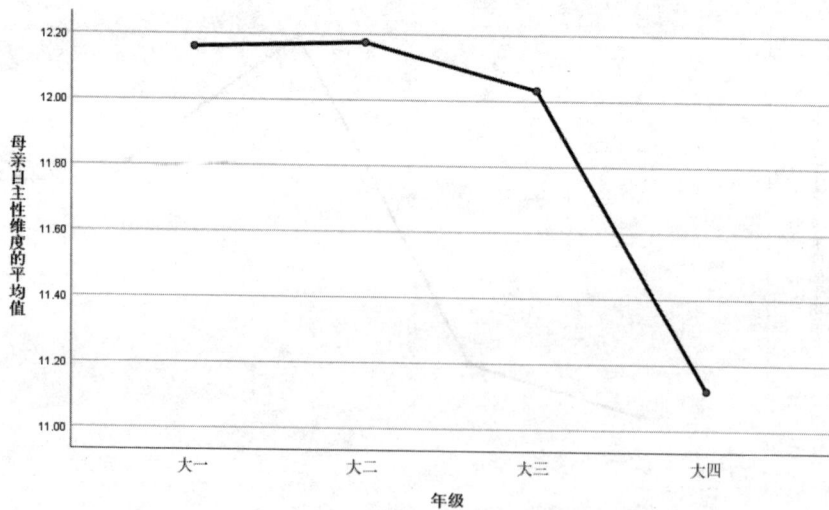

图4-14 大学生的母亲自主性在年级上的趋势分布图

（三）大学生父母教养方式在是否独生子女上的差异分析

以大学生父母教养方式各维度为因变量，是否独生子女为自变量进行独立样本t检验，结果如表4-12所示。

表4-12　大学生父母教养方式在是否独生子女上的差异分析（$M \pm SD$）

	是（n=216）	否（n=623）	t	p
父亲关怀/关爱	11.63 ± 3.79	11.75 ± 3.69	-0.409	0.683
父亲冷漠拒绝	6.73 ± 3.92	6.41 ± 3.99	1.026	0.303
父亲过度保护	8.59 ± 4.38	8.04 ± 4.33	1.509	0.112
父亲自主性	12.00 ± 3.47	11.82 ± 3.59	0.622	0.534
母亲关怀/关爱	12.16 ± 3.54	12.35 ± 3.47	-0.701	0.483
母亲冷漠拒绝	7.85 ± 3.24	7.40 ± 3.06	1.849	0.065
母亲过度保护	8.82 ± 4.25	8.16 ± 4.21	1.987	0.047
母亲自主性	12.12 ± 3.44	11.91 ± 3.56	0.717	0.474

数据表明，在母亲过度保护维度上，独生子女的得分要显著高于差异非独生子女（P<0.05），而在父亲关怀/关爱、父亲冷漠拒绝、父亲过度保护、父亲自主性、母亲关怀/关爱、母亲冷漠拒绝和母亲自主性维度上均不存在显著差异（P>0.05）。

（四）大学生父母教养方式在是否有留守经历上的差异分析

以大学生父母教养方式各维度为因变量，是否有留守经历为自变量进行独立样本t检验，结果如表4-13所示。

表4-13　大学生父母教养方式在是否有留守经历上的差异分析（$M \pm SD$）

	是（n=359）	否（n=480）	t	p
父亲关怀/关爱	11.22 ± 3.77	12.10 ± 3.64	-3.401	0.001
父亲冷漠拒绝	7.01 ± 3.88	6.08 ± 4.01	3.351	0.001
父亲过度保护	8.36 ± 4.32	8.02 ± 4.36	1.136	0.256
父亲自主性	11.60 ± 3.52	12.07 ± 3.58	-1.898	0.058
母亲关怀/关爱	11.82 ± 3.44	12.69 ± 3.46	-3.621	0.000
母亲冷漠拒绝	7.96 ± 3.01	7.17 ± 3.14	3.647	0.000

续表

	是 (*n*=359)	否 (*n*=480)	*t*	*p*
母亲过度保护	8.48 ± 4.19	8.22 ± 4.25	0.882	0.378
母亲自主性	11.74 ± 3.47	12.13 ± 3.57	-1.588	0.113

数据表明，父母教养方式在是否有留守经历上存在显著差异。具体表现为：没有留守经历的大学生在父亲关怀/关爱和母亲关怀/关爱维度上的得分要高于有留守经历的大学生；有留守经历的大学生在父亲冷漠拒绝和母亲冷漠拒绝维度的得分要高于没有留守经历的大学生。

三、大学生积极情绪体验在人口学变量的差异分析

（一）大学生积极情绪体验在性别上的差异分析

以大学生积极情绪体验总分因变量，性别为自变量进行独立样本t检验，结果如表4-14所示。

表4-14　大学生积极情绪体验在性别上的差异分析（*M* ± *SD*）

	男 (*n*=342)	女 (*n*=497)	*t*	*p*
积极情绪体验总分	62.70 ± 14.50	63.80 + 13.60	-1.119	0.263

结果显示，大学生积极情绪体验总体平均数为63.35，从五级计分等级上看处于中等偏下水平，且在性别上不存在显著差异。

（二）大学生积极情绪体验在年级上的差异分析

以大学生积极情绪体验总分为因变量，年级为自变量进行单因素方差分析，并对有显著差异的变量做事后检验，结果如表4-15所示。

表4-15　大学生积极情绪体验在年级上的差异分析（*M* ± *SD*）

	①大一 (*n*=242)	②大二 (*n*=239)	④大三 (*n*=218)	④大四 (*n*=140)	*F*	POST HOC
积极情绪体验总分	65.26 ± 12.97	63.60 ± 14.16	61.15 ± 13.98	63.06 ± 14.99	3.377**	①>③

结果显示，积极情绪总分在年级上的差异显著，并对其进行事后检验发现：在

积极情绪总分上，大一学生显著高于大三学生。具体的趋势分布图如图4-15所示。

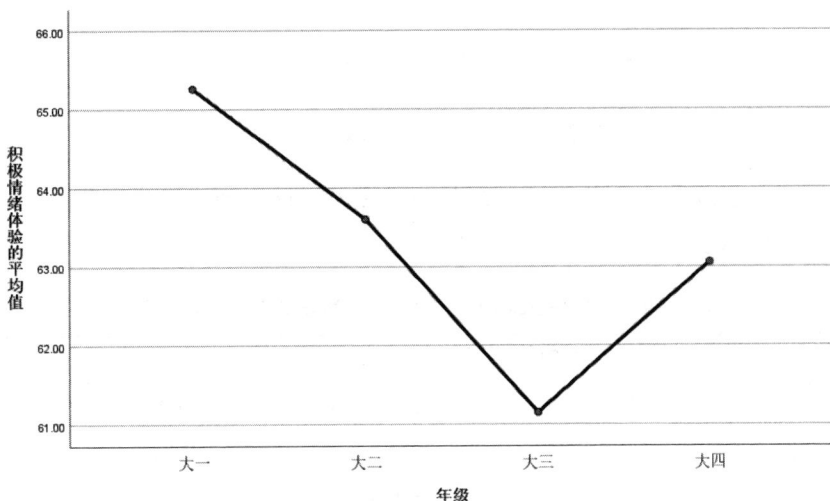

图4-15 大学生的积极情绪体验在年级上的趋势分布图

（三）大学生积极情绪体验在是否留守经历上的差异分析

以大学生积极情绪体验总分因变量，是否有留守经历为自变量进行独立样本t检验，结果如表4-16所示。

表4-16 大学生积极情绪体验在是否有留守经历上的差异分析（$M \pm SD$）

	是（n=359）	否（n=480）	t	p
积极情绪体验总分	62.55 ± 13.98	64.00 ± 13.99	-1.476	0.140

结果显示，积极情绪在是否有留守经历上没有显著差异。

（四）大学生积极情绪体验在是否独生子女上的差异分析

以大学生积极情绪体验总分因变量，是否是独生子女为自变量进行独立样本t检验，结果如表4-17所示。

表4-17 大学生积极情绪体验在是否是独生子女上的差异分析（$M \pm SD$）

	是（n=216）	否（n=623）	t	p
积极情绪体验总分	61.94 ± 13.88	63.83 ± 14.00	-1.706	0.088

结果显示，大学生积极情绪体验在是否独生子女变量上不存在显著差异。

四、大学生人际关系在人口学变量上的差异分析

（一）大学生人际关系在性别上的差异分析

以大学生人际关系各维度及总分为因变量，性别为自变量进行独立样本t
检验，结果如表4-18所示。

表4-18　大学生人际关系在性别上的差异分析（$M \pm SD$）

	男（n=342）	女（n=497）	t	p
师生人际关系	22.50 ± 4.37	22.13 ± 4.38	1.214	0.225
同学人际关系	35.50 ± 5.37	37.85 ± 5.61	-6.064	0.000
生活人际关系	25.57 ± 4.26	25.71 ± 4.40	-0.476	0.634
虚拟人际关系	22.62 ± 5.48	24.14 ± 5.43	-3.900	0.000
现实人际关系	83.56 ± 10.73	85.70 ± 11.13	-2.753	0.006

表4-18显示，师生人际关系和生活人际关系在性别上不存在显著差异，而
同学人际关系以及虚拟人际关系和现实人际关系在性别上存在显著差异。具体
表现为，女生在同学人际关系、虚拟人际关系以及现实人际关系的得分上显著
高于男生的得分。

（二）大学生人际关系在年级上的差异分析

以大学生人际关系各维度及总分为因变量，年级为自变量进行单因素方差
分析，并对有显著差异的变量做事后检验，结果如表4-19所示。

表4-19　大学生人际关系在年级上的差异分析（$M \pm SD$）

	大一①（n=242）	大二②（n=239）	大三③（n=218）	大四④（n=140）	F	LSD
师生人际关系	22.40 ± 4.16	21.98 ± 4.41	22.51 ± 4.16	22.22 ± 4.99	0.630	
同学人际关系	38.34 ± 5.69	37.45 ± 5.47	35.61 ± 5.43	35.45 ± 5.35	13.583***	①②>③④
生活人际关系	25.81 ± 4.34	25.82 ± 4.53	25.46 ± 4.28	25.42 ± 4.13	0.512	
虚拟人际关系	23.96 ± 5.57	24.13 ± 5.40	22.75 ± 5.85	23.02 ± 4.86	3.314*	①②>③
现实人际关系	86.55 ± 11.01	85.26 ± 11.14	83.57 ± 10.24	83.10 ± 11.53	4.256**	①>③④

　　表4-19显示，师生人际关系与生活人际关系维度在年级上的差异不显著，但同学人际关系、虚拟人际关系以及现实人际关系在年级上均有显著差异，对其进行事后检验发现：大一大二的学生在同学人际关系得分显著高于大三大四学生；在虚拟人际关系上大一大二学生的得分高于大三学生；在现实人际关系上大一学生的得分高于大三大四学生。具体的趋势分布图如图所示。

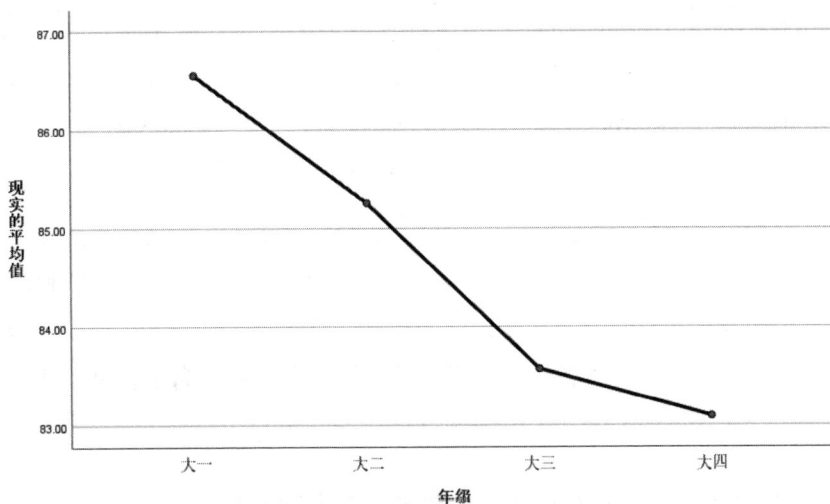

图4-16　大学生的现实人际关系在年级上的趋势分布图

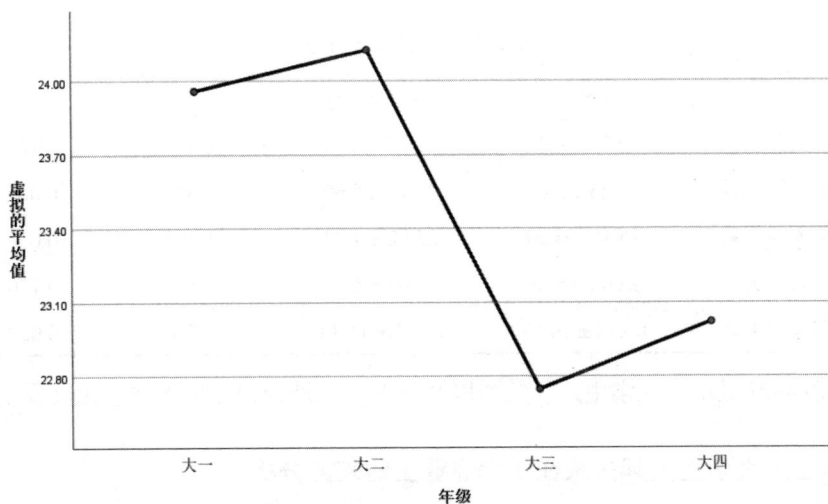

图4-17　大学生的虚拟人际关系在年级上的趋势分布图

（三）大学生人际关系在是否有留守经历上的差异分析

以大学生人际关系各维度及总分为因变量，是否有留守经历为自变量进行独立样本t检验，结果如表4-20所示。

表4-20　大学生人际关系在是否有留守经历上的差异分析（$M \pm SD$）

	是（$n=359$）	否（$n=480$）	t	p
师生人际关系	22.40 ± 4.42	22.22 ± 4.34	0.604	0.546
同学人际关系	36.18 ± 5.41	37.45 ± 5.74	-3.278	0.001
生活人际关系	25.79 ± 4.49	25.58 ± 4.23	0.584	0.559
虚拟人际关系	23.23 ± 5.45	23.80 ± 5.53	-1.435	0.152
现实人际关系	84.37 ± 10.97	85.26 ± 11.04	-1.196	0.232

表4-20显示，师生人际关系、生活人际关系以及虚拟人际关系和现实人际关系在是否留守经历上不存在显著差异，而同学人际关系在是否有留守经历上存在显著差异。具体表现为无留守经历的学生的得分高于有过留守经历的学生。

（四）大学生人际关系在是否为独生子女上的差异分析

以大学生人际关系各维度及总分为因变量，是否为独生子女为自变量进行独立样本t检验，结果如表4-21所示。

表4-21　大学生人际关系在是否独生上的差异分析（$M \pm SD$）

	是（$n=216$）	否（$n=623$）	t	p
师生人际关系	22.28 ± 4.34	22.27 ± 4.39	0.032	0975
同学人际关系	36.28 ± 5.68	37.11 ± 5.60	-1.872	0.062
生活人际关系	25.18 ± 4.20	25.82 ± 4.38	-1.901	0.058
虚拟人际关系	23.06 ± 5.69	23.69 ± 5.43	-1.372	0.170
现实人际关系	83.73 ± 10.58	85.21 ± 11.14	-1.700	0.089

表4-21显示，大学生人际关系以及各维度在是否为独生子女上无显著差异。

（五）大学生人际关系在所学专业上的差异分析

以大学生人际关系各维度及总分为因变量，所学专业为自变量进行单因素方差分析，并对有显著差异的变量做事后检验，结果如表4-22所示。

表4-22　大学生人际关系在专业上的差异研究（$M \pm SD$）

	文科① （n=228）	理科② （n=225）	艺体③ （n=176）	医学④ （n=210）	F	LSD
师生人际关系	22.46 ± 4.05	22.55 ± 4.70	22.16 ± 4.72	21.90 ± 4.07	0.993	
同学人际关系	37.63 ± 5.65	35.90 ± 5.55	36.81 ± 5.63	37.24 ± 5.56	3.957**	①④>②
生活人际关系	25.84 ± 4.27	25.52 ± 4.50	25.52 ± 4.50	25.74 ± 4.14	0.296	
虚拟人际关系	24.19 ± 5.37	22.82 ± 5.48	23.15 ± 5.74	23.91 ± 5.40	2.979*	①④>②
现实人际关系	85.93 ± 10.88	83.96 ± 11.11	84.48 ± 11.51	84.87 ± 10.56	1.282	

　　表4-22显示，大学生师生人际关系、生活人际关系以及现实人际关系总分在所学专业上不存在差异，但在同学人际关系、虚拟人际关系等维度上存在显著差异。对其进行事后检验发现，文科和医学专业的同学人际关系和虚拟人际关系得分显著高于理科专业的学生。具体的趋势分布图如图所示。

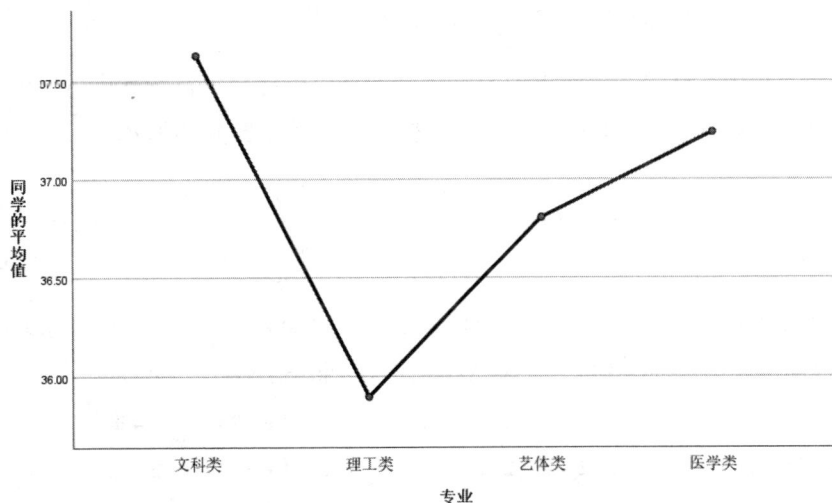

图4-18　大学生的同学人际关系在专业上的趋势分布图

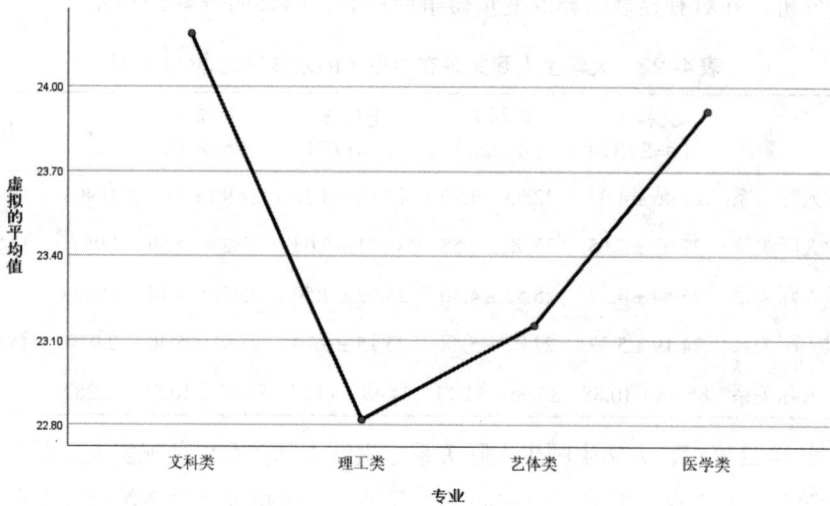

图4-19 大学生的虚拟人际关系在专业上的趋势分布图

（六）大学生人际关系在生源地上的差异分析

以大学生人际关系各维度及总分为因变量，生源地为自变量进行单因素方差分析，并对有显著差异的变量做事后检验，结果如表4-23所示。

表4-23 大学生人际关系在生源地上的差异研究（$M \pm SD$）

	城市①（n=70）	乡镇②（n=122）	农村③（n=647）	F	LSD
师生人际关系	21.49 ± 4.83	23.14 ± 4.35	22.20 ± 4.31	3.627[*]	②>①③
同学人际关系	36.73 ± 5.74	36.70 ± 5.42	36.95 ± 5.66	0.128	
生活人际关系	24.57 ± 4.33	25.68 ± 4.63	25.77 ± 4.28	2.428	
虚拟人际关系	23.14 ± 6.42	22.67 ± 5.33	23.74 ± 5.42	2.132	
现实人际关系	82.79 ± 11.74	85.52 ± 11.37	84.92 ± 10.85	1.475	

表4-23显示，同学人际关系以及生活人际关系和现实人际关系在生源地上不存在显著差异，而师生人际关系在生源地上存在显著差异。对其进行事后检验发现乡镇学生师生人际关系得分高于城市和农村。具体的趋势分布图如图4-20所示。

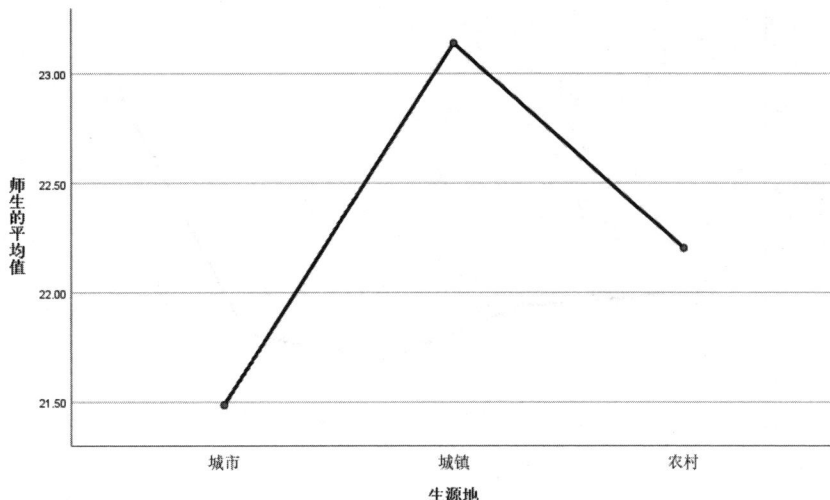

图4-20 大学生的师生人际关系在生源地上的趋势分布图

（七）大学生人际关系在父亲文化程度上的差异分析

以大学生人际关系各维度及总分为因变量，父亲文化程度为自变量进行单因素方差分析，并对有显著差异的变量做事后检验，结果如表4-24所示。

表4-24　大学生人际关系在父亲学历上的差异研究（$M \pm SD$）

	小学① （n=273）	初中② （n=365）	高中③ （n=107）	大学④ （n=66）	无⑤ （n=28）	F	LSD
师生人际关系	22.09 ± 4.17	22.25 ± 4.64	22.78 ± 4.15	22.67 ± 3.95	21.50 ± 4.66	0.830	
同学人际关系	36.71 ± 5.45	37.23 ± 5.63	36.88 ± 5.98	36.54 ± 5.72	35.04 ± 5.52	1.242	
生活人际关系	25.85 ± 4.25	25.59 ± 4.41	25.29 ± 4.53	25.74 ± 4.14	25.89 ± 4.19	0.365	
虚拟人际关系	23.64 ± 5.72	23.51 ± 5.09	22.82 ± 6.08	23.15 ± 5.63	26.50 ± 5.32	2.606*	⑤>①②③④
现实人际关系	84.66 ± 10.46	85.08 ± 11.48	84.97 ± 11.10	84.95 ± 10.66	82.43 ± 10.67	0.405	

表4-24显示，除虚拟人际关系外，别的人际关系维度及其总分在父亲文化程度上均不存在显著差异，对其进行事后检验发现，在虚拟人际关系得分上，父亲从未上过学的学生的得分高于父亲学历为小学、初中、高中和大学的学生。具体的趋势分布图如图4-21所示。

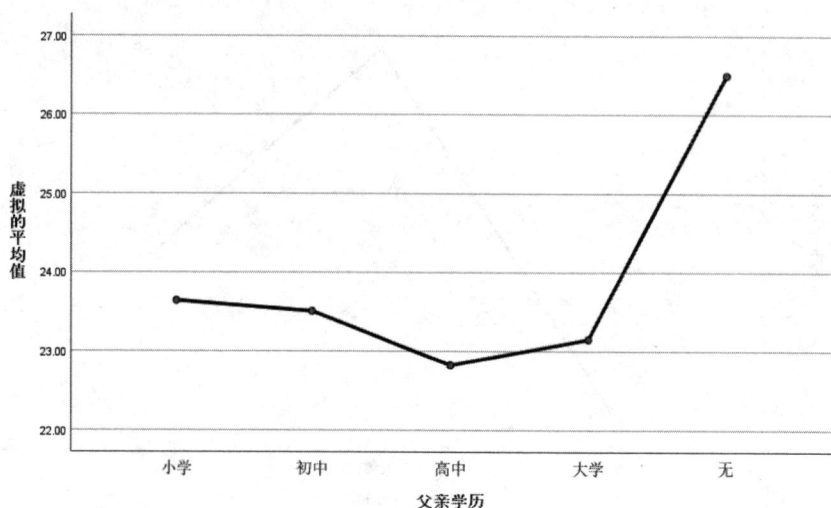

图4-21 大学生的虚拟人际关系在父亲学历上的趋势分布图

（八）大学生人际关系在母亲文化程度上的差异分析

以大学生人际关系各维度及总分为因变量，母亲文化程度为自变量进行单因素方差分析，并对有显著差异的变量做事后检验，结果如表4-25所示。

表4-25 大学生人际关系在母亲学历上的差异研究（$M \pm SD$）

	小学① （$n=378$）	初中② （$n=217$）	高中③ （$n=68$）	大学④ （$n=49$）	无⑤ （$n=127$）	F	LSD
师生人际关系	22.20 ± 4.20	22.18 ± 4.78	22.94 ± 4.07	22.79 ± 4.30	22.11 ± 4.36	0.659	
同学人际关系	36.94 ± 5.48	37.34 ± 5.64	35.88 ± 5.96	35.18 ± 5.40	37.20 ± 5.83	2.130	
生活人际关系	25.91 ± 4.22	25.64 ± 4.55	25.27 ± 4.26	24.35 ± 4.42	25.64 ± 4.29	1.577	
虚拟人际关系	23.34 ± 5.55	24.24 ± 5.51	21.71 ± 5.38	22.12 ± 4.94	24.41 ± 5.31	4.930**	①②⑤ >③④
现实人际关系	85.05 ± 10.46	85.17 ± 11.57	84.10 ± 11.47	82.33 ± 11.05	84.95 ± 11.35	0.801	

表4-25显示，师生人际关系、同学人际关系以及生活人际关系和现实人际关系在母亲学历上不存在显著差异，而虚拟人际关系在母亲学历上存在显著差异，对其进行事后检验发现，在虚拟人际关系得分上，母亲从未上过学、母亲学历为小学和初中的学生的得分高于母亲学历为高中和大学的学生。具体的趋

势分布图如图4-22所示。

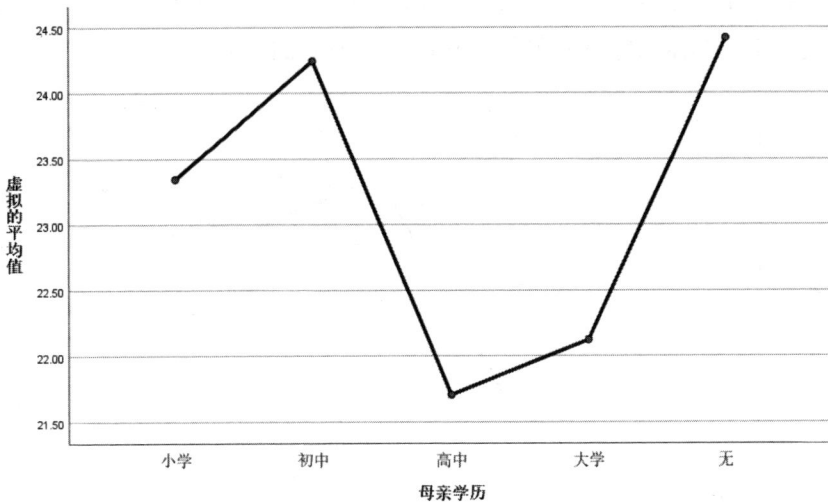

图4-22 大学生的虚拟人际关系在母亲学历上的趋势分布图

（九）大学生人际关系在家庭经济情况上的差异分析

以大学生人际关系各维度及总分为因变量，家庭经济情况为自变量进行单因素方差分析，并对有显著差异的变量做事后检验，结果如表4-26所示。

表4-26　大学生人际关系在家庭经济情况的差异分析（$M \pm SD$）

	很好① (*n*=11)	较好② (*n*=56)	一般③ (*n*=477)	较差④ (*n*=214)	很差⑤ (*n*=81)	F	LSD
师生人际关系	21.45 ± 4.20	23.03 ± 3.60	22.06 ± 4.42	22.50 ± 4.36	22.57 ± 4.65	1.049	
同学人际关系	33.73 ± 3.44	34.25 ± 4.74	37.34 ± 5.57	36.64 ± 5.66	37.21 ± 6.07	4, 977**	③④⑤ >①②
生活人际关系	24.64 ± 4.78	24.46 ± 3.66	25.55 ± 4.25	26.09 ± 4.50	26.14 ± 4.71	2.068	
虚拟人际关系	22.18 ± 3.66	21.41 ± 5.15	23.70 ± 5.55	23.93 ± 5.45	23.19 ± 5.55	2.731*	③④>②
现实人际关系	79.82 ± 8.62	81.75 ± 9.18	84.95 ± 10.96	85.23 ± 11.28	85.91 ± 11.65	1.956	

表4-26显示，师生人际关系以及生活人际关系和现实人际关系在家庭经济情况上不存在显著差异，而同学人际关系和虚拟人际关系在家庭经济情况上存在显著差异。对其进行事后检验发现，家庭经济情况为一般、较差和很差的学

生在同学人际关系上的得分高于家庭经济情况为很好和较好的学生；在虚拟人
际关系得分上，家庭经济情况为一般和较差的学生的得分高于家庭经济情况为
较好的学生。具体的趋势分布图如图4-23至图4-24所示。

图4-23　大学生的同学人际关系在家庭经济状况上的趋势分布图

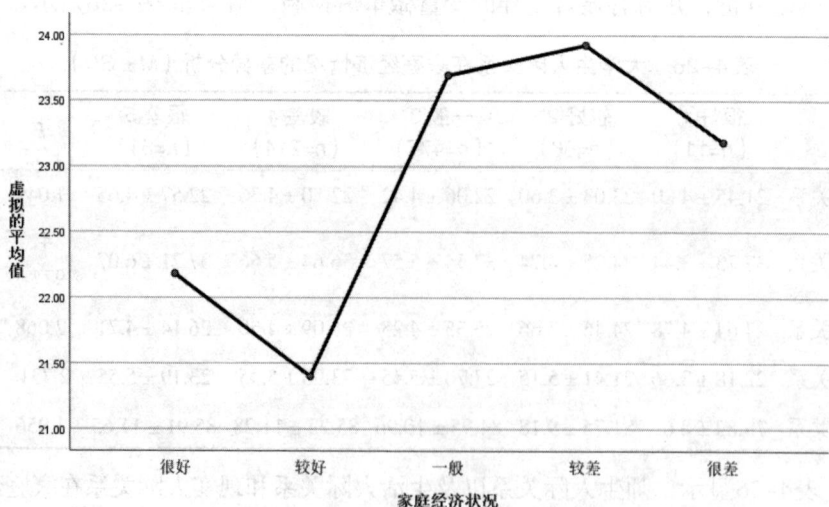

图4-24　大学生的虚拟人际关系在家庭经济状况上的趋势分布图

五、大学生攻击性与父母教养方式、积极情绪体验的关系分析

对大学生攻击性和父母教养方式进行相关分析，结果如表4-27所示。

表4-27　大学生攻击性与父母教养方式的相关分析

	①	②	③	④	⑤	⑥	⑦	⑧	⑨
①攻击性	1								
②父亲关怀/关爱	-0.134**	1							
③父亲冷漠拒绝	0.282**	-0.421**	1						
④父亲过度保护	0.242**	-0.019	0.470**	1					
⑤父亲自主性	-0.065	0.527**	-0.165**	-0.141**	1				
⑥母亲关怀/关爱	-0.123**	0.762**	-0.343**	-0.101**	0.506**	1			
⑦母亲冷漠拒绝	0.240**	-0.250**	0.774**	0.474**	-0.126**	-0.271**	1		
⑧母亲过度保护	0.262**	-0.068*	0.460**	0.874**	-0.139**	-0.039	0.487**	1	
⑨母亲自主性	-0.059	0.443**	-0.141**	-0.149**	0.825**	0.567**	-0.098**	-0.121**	1

注：①表示攻击性，②表示父亲关怀/关爱，③表示父亲冷漠拒绝；④表示父亲过度保护；⑤表示父亲自主性；⑥表示母亲关怀/关爱；⑦表示母亲冷漠拒绝；⑧表示母亲过度保护；⑨表示母亲自主性。

数据表明，除父母自主性外，大学生攻击性与父母教养方式的其他因子均呈现显著相关。其中，攻击性与父母关怀/关爱呈现显著负相关，而与父母冷漠拒绝、父母过度保护均呈显著正相关。

再次以攻击性为因变量，父母教养方式为自变量进行回归分析，结果见表4-28所示。

表4-28　大学生攻击性对父母教养方式的回归分析

因变量	自变量	R^2	B	F	b	t
攻击性	父亲冷漠拒绝	0.080	0.643	72.331***	0.205	5.565***
	母亲过度保护	0.102	0.494	47.321***	0.168	4.540***

通过逐步回归分析发现，只有父亲冷漠拒绝和母亲过度保护进入了回归方程，一起对攻击性行为发挥了10.2%的预测力。

同时本研究对大学生攻击性行为和积极情绪体验进行相关分析，结果如表4-29所示。

表4-29　大学生积极情绪与攻击性的相关分析

	攻击性	积极情绪体验
攻击性	1	
积极情绪体验	-0.190***	1

结果显示积极情绪体验与大学生攻击性之间显著负相关，表明大学生积极情绪体验水平越高，攻击性行为就越少。

再次以攻击性为因变量，积极情绪体验为自变量进行回归分析，结果见表4-30所示。

表4-30　大学生攻击性对积极情绪体验的回归分析

因变量	自变量	R^2	B	F	b	t
攻击性	积极情绪体验	0.036	-0.169	31.232***	-0.190	-5.589***

通过回归分析发现，积极情绪体验能够显著负向预测攻击性，预测力为3.6%。

六、大学生攻击性与人际关系的关系研究

（一）大学生人际关系与攻击性行为的相关分析

为了探讨大学生人际关系与攻击性行为的关系，采用相关分析的方法对人际关系以及攻击性行为各维度进行检验，结果如表4-31所示。

表4-31　大学生人际关系与攻击性行为的相关分析

	①	②	③	④	⑤	⑥	⑦	⑧	⑨	⑩
①	1									
②	0.279**	1								
③	0.479**	0.398**	1							
④	-0.202**	0.164**	-0.137**	1						
⑤	0.730**	0.780**	0.789**	-0.051	1					
⑥	-0.013	-0.316**	-0.099**	-0.156**	-0.206**	1				
⑦	0.079*	-0.359**	-0.023	-0.342**	-0.161**	0.318**	1			
⑧	0.116**	0.085*	0.052	-0.011	0.110**	0.335**	0.205**	1		

续表

	①	②	③	④	⑤	⑥	⑦	⑧	⑨	⑩
⑨	0.014	-0.167**	-0.066	-0.091**	-0.105**	0.438**	0.275**	0.428**	1	
⑩	0.068*	-0.285**	-0.050	-0.224**	-0.138**	0.789**	0.655**	0.681**	0.683**	1

注：①师生人际关系、②同学人际关系、③生活人际关系、④虚拟人际关系、⑤现实人际关系、⑥敌意、⑦身体攻击、⑧冲动、⑨易怒性、⑩攻击性总分

表4-31显示，大学生现实人际关系与攻击性总分存在显著负相关。大学生师生人际关系与身体攻击、冲动以及攻击性总分存在显著负相关；大学生同学人际关系与攻击性行为各维度及总分存在显著负相关；大学生生活人际关系与敌意存在显著负相关。大学生现实人际关系与攻击性总分以及敌意、身体攻击、易怒存在显著负相关。大学生虚拟人际关系与攻击性总分以及敌意、身体攻击、易怒存在显著负相关。

（二）大学生人际关系对攻击性行为的预测分析

为了进一步探讨大学生人际关系与攻击性行为的关系，以现实人际关系和虚拟人际关系为预测变量，攻击性行为为因变量，进行线性回归分析，分析结果如表4-32所示。

表4-32 大学生人际关系对攻击性行为的预测分析

因变量	预测变量	R	R^2	F	B	β	t
攻击性行为	现实人际关系	0.269	0.073	32.720***	-0.522	-0.231	-6.940***
	虚拟人际关系				-0.169	-0.150	-4.501***

上表显示，大学生现实人际关系及虚拟人际关系进入攻击性行为的回归方程，大学生人际关系与攻击性行为之间的回归系数为0.269；从R^2系数来看，人际关系能有效预测攻击性行为，能预测7.3%的变化；从t值来看，现实人际关系及虚拟人际关系对攻击性行为的预测均达到显著性水平（p<0.001），且现实人际关系和虚拟人际关系对攻击性行为均具有显著的负向预测作用。

第五节 分析与讨论

一、攻击性行为在人口学变量上的差异分析与讨论

(一)大学生攻击性行为在性别上的差异讨论

根据数据分析结果可知,除冲动和易怒性维度外,敌意、身体攻击以及攻击总分方面,男生的得分均高于女生,这在一定程度上可以理解为男生的攻击性行为高于女生,这与以往研究有相同之处(帅煜朦,2014;吕路等,2013)。影响攻击性行为存在性别差异可能有以下原因:身体攻击存在性别差异主要取决于男女生的生理基础不同,主要是性激素的影响。参与本研究的被试均是青少年,激素的影响是至关重要的一点。因此,根据生物学的观点,男性荷尔蒙使男生在遇到气愤的事时情绪更容易暴躁,更容易冲动,产生攻击性行为;而雌性激素使女生在处理问题时,因为体力方面相对弱于男生,而且在性格上也较为温和,处理问题时能更冷静,更不容易发生对抗。此外,社会认知和文化因素也是男女攻击性行为存在差异的原因,根据社会心理学家的观点,社会对男生与女生存在的一些性别差异并非男女生真正存在的差别,男女的一些特征是社会所赋予的,是男女从小到大的成长过程中受身边环境,如家庭、学习和社会的观念和方式的影响而形成的,在我国文化中更多期待女性是温柔、得体、大方的。因此,男女生在面对问题时女性更多采取忍耐或非暴力处理,而男生更多采取直接的处理方式如攻击性行为。

(二)大学生攻击性行为在年级上的差异讨论

研究结果表明,大学生攻击性行为存在年级差异,这与以往研究有相同之处。事后检验进一步发现,除了在冲动维度上大二年级的高于别的年级外,攻击性总分以及别的维度上大三年级的攻击性均高于别的年级。大三年级处于情感发展的冲突期,面临现实与梦想的矛盾冲突,大三学生可能想有更多的机会展现自己,实现自己的价值,从而与同学进行竞争,使自己脱颖而出,在无形中使自己和同学之间的冲突日益增多,产生攻击性行为。除此之外,已有研究通过调查研究发现,大三年级学生可能处于情绪智力的低谷(哈丽娜等,2016),大约35%的大学生有关于情感的困扰,由此所产生的消极情绪导致有的学生走

向极端，使得大三年级在面临问题时所处理的方式难免会有攻击性行为的发生。

（三）大学生攻击性行为在是否有留守经历上的差异讨论

本研究结果显示易怒性和攻击总分在是否有留守经历上存在显著差异，有过留守经历的大学生的攻击性行为高于没有留守经历的大学生。这与以往研究结果有相似之处（高正亮，胡光娇，2013）。根据之前的研究（张进辅，徐小燕，2004），留守儿童与非留守儿童相比情绪更加不稳定、易心烦意乱、自控能力不强。留守大学生在成长过程中由于父母不在身边，在生活中遇到令自己心烦意乱的事时不能与父母进行直接倾诉，在一定程度上只能自己承担，进而更容易产生愤怒的情绪；也可能是缺少父母的陪伴，缺少安全感，使留守的大学生在成长过程中探索和表达自己情绪时有些不知所措，导致心理成熟较早，从而在面对攻击性行为时也采取攻击性行为来面对和处理。

（四）大学生攻击性行为在是否是独生子女上的差异讨论

本研究结果显示身体攻击在是否为独生子女上存在显著差异，独生子女的身体攻击大于非独生子女的身体攻击，该结果与以往研究所得结果相同（赵兰等，2011）。根据以往研究，独生子女存在以自我为中心、态度高傲、意志薄弱、独立性不清、任性等特点。独生子女拥有来自父母更多的关爱，加上家中的父辈也会给予加倍的疼爱，在家中可能会形成"小霸王"的性格，平时在家中也不会受到因同辈纷争而产生的委屈，因此在遇到问题时会更加冲动，也会采取如身体攻击等直接的方式来解决问题。而非独生子女因家中姊妹的关系，从小受到的教导更多的是要与兄弟姐妹和谐相处，哪怕有纷争也不应该采取暴力方式去解决，通过沟通或家中进行调节等方式进行解决，而这种处理问题的方式也会延伸到非独生子女的日常生活中。所以导致独生子女的身体攻击大于非独生子女的身体攻击。

（五）大学生攻击性行为在所学专业上的差异讨论

根据本研究结果显示，身体攻击维度在所学专业上存在显著差异，对其进行事后检验发现，理科专业学生的身体攻击得分高于艺体和医学专业的学生，而文科专业的学生其身体攻击得分最低，该研究结果与以往研究有相同之处。

得出此结果一方面可能是因为理科类学生在处理身边事件时更加注意理性逻辑，在人际交往中更加直来直往，不受人情世故的羁绊，而艺体类和文科类学生更感性，在处理事情时会更感性，也会更多考虑别人的感受，甚至压抑一些自己内心的想法，也更不会采取直接的方式来应对。理科类学生更多的是接受固定的知识和公式，在他们面对冲突等人际困扰时也会更多地采取攻击性行为等直接的方式来应对。另一方面可能是不同专业的男女比例不同，文科专业的女生更多一些，而理科专业的男生偏多，女生在处理问题时往往会采取一些非直接攻击的方式去处理问题，男生则会更加直接一些，遇到问题时会采取更直接的方式去解决问题，如身体攻击等。

（六）大学生攻击性行为在生源地上的差异讨论

根据研究结果显示身体攻击在生源地上存在显著差异，城市和乡镇的学生的身体攻击高于农村的学生。该研究结果与以往研究所得结果不同。农村的学生可能由于家庭条件比城市的较差，对生活中的困难和艰辛可能会有更多的体会，在生活中更容易将自己置于谦卑的处境，采取身体攻击这一直接的处理问题的方式产生严重的暴力事件的话，还需对对方做出一定的赔偿，而这些都将是出生于农村的家庭的学生不能负担或不愿去承担的。因此，农村的学生在处理事件时可能更愿意进行调节而非"惹事"的方式去解决问题。除此之外，农村地区可能还保留着农业文明的气息，会怀着兼容并包的心态来面对身边的人和事，面对问题时会更多从自身寻找原因，因而其身体攻击较弱。

（七）大学生攻击性行为在父亲文化程度上的差异讨论

根据研究结果显示，易怒性在父亲学历上存在显著差异。父亲学历为小学的学生的易怒性高于父亲学历为初中的学生，而父亲学历为高中和大学的学生的易怒性最低。根据研究指出父母文化程度影响父母教养方式，产生这一结果的原因可能是父亲文化程度较低所从事的工作可能大多较为单一。使其平时在与孩子相处时对孩子的耐心没有文化程度较高的父亲的多，除此之外，文化程度较高的父亲因所接受的教育较多，在其与孩子进行沟通与交流时有更多的语言并能给孩子提供处理问题较为建设性的建议，使孩子在面对问题时能以冷静、理性的方式面对问题，而文化程度较低的父亲因自身知识储备量的不足，看到孩子有困扰却不能提供帮助，进而对孩子表现出着急和不耐烦等态度，使孩子在面对和处理问题时也表现出不耐烦和容易愤怒等情绪。

（八）大学生攻击性行为在母亲文化程度上的差异讨论

根据本研究结果显示，身体攻击在母亲文化程度上存在显著差异。母亲学历为高中和大学的学生的身体攻击大于母亲学历为初中的学生，母亲从未上过学和母亲学历为小学的学生的得分最低。产生这一结果的原因可能是母亲文化程度较低，可以选择的工作种类有限。经济水平可能不如母亲文化程度较高的家庭，而如果孩子在处理问题以暴力方式进行解决会因此而承担一定的赔偿等费用，而这将会给经济条件较差的家庭增加负担，因此，其孩子在面对问题时可能更多会以较"温和"而非攻击的方式来面对和处理。

（九）大学生攻击性行为在家庭经济情况上的差异讨论

本研究结果显示家庭经济条件好的学生的身体攻击高于家庭经济条件较差的学生。以往研究指出，非贫困大学生的内隐攻击性倾向显著大于贫困大学生。得出此研究结果的可能原因为，家庭经济情况较好的学生其社会经济地位相对较高，根据赵郝锐研究显示，经济地位较高的学生其躯体化、强化、敌对等症状上的易感性更高，而这些典型的心理症状使得他们在面对问题时可能会更多地采取如身体攻击等方式进行解决。除此之外，家庭经济条件较好的大学生因不用考虑在处理问题时采取身体攻击所产生的赔偿等问题，在处理问题时就更多以直接能较快发泄自己的不满的方式去解决

二、父母教养方式在人口学变量上差异的分析与讨论

（一）大学生父母教养方式在性别上的差异讨论

通过独立样本t检验分析可知，父母教养方式在性别上存在显著差异，具体表现为女生在父亲关怀/关爱和母亲关怀/关爱维度上得分要显著高于男生，而男生在父亲冷漠拒绝、过度保护和母亲冷漠拒绝、过度保护维度上得分却要高于女生。这可能跟中国的传统文化教育有关。一方面受男权思想的影响，男性作为社会上的主要劳动力和贡献者，对于男性的要求会比女性要高得多。而

且在中国的传统文化里面，香火延续是十分受人们重视的，男性作为家族香火的延续，受到的保护也会高于女性。同时在传统中国家庭中父亲的角色是占有权威地位的，有研究表明，同性之间比异性之间更容易产生矛盾，父母偏爱异性子女（帅煜朦，2014）。另一方面，父母都望子成龙，希望儿子能够有出息，所以对男孩子的要求也比对女孩子要高。

（二）大学生父母教养方式在年级上的差异讨论

通过单因素方差分析可知，大学生父母教养方式在年级上存在显著差异，具体表现为：大一、大二学生在父亲关怀/关爱方面要高于大三、大四学生；大三、大四学生在父亲冷漠拒绝方面要高于大一、大二学生；大三、大四学生在父亲过度保护和母亲过度保护维度上的得分要高于大二学生；大一、大二、大三学生在父亲自主性、母亲关怀/关爱和母亲自主性方面都要高于大四学生；大三学生在母亲冷漠拒绝维度上的得分要高于大一、大二学生。

这说明大一学生更多的是感受到了父母的关怀关爱，而大三、大四学生更多的是感受到父母的冷漠拒绝和过度保护。原因可能是大一新生来大学求学都是第一次离开自己熟悉的家庭环境，离开自己的父母，所有的种种问题，如与同学的交往，适应学校的环境等。在孩子社会阅历和社交经验比较缺乏的情况下，父母的关怀问候会显得尤为重要（董天琪，2017）。而大三是大学四年的关键期，各种专业课、各种资格证都接踵而来，这也会导致父母对他们各种关心，也会让孩子觉得父母对自己过度保护了。大四学生即将毕业离校，大学四年参加了很多的活动，和同学的交往也已经很深了，并且完全适应了大学生活，相比之下，父母就没有那么多的关注了，但大四期间一般都会经历实习求职，父母在就业问题上如果过于关心，特别是没有尊重孩子自己选择的情况下，关心不但不会让大四学生体会到父母的关怀关爱，反而会转化为大四生的压力，还有可能会被误解为是对自己能力的不认可和选择的拒绝、否认，以及觉得父母对自己的人生过度干涉而反感。

（三）大学生父母教养方式在是否独生子女上的差异讨论

通过独立样本t检验分析可知，在母亲过度保护方面，独生子女要显著高于非独生子女。首先，这可能跟父母陪伴孩子的时间精力有关，独生子女家庭父母对孩子陪伴时间和精力都要比非独生子女家庭多，也正是因为这样，所以独生子女家庭的孩子在平常生活中会受到母亲很多的干涉和保护（帅煜朦，2014）。其次，在父母平时的教育中，大多数母亲都扮演的是"慈母"，且女性的性格相较于男性来说较温柔，所以对孩子的教育都采取怀柔政策，这也会导致母亲对孩子过度保护。最后，这可能也跟"失独"现象有关，所谓养儿防老，父母害怕孩子出现什么意外而孤独。所以也会导致对孩子过度保护，特别是母亲。

（四）大学生父母教养方式在是否有留守经历上的差异讨论

通过独立样本 t 检验分析可知，大学生父母教养方式在是否有留守经历上存在显著差异。具体表现为：没有留守经历的大学生在父亲关怀/关爱和母亲关怀/关爱方面要高于有留守经历的大学生；有留守经历的大学生在父亲冷漠拒绝和母亲冷漠拒绝方面要高于没有留守经历的大学生。这也就说明，没有留守经历的大学生感受到父母更多的关怀关爱，而有过留守经历的大学生感受到父母更多的冷漠拒绝。这可能跟家庭经济状况和父母的陪伴时间有关。孩子之所以留守，大多是因为家庭经济状况不好，父母外出打工才能养活家。一旦父母外出打工，少则半年多则几年才能见到孩子，这样的相聚时间会让孩子对父母产生距离，逐渐变得疏远，反而会让孩子觉得父母对自己很冷漠，而自己对父母来说也不重要，就会导致孩子越发感受不到父母的温暖和关爱。而没有留守经历的孩子，父母会有更多的时间去陪伴他们，不管他们发生什么事情，父母都会第一时间赶到他们身边，给他们足够的安全感、温暖和爱。

三、大学生积极情绪体验人口学变量上差异的分析与讨论

（一）大学生积极情绪在性别上的差异讨论

大学生积极情绪的平均分为63.35，从五等级计分制的标准来看，大学生的积极情绪处于中等偏下的水平。且大学生的积极情绪在性别上没有存在显著性差异，这与谭余芬等人的研究结果一致。其原因可能是由于大学生进入大学以后脱离对父母、老师的依赖，需要靠自己解决生活、学习上的各种问题，独自承受学业、就业以及生活上的压力等，也随着大学生人数越来越多，就业压

力的提高导致他们的积极情绪体验水平都不高。每位大学生都会面临学业及就业上的这些问题，因而不存在差异性显著。

（二）大学生积极情绪在年级上的差异讨论

大学生积极情绪体验总分在年级上的存在差异性显著，事后检验发现大一学生积极情绪体验显著高于大三学生，这可能是由于大一学生刚进入大学校门对大学生活充满希望与憧憬，对新环境满怀期待；而大三学生面临着各种考证的压力，且对自己未来是选择就业还是继续深造将存在双趋冲突带来的压力。因此大一的学生情绪体验显著高于大三的学生。

（三）大学生积极情绪在是否有留守经历上的差异讨论

在以往研究中，没有发现对大学生积极情绪在是否有留守经历上的差异分析，贵州地区由于经济相对落后，留守儿童较多，对其研究具有现实意义，但研究发现积极情绪在是否有留守经历上没有差异性显著。随着人们的生活水平逐渐提高，常年出门在外的父母会时不时抽时间回家来看望孩子、陪伴孩子。对于孩子来说，父母该给的爱和关心没有缺少，父母传递的爱和关心给孩子带来的积极的情绪体验也没有减少，这与父母在身边的孩子的情绪体验并没有差异。

（四）大学生积极情绪在是否为独生子女上的差异讨论

前人对积极情绪在是否为独生子女上的差异分析几乎没有，在20世纪末我国出台的一孩政策，大部分干部家庭的子女都为独生子女，本书从积极情绪角度对是否为独生子女进行研究，发现积极情绪体验总分在是否为独生子女上有较低显著差异，造成低显著差异的结果可能是由于数据个案分布不均匀所导致，而独生子女的积极情绪低于非独生子女，可能是独生子女家庭的孩子，没有兄弟姐妹与其沟通，使其形成较为不善于表达自己内心想法、以自我为中心，从而积极情绪体验不高的结果。

四、大学生人际关系在人口学变量上差异的讨论

（一）大学生人际关系在性别上的差异讨论

大学生人际关系在性别上的差异表现为，在同学人际关系上女生的得分高于男生，女生与同学的相处模式好于男生，在处理与同学之间的关系时表现得优于男生。这得益于女生的性格特点相对于男生而言更加细腻、敏感，能更敏锐地觉察身边同学的情绪变化。在与身边同学交往时，性格上相对于大部分男生的针锋相对而言也更加含蓄，因此，也更容易得到身边同学的好感。其次，这也与女生在言语表达上的优势有关。根据史密斯（Smith）的研究，男女两性在语言方面存在差异，女生的大脑中处理有关语言的普通神经细胞比男生的多15%~20%。

此外，女生在虚拟人际关系上的得分也高于男生，说明女生具有较为良好的虚拟人际关系。这与以往研究所得到的虚拟人际关系在性别上的差异不一致。虚拟人际关系是以网络为模式发展起来的，通过虚拟的交流空间和平台，与陌生人在人际交往和人际互动中建立、形成的关系。本研究所提及的虚拟人际关系主要针对陌生人。而女生的自我表露程度相对于男生更高，这导致女生在和陌生人进行网上交流时会进行更多的沟通，使得女生的虚拟人际关系较好。

（二）大学生人际关系在年级上的差异讨论

大学生人际关系在年级上的差异表现为，同学人际关系和现实人际关系都显示出大一年级和大二年级学生的人际关系好于大三、大四年级，这与以往的人际关系的研究结果有相似之处。大一年级作为同龄人中的佼佼者，带着美好的理想和憧憬，从高中迈入大学，因为对环境不熟悉，会对环境中的人和事都展现出更多的友善，也更愿意和周围的同学构建和谐的关系；而且大一阶段也是一些非正式群体形成前的准备时期，新生往往会通过试探性的交往来寻找与自己趣缘、地缘相同的同伴，因此有较多的人际交往意向和行动。根据前人的研究（赵崇莲，郑涌，2009），大三、大四学生比大二、大一学生存在更多影响人际关系的消极主观因素。大三年级和大四年级是整个大学期间心理问题发生率较高的时期，来自学业、就业等方面的压力使得他们产生浮躁、抑郁、厌烦、易怒等心理问题。而这些问题进一步导致了大三、大四年级学生人际关系的失

衡，使得大三年级和大四年级的现实人际关系和同学人际关系相对较差。

（三）大学生人际关系在是否有留守经历上的差异讨论

大学生同学人际关系在是否有留守经历上存在显著差异，没有留守经历的学生的人际关系要好于有过留守经历的学生。这与以往研究有相同之处。有研究者对正处于青年期且有过留守经历的大学生的心理特点进行分析后发现（张莉华，2006），有过留守经历的大学生相比于没有过留守经历的大学生而言有以下心理特点：自我评价低、情绪低落，在人际交往方面有退缩的表现且心理发展不平衡。从发展心理学的角度来看，有过留守经历的大学生在成长发育的关键时期，父母由于生活经济压力等原因不在身边，他们无法在形成积极正确的价值观或思想认识上得到父母的教导和帮助。此外，有过留守经历的大学生因为隔代抚养等原因，使得他们在成长过程中会比没有留守经历的大学生缺少来自父母情感上所给予的关怀和疼爱，容易产生对世界对生活的偏离，从而在心理上出现消极的影响。尤其是他们上大学之后，虽然学校所提供的教学环境和住所等方面并无差异，但他们经历了与以往生活不同的变化，在学习和生活上难免会出现不适应的情况。这些困扰使得他们在与同学相处的过程中难免会出现困难。

（四）大学生人际关系在是否是独生子女上的差异讨论

本研究结果显示大学生人际关系在是否是独生子女上不存在显著差异。本研究结果与以往研究结论有所不同。20世纪80年代一孩政策的实施，我国独生子女的家庭也越来越多。根据李婧的研究（2015），独生子女在稳定性、敢为性等方面更高于非独生子女，且独生子女从小在教育机会、所受关爱程度上都比非独生子女要优越，因此即使在家中无同辈的陪伴，在与学校的学生或别的人进行交往时也不会胆怯或不知所措。一方面，随着年轻父母教育观念的进步，对独生子女的教育也越发合理化以及我国教育质量的提升，独生子女虽然没有兄弟姐妹的陪伴，但在学习中参加集体活动的机会十分丰富。成长环境的变化使得他们的人际关系与非独生子女的人际关系并无不同。

（五）大学生人际关系在所学专业上的差异讨论

本研究结果显示，同学人际关系和虚拟人际关系在所学专业上有显著差异。文科专业和医学专业学生人际关系、虚拟人际关系好于理科专业的学生。产生这一研究结果的原因可能为文科专业的学生较其他专业的在性格上更细腻、敏感。在处理事件时更多以感性的思维来对其进行判断，也更加多愁善感，而这样的性格使他们在与别人进行相处时能更多地站在对方的位置上进行考虑，也可以给他们带来更多的朋友。此外，根据李晓宁的研究发现（2017），文科类和医学类的大学生的共情能力较强，而理科类大学生的共情能力较低。当个人将他人的痛苦当作自己的痛苦时，能更好地与他人进行交流和沟通，这也在一定程度上使得文科类学生的人际关系好于理科类的学生。理科班大学生在交际方面存在一些困扰，他们不擅长社交，不能积极主动地与他人进行交往，更有甚者不能和外界进行沟通，常担心自己的表现不能给他人留下好的印象，使得在交往过程中显得极其不自然，而这些差异造成不同专业大学生在人际关系上存在显著差异。

（六）大学生人际关系在生源地上的差异讨论

根据本研究结果显示，大学生师生人际关系在生源地上存在显著差异。乡镇学生的师生人际关系要好于城市和农村学生的师生人际关系。得出这一结果的原因可能为来自城市的学生与老师有更早、更多的接触机会，除了从小与幼儿园等的老师进行接触之外还会上补习班等，而与老师过多地进行接触使得其对老师的崇拜感等有所下降，对老师也会越发表现得更为冷漠。而来自农村的情况则与城市的相反，农村因教育条件等的欠缺，上幼儿园的机会与城市相差甚远，而且因教学环境的欠缺，平时也很少有与老师进行沟通的机会，更不会有去补习班接触更多老师的机会，在这样的环境中导致来自农村的学生即使在上大学之后想与老师进行沟通也不知道从何入手，感到不知所措，使得其与老师的关系也不是很理想。来自乡镇的学生的情况则处于中间情况，既有较好的教育条件与老师进行适当的沟通交流，也不会对老师厌恶，使其的师生人际关系好于农村和城市的学生。

（七）大学生人际关系在父亲文化程度上的差异讨论

根据本研究结果显示，大学生虚拟人际关系在父亲文化程度上存在显著差异。在虚拟人际关系方面，父亲从未上过学的学生要好于父亲学历为小学、初中、高中和大学的学生。产生这一结果的原因一方面可能是源于父亲的文化程度较低，所从事的工作选择有限，使得其经济水平不如文化程度较高的，便会从自身的角度出发，在对子女从小的教育中可能秉承谦虚，向他人学习，多多听取他人的意见等心态，研究结果表明家庭较为贫困的大学生对父母持更加积极的内隐态度，会更加认同和理解父母，因而其子女在网上进行虚拟的人际关系时言语会更加的和谐、友善。另一方面可能是因网络条件等原因的限制，对虚拟人际关系的接触不及父母文化程度较高的孩子，因较少的接触使父亲文化程度较低的孩子在进行虚拟人际关系交往时因不熟悉而更加谨慎和友好。

（八）大学生人际关系在母亲文化程度上的差异讨论

根据本研究结果显示，大学生虚拟人际关系在母亲文化程度上存在显著差异。在虚拟人际关系上，母亲从未上过学、母亲学历为小学和初中的学生的好于母亲学历为高中和大学的学生。母亲对自己的生活有将近一半的影响。文化程度较低的母亲对子女进行教育时所持理念更多的也是"谦虚谨慎，善于倾听他人意见"等角度来分析和看待问题。其子女在人际交往中也会更加友善和谐。

（九）大学生人际关系在家庭经济情况上的差异讨论

根据本研究结果显示，大学生同学人际关系以及虚拟人际关系在家庭经济情况上存在显著差异。家庭经济情况为一般、较差和很差的学生在同学人际关系上好于家庭经济情况为很好和较好的学生；在虚拟人际关系上，家庭经济情况为一般和较差的学生好于家庭经济情况为较好的学生。得出此研究结果的可能原因为家庭经济条件较好的学生可能更早地接触如电脑、手机等电子产品。对虚拟人际关系的交往也较早，从而对虚拟人际关系的态度可能更冷漠、淡然。而家庭经济条件较差的学生在上大学之前可能较少接触到电脑之类的电子产品，在通过电子产品与陌生人进行人际交往时能有更多的耐心和热情。除此之外，家庭经济条件较好的学生的现实业余生活可能更加多样化，因此通过电子产品与陌生人进行交往的可能性较少。而家庭经济条件较差的学生因资源有限，在现实生活中获得的资源也有限，可能会更多地选择在网络上进行交流，因此在与他人进行沟通时会更加友善。

五、大学生攻击性行为与人际关系、父母教养方式、积极情绪体验的关系讨论

（一）大学生人际关系与攻击性行为的关系讨论

综合大学生人际关系与攻击性行为的相关分析可以看出，大学生人际关系的各个维度对攻击性行为有着不同程度的影响，大学生人际关系总分及各个维度与攻击性行为均存在显著的负相关。说明大学生人际关系越好其攻击性越低，反之，则可能越高，即大学生与老师、同学等之间的关系是攻击性行为发生的重要影响因素，这与以往研究所得结果有相同之处。攻击性行为是指经常性地有意伤害和挑衅他人的行为。根据美国心理学家多拉德（Dollard）等人的挫折—侵犯假设的观点，攻击性行为与挫折之间存在一定的关系，并且挫折直接导致攻击行为。而大学生的人际关系与挫折承受存在一定的相关性，即大学生人际关系越好，承受挫折能力越强。根据赵兰等（2011）的研究结果，社会支持对攻击性行为具有显著的预测作用，外界对青少年所提供的主观支持越多，其攻击性越少。人际关系在一定程度上能减少攻击性行为。当个体在生活中遇到挫折时，良好的人际关系能加强个体承受挫折的能力，从而减少或避免了个体的攻击性行为。根据大学生人际关系对攻击性行为的回归分析结果可以得出，大学生人际关系在一定程度上能负向预测攻击性行为，大学生人际关系越好，其攻击性行为越少。

（二）大学生攻击性与父母教养方式的关系讨论

在本研究中，父母教养方式对大学生攻击性行为有显著影响。其中父亲冷漠拒绝、母亲过度保护对大学生攻击性有显著的正向预测作用。以往的研究也表明父母教养方式与个体人际交往能力有显著相关。正所谓"望子成龙""望女成凤"，大多数家长都希望自己的子女能出人头地，有所作为，所以对自己

孩子的教育也格外严格。但也恰恰是因为父母的教养方式过于严厉，甚至是冷漠，才会导致孩子在人际交往中出现强势、冷淡等行为。当然还有一部分家长对孩子太溺爱，生怕孩子在外受到欺负而对其过度保护，导致孩子缺乏为人处世的能力，在人际交往中容易给人一种"不好相处"的感觉。

总之，父母的关怀关爱能够促使个体在人际交往中获得更好的友谊，体会到更多的关怀与爱，从而使个体变得更加自信、坚强和友善。反之，父亲冷漠拒绝和母亲过度保护则会阻碍大学生人际交往的发展，从而导致冷暴力的产生。

（三）大学生攻击性与积极情绪体验的关系讨论

相关分析结果显示，大学生积极情绪体验显著具有负向预测攻击性。大学生的积极情绪体验越高，正向面对突发问题和挫折的心理承受能力或体验能够增强，尤其是在人际冲突情境时，经常体验到积极情绪的大学生，在此种情境下会以积极的心态和积极的行动处理实际问题，他们会以积极的态度去面对人际关系冲突，而不是以攻击性的方式来应对，这会对攻击性行为有很大的缓解。

第六节　对策与建议

一、构建大学生和谐人际关系

构建大学生和谐的人际关系对改善攻击性行为至关重要。攻击性行为可能会破坏个体之间的互相尊重、理解和合作，因此，培养和谐的人际关系可以降低攻击性行为的发生。

建立文化和价值观。学校可以积极塑造文化和价值观，以鼓励互相尊重和和平解决冲突。这需要长期的文化建设，包括教育活动、媒体宣传和社会参与。通过强调互相尊重和谐的人际关系，学校可以帮助学生建立更加积极的人际关系。提倡互相尊重，互相尊重是建立和谐人际关系的基础。学校应该提倡互相尊重的文化，包括教育学生如何尊重他人的观点、文化、和背景。互相尊重是减少攻击性行为的有效途径。

提供冲突解决技能和冲突中介服务。学校可以提供冲突解决技能的培训，帮助学生学会以积极的方式解决问题。这包括倾听技巧、沟通技能，以及如何妥善处理分歧。学生具备这些技能后，更容易以非攻击性的方式处理冲突。培养同理心是冲突解决技能的重要要素。同理心是理解他人情感和需求的关键，通过心理教育、文学作品、和社交活动来培养学生的同理心。当学生能够感受到他人的情感，他们更有可能避免伤害他人。学校可以提供冲突中介服务，帮助学生解决冲突。冲突中介人通常是受过培训的专业人员，可以帮助学生找到解决问题的方法，避免采用攻击性手段。

鼓励开放和建设性的沟通和积极合作。学校可以鼓励学生进行开放和建设性的沟通，包括鼓励学生表达他们的需求和担忧，以及鼓励他们寻求帮助。开放的沟通有助于防止冲突升级为攻击性行为。学校可以鼓励学生进行积极合作，促进团队合作和集体决策。合作的经验可以培养学生的合作能力，减少攻击性行为的发生。

建立支持网络。学校可以建立支持网络，让学生有地方分享他们的感受和担忧。这可以是学生社团、心理健康小组，或由学校工作人员管理的支持平台。这样的网络可以帮助学生感到支持和理解，减少攻击性行为的发生。提供心理健康支持，可以提供心理健康支持，帮助学生处理情感问题、焦虑和抑郁。情感问题通常是攻击性行为的驱动因素，因此提供支持对于预防攻击性行为非常重要。

二、开设有特色的心理健康课程

开设有特色的心理健康课程是改善大学生攻击性行为的重要策略之一。心理健康课程不仅有助于学生了解自己的情感和情绪，还可以提供应对冲突和压力的技能，从而降低攻击性行为的发生。

心理健康课程重要性的体现。促进自我认知，心理健康课程可以帮助学生更好地了解自己的情感和情绪。学生可以学会识别情感，如愤怒、焦虑、和沮丧，并理解这些情感是如何影响他们的行为的，这种自我认知是减少攻击性行为的关键。提供冲突解决技能，心理健康课程通常包括冲突解决技能的培训。学生可以学会如何以积极的方式处理冲突，而不是采用攻击性的方式，这包括倾听技巧、沟通技能、和解决问题的策略。提高情感管理能力，情感管理是预防攻击性行为的关键。心理健康课程可以教导学生如何管理情感，包括愤怒、沮丧和焦虑。学生可以学会通过积极的方式表达情感，而不是采取攻击性的行为。提供支持和庇护，心理健康课程还可以提供支持和庇护，确保学生有安全的环境，可以分享他们的感受和担忧。学生可以在课程中找到支持，并学会如何寻求帮助。

　　开设有特色的心理健康课程的策略。综合课程内容，心理健康课程应该综合多个领域的内容，包括情感管理、冲突解决、自我认知和应对压力。这可以帮助学生全面发展心理健康技能，降低攻击性行为的风险。制定课程目标，心理健康课程应该明确制定课程目标，以便学生知道他们将学到什么，这些目标可以包括提高自我认知、提高情感管理能力和提高冲突解决技能。提供实际案例和示例：课程可以通过提供实际案例和示例，帮助学生更好地学会心理健康原则的应用，这些案例可以让学生看到不同情境下如何应用所学的技能，从而更容易将其运用到日常生活中。鼓励互动和讨论，心理健康课程应该鼓励学生互动和讨论。学生可以分享他们的经验和观点，与同学讨论解决问题的方法，这有助于建立支持系统，减轻情感孤立感，从而减少攻击性行为的可能性。组织实践活动，课程还可以组织实践活动，让学生有机会应用所学的技能，这可以包括角色扮演练习、模拟冲突解决案例和情感管理练习。通过实际练习，学生可以更好地掌握这些技能，并在需要时运用它们。提供资源和支持，课程可以提供心理健康资源和支持，让学生知道他们可以在需要时寻求帮助，这包括指导学生去哪里寻求心理健康支持，如心理咨询和支持热线。评估学生的进展，课程应该定期评估学生的进展，以确保他们正在积极参与，并掌握了必要的技能，这可以通过测验、作业和参与度来完成。评估可以帮助学生了解自己的强项和需要改进的领域。

三、营造和谐家庭氛围

　　营造和谐家庭氛围是改善大学生攻击性行为的重要策略之一。家庭是一个人性格和价值观的关键塑造因素，以及心理健康的基石。在和谐的家庭环境中成长的大学生更有可能展现出积极的社交行为，而在冲突和紧张充斥的家庭中成长的大学生更容易表现出攻击性行为。

家庭是性格和行为的原点。家庭是大学生性格和行为的原点，因此，家庭氛围对大学生的攻击性行为会产生深远的影响。在和谐、支持和爱的家庭环境中成长的大学生更有可能展现出积极的社交行为，而在冲突和紧张的家庭中成长的大学生更容易表现出攻击性行为。

家庭是情感调节的基础。家庭是大学生情感调节的基础。在家庭中，大学生学习如何处理情感、解决冲突以及与他人相处。家庭氛围可以塑造他们的情感表达方式，因此，和谐的家庭氛围对于情感健康至关重要。

家庭是价值观的传递渠道。家庭是价值观和道德观念的主要传递渠道。大学生在家庭中获得了对互相尊重、和谐相处、和平解决冲突等价值观的教育。这些价值观直接影响他们的社交行为和对攻击性行为的态度。

家庭在改善大学生攻击性行为的策略有以下几种。

培养家庭沟通技巧解决冲突。家庭氛围中的有效沟通是减少攻击性行为的关键。家庭成员应该学会如何倾听、表达自己的需求，以及如何解决冲突。沟通技巧的培训可以帮助家庭成员更好地相互理解，减少紧张情绪的产生。家庭成员应该积极解决冲突，而不是通过攻击性的方式表达不满。解决冲突需要倾听对方的观点、表达自己的需求，并寻求共同的解决方案，这种积极的冲突解决方式可以教导大学生如何处理冲突，从而减少攻击性行为的发生。

家庭成员应该提供情感支持，让大学生感到被理解和关爱。情感支持可以帮助大学生处理负面情感，减轻压力，从而减少攻击性行为的发生。家庭成员应该表达关切和爱意，鼓励大学生分享他们的情感。家庭成员应该提供支持和庇护，确保大学生有安全的环境，可以分享他们的感受和担忧，这有助于受到攻击性行为伤害的大学生从创伤中恢复。家庭合作是建立和谐家庭氛围的关键。家庭成员可以一起参与家务事务、计划活动，以及解决问题，合作可以培养团队精神和互相尊重，减少攻击性行为的可能性。

建立家庭规则和纪律。家庭中的规则和纪律有助于塑造正面的行为。家庭成员应该共同制定明确的规则，包括对攻击性行为的零容忍政策。规则的制定和执行应当公平一致，以确保家庭成员都受到平等对待。家庭成员可以一起参与心理健康教育和意识活动，这包括参与讲座、阅读心理健康书籍、一起观看心理健康相关的节目，这有助于提高家庭成员对心理健康问题的了解，以及如

何预防和应对攻击性行为。因此家长和其他成年家庭成员应该展现出积极的社
交行为，如互相尊重、理解和支持，这将对大学生的价值观和行为产生深远的
影响。

第四章

大学生攻击性与孤独感、焦虑、羞怯的关系

第一节 概述

一、大学生攻击性与孤独感的关系概述

孤独是指当个体对人际关系的实际期望和感知期望之间存在差异时产生的一种复杂的心理体验（菲茨、塞比和兹洛科维奇，即 Fitts, Sebby, & Zlokovich, 2009）。孤独被认为是一种主观的、不愉快的、情感上痛苦的经历，发生在个体的所有发展阶段。研究人员强调，像大学生一样，刚成年的人正处于孤独普遍存在的特别关键的阶段（弗里杰里，即 Friggieri, 2008）。对许多大学生来说，与家人和朋友的身体分离会使他们难以过渡到大学。如果建立新关系的愿望没有实现，这可能会引发孤独感。孤独会增加身体和心理健康问题的风险，包括抑郁、酗酒、心血管问题，甚至自杀的想法（弗里杰里，即 Friggieri, 2008）。长时间的孤独感会导致学习成绩下降，压力增加，生活质量下降（海因里希和古隆，即 Heinrich & Gullone, 2006）。

攻击性是人类的一种行为，在一些危险的情况下可能作为一种保护因素，而在其他情况下（如社会条件）可能起有害的作用。有证据表明，有强烈孤独感的人更有可能伴有脾气暴躁和行为有攻击性（帕夫里，即 Pavri, 2015；特温格 等, 2001）。研究表明，攻击性和孤独感有密切关系（特温格等, 2001）。攻击性带来的同伴关系损害阻碍了社会关系的发展，增加了孤独的风险。

二、大学生攻击性与羞怯的关系概述

害羞被定义为在社交场合中退缩和感到尴尬的一般倾向（奇克和巴斯，1981）。虽然在社交场合感到害羞是正常的，但在社交环境中过度害羞可能是不适应的，并会影响个人生活的各个领域，包括社交参与和成就的感知（科伊德米尔和德米尔，2008；皮科尔 等，2017）。之前的研究支持害羞和孤独之间的联系（菲茨 等，2009）。例如，害羞可能导致个人发起社会活动的动机水平较低，并导致孤立（阿伦 等，2005；杰克逊 等，2002）。此外，害羞的人倾向于用消极的方式评价自己和他人，这阻碍了他们参与社会活动（赵 等，2012）。

害羞和攻击性之间的关系有些不一致。害羞还表明攻击行为的频率较低，尤其是在中国传统文化背景下。害羞、敏感和克制的行为通常被认为是社会成就和成熟的标志，而在其他西方文化中，这些行为会被视为缺乏自信。然而，随着这些年中国社会环境的巨大变化，传统社会背景下的害羞可能受到了挑战。此前的研究发现，当前中国的年轻一代表现出更多的特征，如果断、自信和独立，这表明这一群体排除了害羞（达乙与夏，2019）。这种转变可能在它与侵略的关系中起作用。陈 等（2005）的大规模队列研究结果表明，随着中国社会的转型，害羞与攻击性在最年轻的队列中显著相关，而在较年长的队列中不显著相关，这反映了当代人对害羞的看法发生了转变。最近的研究还发现，在中国的留守儿童和青少年（高 等，2016）以及大学生中，害羞与攻击性呈正相关（韩等，2016）。

三、大学生攻击性与焦虑的关系概述

焦虑可以解释为对厌恶情境的情绪预期，反映为个体特质焦虑对压力和威胁刺激的物种特异性行为产生恐惧反应。此外，除了决定先天（特质）焦虑的因素外，一些环境或药理因素可能与遗传背景相互作用，并决定个体状态焦虑的水平和最终的行为表现。情绪是一个有机体评估压力刺激和情景，并充分应对它们的能力的主要组成部分之一。尽管足够程度的特质焦虑和随后的恐惧反应对个体是有益的，但夸张和不受控制的焦虑和恐惧形式都是不适的。焦虑症状会带来同伴受害的风险（奥维尤斯，1995；西格尔 等，2009）和攻击性（瓦塔诺瓦和卢卡斯，2011；格拉尼，2014）。与焦虑症状相关的行为倾向，如社交退缩、过度敏感和过度担忧，可能是脆弱的信号，使青少年容易成为同龄人受害的目标（迪尔 等，2004）。此外，表现出这些症状的年轻人可能很少有机会发展有效的社交技能，因为焦虑倾向于抑制积极的同伴互动的机会（齐默尔－格贝克和达菲，2014）。研究表明，攻击行为和焦虑症状在儿童和青少年中高度相关（布比尔和德拉比克，2009；格拉尼克，2014）。有研究认为焦虑可能会导致攻击行为的增加。格拉尼克（2014）认为焦虑在儿童攻击性的发展中起因果作用。因此预测焦虑会导致年轻人变得高度警惕，耗尽他们抑制攻击性冲动的能力，并使他们倾向于攻击感知到的威胁。此外，关系攻击可能为焦虑的个体提供了一种避免或转移负面注意力的方法，将注意力从自己身上转移到同侪群体中的其他人（劳丹 等，2003）。然而，尽管有这一理论和初步的实证支持（瓦塔诺娃和卢卡斯，2011），很少有研究直接测试焦虑和攻击行为之间的潜在联系（格拉尼克，2014）。

四、大学生焦虑和羞怯在孤独感与攻击性的中介效应

攻击性在社会现象中常有发生，在中小学，近些年校园欺凌和暴力事件时有发生，不少关于儿童和中学生攻击性行为的研究表明（詹方方，2010；南晓薇等，2014；顾璇等，2012），校园已成为攻击性行为产生的多发场所。在高校，大学生的打架斗殴和团伙滋事事件也时有发生。攻击是一种有意伤害他人的行为或行为倾向，并且他人也想要避免这种伤害（吴晓薇等，2015）。攻击性行为有伤害意图、伤害行为、伤害后果这三个基本特征（郑全全，2002）。有调查显示大学生的攻击行为受多种因素影响，如应对策略（倪林英，2005；赵科，2009）。有关研究指出，在童年早期儿童的身体攻击较为显著，但随着年龄的增长，社会化的发展，外显攻击会被抑制，取而代之的是出现以较为隐蔽、间接方式伤害他人、损害他人良好人际的关系攻击（白冰，2014；谭雪晴，2009）。当前对于攻击的研究主要集中在儿童成长过程中的欺负行为及成年人的犯罪行为上，而对于大学生的攻击性研究相对比较薄弱（杨军，李宜萍，2014）。

有针对儿童的研究发现，消极的社会行为与孤独感有正向联系，积极的社会行为与孤独感有负向联系（孙晓军等，2009），这表明攻击性这种消极的社会行为与孤独感有一定的正向联系。也有研究表明，大学生的特质焦虑能预测攻击行为倾向（郭梅英等，2010）。特质焦虑指个体对广泛的威胁性刺激做出焦虑反应的一种相对稳定的行为倾向，也就是说状态焦虑是情境下的产物，不稳定易波动，特质焦虑是相对稳定静止的，评定的是较稳定的焦虑、紧张性人格特质。因此若焦虑一旦过高，情绪易波动，容易滋生事端进而产生攻击性行为。同时，孤独感是焦虑的主要风险因素（恩斯特 等，2021），甚至有纵向研究指出，孤独感在两年后仍可预测更严重的焦虑症状（帕拉维，2020）。

羞怯是在社交中感受到被他人评价而产生的面对他人的一种不适、焦虑、担忧或紧张等倾向（刘旺，2015）。强烈的孤独感可能会导致这种倾向性更高，也有不少研究显示，大学生孤独感与羞怯有显著正相关（孙 等，2021；王 等，2020；田丹丹等，2020；付兵红，彭礴，2020）。同时羞怯对攻击性的预测作用也得到了诸多研究的证实（高峰强等，2016；韩磊等，2016）。

挫折—攻击性假设理论从内在力量的角度来解释攻击性行为。攻击的社会学习理论认为要分析人的行为就要从能引起行为的刺激性事件方面和维持行为的强化性事件方面来进行考虑。孤独感这一内在挫折会引发刺激性的内在活动，从而激起诱发性事件发生的可能。

五、核心自我评价、抑郁在大学生生活事件与攻击性间的中介

在个体社会化过程中，攻击性是一个重要的研究课题。已有研究者认为攻击性是一种状态（多拉德，1939；布斯，1961），主要指攻击行为，但也有研究者认为攻击性是一种特质（贝奇，1991；西格勒，1995）。关于攻击性的定义目前还没有统一的说法，更多的是从行为主义的角度探讨，认为攻击性是一种有意伤害及侵犯他人的心理倾向和行为表现缺陷（休斯曼等，1994），这种故意伤害他人的身体和精神的行为是一种常见的消极行为，包括伤害意图、伤害行为和伤害后果三个特征（李维，1995；郑全全，2002），严重影响大学生的身心健康（朱丽娜，2017）。有不少调查研究发现，很大一部分大学生存在攻击行为（赵科，陈春莲，2007；倪林英，2005）。目前的研究主要从不同的角度理解攻

击行为的产生机制，如进化、个体差异、情境影响及文化限制等（理查德·格里格，2003）。根据挫折—侵犯理论，外界刺激事件会影响到人的行为，不管这个刺激事件是消极还是积极，都会对行为结果产生作用。已有研究表明，生活事件是产生攻击的重要外部因素（聂衍刚等，2012；景璐石等，2014；王月琴，王安忠，2015）。

生活事件是人们在家庭、工作、学习和社会支持体系中出现的各种刺激的总和，也就是日常所说的精神刺激（刘贤臣等，1998）。生活事件，尤其是负性事件会对个体的认知、情感和行为产生诸多不良的影响（叶艳等，2014），不仅直接影响学生身心健康，还可通过自尊、自我效能感这些中介变量影响身心健康（隋雪等，2004）。素质—应激理论认为，应激激发抑郁/焦虑素质，同时大量研究表明，生活事件尤其是负性生活事件，对青少年抑郁情绪的发展起着至关重要的作用（帕克，2001）。

核心自我评价属于较为稳定的人格特质，是指个体对自我能力和价值所持有的最基本的评价和估计（贾奇，2003）。高自我价值感理论认为攻击反应的一个主要原因是自我危机，即一种有利自我评价遭到负面的外部评价的否定，增加这类情境的频次或与此相关的影响因素均能增长攻击（刘东莉，张凡迪，2003）。已有研究表明核心自我评价可以预测攻击行为（许娟，2014）。由此可推测生活事件会影响到自我评价方式，进而可能产生攻击。

攻击的认知—新关联模型认为当遭受刺激事件时，个体的消极情绪体验会被唤起，对这种消极情绪体验的评价方式不同可能会激起不同的行为反应，比如攻击反应（伯科维茨，1989）；同时已有研究发现抑郁与攻击有显著的正相关（吴晓薇等，2015；普莱姆库马尔等，2020）。由此模型可知，情绪及认知因素在某些刺激性生活事件和攻击性之间可能起到中介作用。基于此可以推测生活事件的发生可以通过抑郁这一情绪对攻击产生影响。

威尔科夫斯基和罗宾逊提出的综合认知模型认为敌意解释、反思注意和努力控制三种认知加工过程对于探讨攻击行为的发生是非常重要的（本杰明等，2010）。根据该模型，生活事件引起认知和解释，由该评估所带来的积极体验（如积极自我评价）和消极体验（如抑郁）都对攻击行为的形成有重要影响。

第二节 调研方法

一、调研对象

采用整群抽样方法抽取贵州省3所大学（贵州财经大学、遵义医科大学、兴义民族师范学院）的647名学生进行问卷调查，以班级为单位当场发放问卷当场收回，收回有效问卷602份，有效回收率为93.7%，平均年龄为20.81±1.59。其中男生218名，女生384名；大一172名，大二182名，大三186名，大四62名；文科类170名，理科类227名，艺术类114名，医学类91名。

二、调研工具

（一）中文版Buss-Perry攻击性量表

《中文版大学生Buss-Perry攻击性量表》采用由吕路等（2013）引进Buss-Perry攻击性量表（BPAQ）修订的中文大学生版。该量表共22个项目，每个项目采用5级评分（1=非常不符合至5=非常符合），得分越高表示攻击性越强。由敌意、身体攻击、冲动、易怒性四个分量表组成。总量表的内部一致性克隆巴赫系数为0.89，4个分量表的内部一致性系数为0.73~0.85。总量表的重测信度为0.94，4个分量表的重测信度为0.75~0.80。通过统计分析，该问卷在本研究中的分半信度系数为0.720。

（二）大学生羞怯问卷

该量表由亨德森和津巴多编制王倩倩等（2009）修订的中文版大学生羞怯量表，包括寻求赞成、自责、拒绝恐惧和表达限制4个因子，共17个项目。量表采用李克特5点计分，从完全不符合到完全符合分别给予1—5分。本研究该量表的内部一致性信度为0.887。

（三）青少年生活事件量表（ASLEC）

由刘贤臣主编（1997），是适用于大学生生活事件发生频度和应激强度的评定，有27个项目可能给大学生带来心理反应的负性生活事件，可用6个因子来概括：人际关系因子、学习压力因子、受惩罚因子、丧失因子、健康适应因子、其他因子。量表包括6个选项：未发生、没有影响、轻度影响、中度影响、重度影响、极重度影响，分别记0—5分。本研究中该量表信度系数为0.916。

（四）状态–特质焦虑问卷（STAI）

该量表由施皮尔伯格等人编制并进行修订，包括状态焦虑量表和特质焦虑量表两个分量表，一共40个条目，两个分量表分别有20个条目，4级评分，得分越高，表示有程度越重的焦虑情绪体验和焦虑倾向。本研究中，状态焦虑量表的内部一致性系数为0.828，特质焦虑量表的内部一致性系数为0.783。

（五）孤独感量表（UCLA）

该量表由拉塞尔（Russell）等编制王登峰修订（1995），为一维的测量个体一般的孤独感的量表，是目前使用得比较多的孤独感量表，含有20个自评项目，4级计分，得分越高表明孤独感越强烈，同时量表有良好的信度、聚合与区分效度。本研究中该量表信度系数为0.831。

（六）抑郁自评量表（Self–Rating Depression Scale，SDS）

由尊（Zung）编制，是测量个体抑郁情绪的使用得比较广泛的量表。量表包括20个条目，4级评分，得分越高，抑郁情绪越严重，标准分＞53分，表明个体存在抑郁情绪。本研究该量表的内部一致性信度为0.853。

（七）核心自我评价量表（Core Self–evaluation Scale，CSS）

该量表为单维结构，共10个项目，采用1（完全不符合）—5（完全符合）计分，总分越高，核心自我评价水平越高。该量表的内部一致性α系数是0.83，分半信度是0.84。本研究中该量表的内部一致性α系数是0.817。

三、数据处理

以班级为单位进行集体施测，由心理学专业人员发放和回收问卷，完成数据收集。统计分析主要运用SPSS18.0和AMOS18.0，采用t检验、相关分析和回归分析对数据进行检验，检验水准为α=0.05；同时采用SPSS PROCESS对中介作用进行验证。同时运用共同方法偏差检验，根据波德萨科夫（Podsakoff）的建议，本研究进行了哈曼单因子检验（Harman's One-factor Test），即同时对所有变量的项目进行未旋转的主成分因素分析。未旋转的主成分因素分析结果表明，共有25个因子的特征根值大于1，而且第一个因子解释的变异量只有16.518%，小于40%的临界标准，说明本研究不存在明显的共同方法偏差。

第三节　调研结果

一、大学生孤独感在人口学变量的差异分析

（一）大学生孤独感在性别上的差异

以性别为自变量，孤独感为因变量进行独立样本t检验，结果如表3-1所示。

表3-1　孤独感在性别上的差异分析

	性别	N	M	SD	t	p
孤独感	男	218	42.29	8.37	-2.893	0.004
	女	388	44.19	7.37		

由表3-1可知，男生和女生在孤独感上有显著差异（P<0.05）。女生的孤独感高于男生。

（二）大学生孤独感在年级上的差异

以年级为自变量、孤独感为因变量进行方差分析，结果如表3-2所示。

表3-2　孤独感在年级上的差异分析

	年级	N	M	SD	F	P	LSD
孤独感	大一	172	43.30	7.79	0.232	0.874	
	大二	182	43.31	7.91			
	大三	190	43.67	7.90			
	大四	62	44.11	7.24			

由表3-2可知，大一、大二、大三、大四学生在孤独感上无显著差异（P>0.05）。

（三）大学生孤独感在专业上的差异

以专业为自变量、孤独感为因变量进行方差分析，结果如表3-3所示。

表3-3　孤独感在专业上的差异分析

	专业	N	M	SD	F	P	LSD
孤独感	文科类	170	44.45	7.88	2.056	0.105	1>2
	理科类	231	42.86	7.52			
	艺术类	114	44.13	7.54			
	医学类	91	42.57	8.45			

由表3-3可知，文科、理科、艺术、医学类学生在孤独感上无显著差异（P>0.05）。其中，文科类学生的孤独感与理科类学生的有显著差异。

（四）大学生孤独感在家庭所在地上的差异

以家庭所在地为自变量、孤独感为因变量进行方差分析，结果如表3-4所示。

表3-4　孤独感在家庭所在地上的差异分析

	家庭所在地	N	M	SD	F	P	LSD
孤独感	城市	64	40.55	7.64	3.477	0.016	3, 4>1
	城郊	27	43.93	9.27			
	乡镇	99	43.88	7.74			
	农村	416	43.84	7.66			

由表3-4可知，大学生家庭所在地在孤独感上差异显著（p<0.05）。乡镇、乡村的大学生的孤独感与城市学生有显著差异。具体的趋势分布图如图3-1所示。

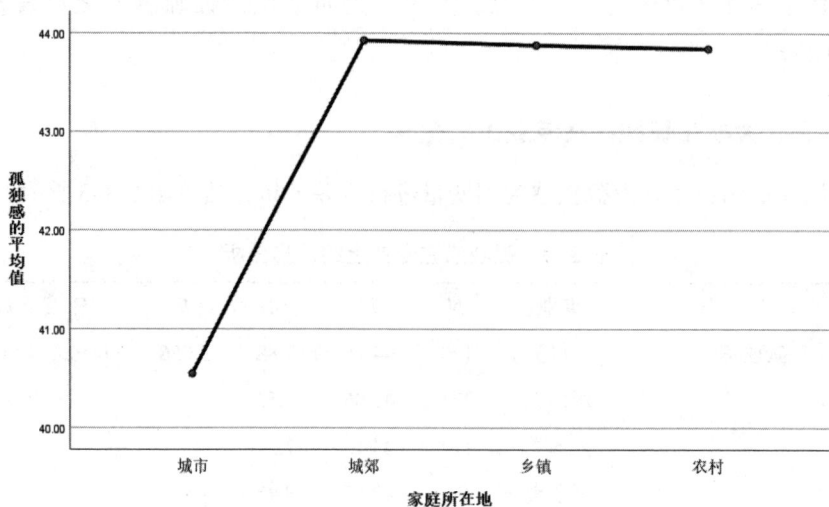

图3-1 大学生孤独感在家庭所在地上的趋势分布图

（五）大学生孤独感在是否独生子女上的差异

以是否独生子女为自变量、孤独感为因变量进行独立样本T检验，结果如表3-5所示。

表3-5 孤独感在是否独生子女上的差异分析

	是否独生子女	N	M	SD	t	p
孤独感	是	53	41.57	8.28	-1.899	0.058
	否	553	43.69	7.73		

由表3-5可知，大学生是否是独生子女在孤独感上差异不显著（p>0.05）。是独生子女大学生的孤独感低于非独生子女。

（六）大学生孤独感在成绩上的差异

以成绩为自变量、孤独感为因变量进行方差分析，结果如表3-6所示。

表3-6 孤独感在成绩上的差异分析

	成绩	N	M	SD	F	P	LSD
孤独感	上游	29	43.17	7.99	1.747	0.138	3>2

续表

成绩	N	M	SD	F	P	LSD
中上游	138	42.07	8.02			
中游	317	44.02	7.68			
中下游	75	43.43	7.02			
下游	47	44.55	8.67			

由表3-6可知，大学生成绩在孤独感上差异不显著（p>0.05）。成绩处于中上游的学生的孤独感与成绩处于中游的学生有显著差异。

（七）大学生孤独感在月生活上的差异

以月生活费自变量，孤独感为因变量进行方差分析，结果如表3-7所示。

表3-7 孤独感在月生活费上的差异分析

	月生活费	N	M	SD	F	P	LSD
孤独感	300以下	45	43.51	8.05	2.149	0.073	2>4
	300~500	158	44.72	8.18			
	500~800	220	43.66	7.71			
	800~1000	146	42.31	7.14			
	1000以上	37	42.11	8.25			

由表3-7可知，大学生的月生活费孤独感上差异不显著（p>0.05）。月生活费在300~500的大学生的孤独感和月生活费800~1000的大学生的孤独感有显著差异。

（八）大学生孤独感在父母工作情况上的差异

以父母工作情况为自变量，孤独感为因变量进行方差分析，结果如表3-8所示。

表3-8 孤独感在父母工作情况上的差异分析

	父母工作情况	N	M	SD	F	P	LSD
孤独感	父母都在家工作或务农	419	43.32	7.70	0.394	0.758	
	父母双方在外打工或经商	125	44.18	7.95			

续表

父母工作情况	N	M	SD	F	P	LSD
父母外出打工或经商	45	43.40	8.20			
母亲外出打工或经商	17	43.47	8.35			

由表3-8可知，大学生父母工作情况在孤独感上差异不显著（p>0.05）。

（九）大学生孤独感在是否恋爱上的差异

以是否恋爱为自变量、孤独感为因变量进行独立样本T检验，结果如表3-9所示。

表3-9　孤独感在是否恋爱上的差异分析

	是否恋爱	N	M	SD	t	p
孤独感	是	234	43.73	7.68	0.559	0.576
	否	372	43.36	7.87		

由表3-9可知，大学生是否恋爱在孤独感上差异不显著（p>0.05）。谈恋爱的大学生的孤独感高于未谈恋爱的大学生。

（十）大学生孤独感在学习气氛上的差异

以学习气氛为自变量、孤独感为因变量进行方差分析，结果如表3-10所示。

表3-10　孤独感在学习气氛上的差异分析

	学习气氛	N	M	SD	F	P	LSD
孤独感	很好	28	39.39	9.34	7.421	0.000	3, 4, 5>1, 2;
	较好	98	40.79	7.74			
	一般	339	43.88	7.58			
	较差	96	45.03	7.21			
	很差	45	45.91	7.53			

由表3-10可知，大学生学习气氛在孤独感上差异显著（p<0.05）。学习气氛一般、较差、很差的学生的孤独感与学习气氛较好、很好的学生的孤独感之间存在显著差异。具体的趋势分布图如图3-2所示。

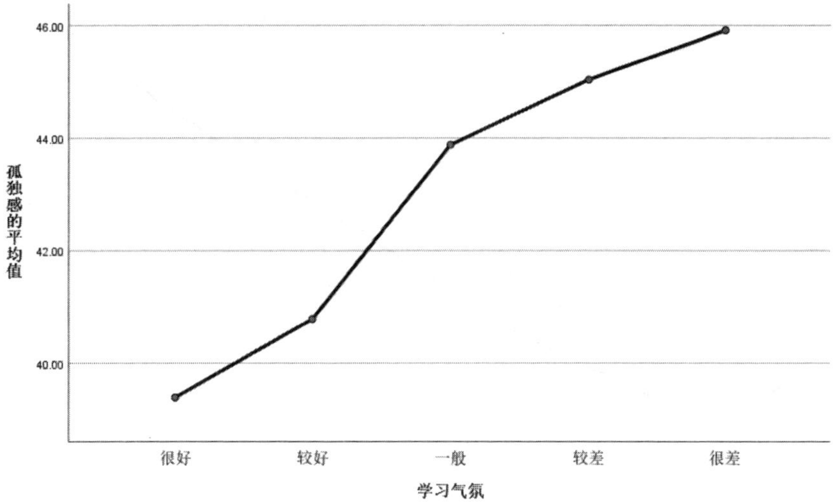

图3-2 大学生孤独感在学习气氛上的趋势分布图

（十一）大学生孤独感在老师关系上的差异

以与老师关系为自变量、孤独感为因变量进行方差分析，结果如表3-11所示。

表3-11　孤独感在与老师关系上的差异分析

	与老师关系	N	M	SD	F	P	LSD
孤独感	很好	33	38.70	8.80	11.084	0.000	4, 5>1, 2, 3; 3>1, 2
	较好	117	40.98	6.98			
	一般	413	44.16	7.61			
	较差	36	47.19	7.07			
	很差	7	50.57	8.81			

由表3-11可知，大学生与老师的关系在孤独感上差异显著（p<0.05）。与老师关系很差、较差的学生的孤独感和与老师关系很好、较好、一般的学生的孤独感之间存在显著差异；老师关系很好、较好的学生的孤独感和与老师关系一般的学生的孤独感之间存在显著差异。具体的趋势分布图如图3-3所示。

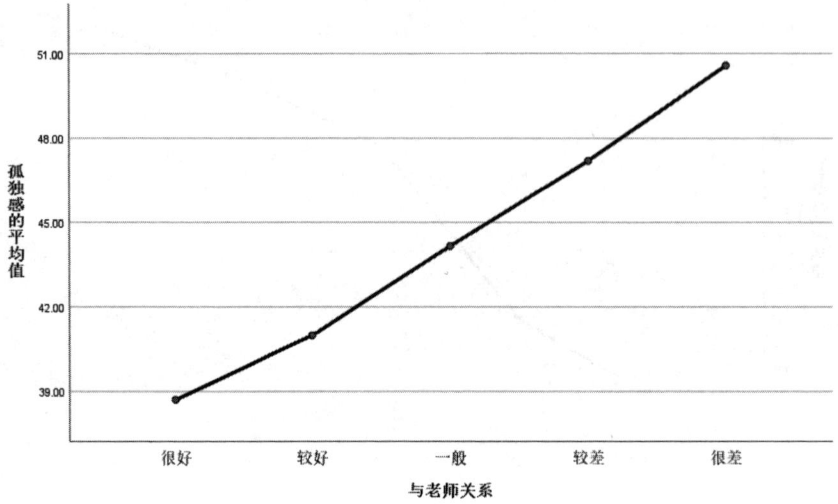

图3-3 大学生孤独感在与老师关系上的趋势分布图

（十二）大学生孤独感在与同学关系上的差异

以与同学关系为自变量、孤独感为因变量进行方差分析，结果如表3-12所示。

表3-12 孤独感在与同学关系上的差异分析

	与同学关系	N	M	SD	F	P	LSD
孤独感	很好	66	37.74	7.88	30.402	0.000	
	较好	255	41.61	6.99			
	一般	276	46.30	7.10			3，4，5>1，2；4>3；3>2；2>1
	较差	7	53.71	6.42			
	很差	2	53.00	2.83			

由表3-12可知，大学生与同学的关系在孤独感上差异显著（p<0.05）。在孤独感上，与同学关系很好、较好和与同学关系很差、较差、一般的之间存在显著差异，与同学关系较差的和与同学关系一般的之间存在显著差异，与同学关系一般的和与同学关系较好的之间存在显著差异。与同学关系很好的和与同学关系较好的之间存在显著差异。具体的趋势分布图如图3-4所示。

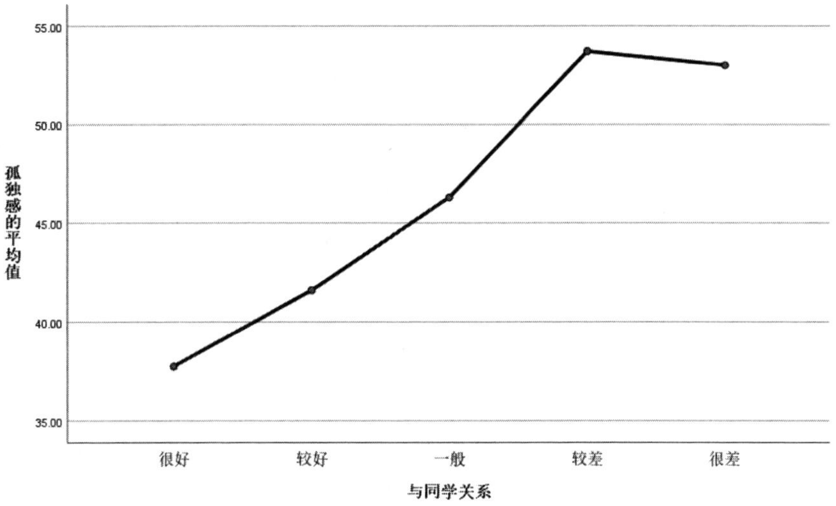

图3-4 大学生孤独感在与同学关系上的趋势分布图

（十三）大学生孤独感在朋友数量上的差异

以朋友个数为自变量、孤独感为因变量进行方差分析，结果如表3-13所示。

表3-13　孤独感在朋友个数上的差异分析

	朋友个数	N	M	SD	F	P	LSD
孤独感	1个也没有	18	51.67	8.54	20.300	0.000	
	1个	15	49.47	9.63			1<3, 4; 2, 3>4
	2~3个	154	45.80	6.97			
	4个或4个以上	419	42.10	7.48			

由表3-13可知，大学生的朋友个数在孤独感上差异显著（p<0.05）。在孤独感上，朋友个数在1个的、2~3个的与朋友个数在4个或4个以上的之间存在显著差异，朋友个数在2~3个、4个或4个以上和1个朋友也没有的之间存在显著差异。具体的趋势分布图如图3-5所示。

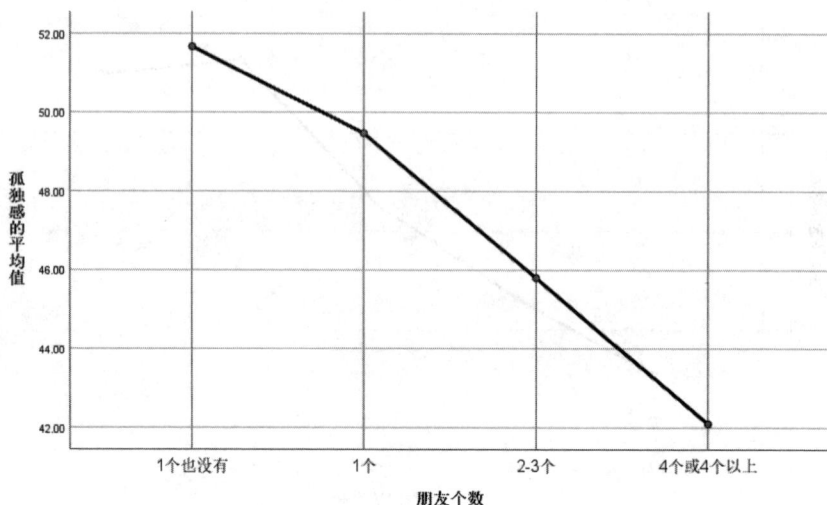

图3-5 大学生孤独感在朋友数量上的趋势分布图

（十四）大学生孤独感在家庭类型上的差异

以家庭类型为自变量、孤独感为因变量进行方差分析，结果如表3-14所示。

表3-14 孤独感在与家庭类型上的差异分析

	家庭类型	N	M	SD	F	P	LSD
孤独感	大家庭（长期三代同堂）	201	43.35	7.77	1.196	0.310	3>1，2；
	核心家庭	297	43.24	7.64			
	重组家庭	19	47.16	5.80			
	单亲家庭	39	43.44	9.38			
	隔代家庭	3	40.67	6.66			
	其他家庭	47	44.62	8.05			

由表3-14可知，大学生的家庭类型在孤独感上差异不显著（p>0.05）。单亲家庭学生的孤独感与大家庭（长期三代同堂）、核心家庭学生的孤独感之间有显著差异。

二、大学生核心自我评价在人口学变量上的差异分析

（一）大学生核心自我评价在性别上的差异

以性别为自变量、核心自我评价为因变量进行独立样本t检验，结果如表3-15所示。

表3-15　核心自我评价在性别上的差异分析

	性别	N	M	SD	t	p
核心自我评价	男	218	35.14	5.83	4.682	0.109
	女	387	32.91	5.49		

由表3-15可知，男生和女生在核心自我评价上无显著差异（P>0.05）。

（二）大学生核心自我评价在年级上的差异

以年级为自变量、核心自我评价为因变量进行方差分析，结果如表3-16所示。

表3-16　核心自我评价在年级上的差异分析

	年级	N	M	SD	F	P
核心自我评价	大一	172	33.70	5.42	0.180	0.910
	大二	182	33.58	5.90		
	大三	190	33.71	5.81		
	大四	61	34.20	5.72		

由表3-16可知，大一、大二、大三、大四学生核心自我评价上无显著差异（P>0.05）。

（三）大学生核心自我评价在专业上的差异

以专业为自变量、核心自我评价为因变量进行方差分析，结果如表3-17所示。

表3-17　核心自我评价在专业上的差异分析

	专业	N	M	SD	F	P
核心自我评价	文科类	169	33.29	5.73	1.985	0.115
	理科类	231	34.15	6.03		
	艺术类	114	32.90	5.22		
	医学类	91	34.41	5.30		

由表3-17可知，文科、理科、艺术、医学类学生在核心自我评价上无显著差异（P>0.05）。

（四）大学生核心自我评价在家庭所在地上的差异

以家庭所在地为自变量、核心自我评价为因变量进行方差分析，结果如表3-18所示。

表3-18　核心自我评价在家庭所在地上的差异分析

	家庭所在地	N	M	SD	F	P	LSD
核心自我评价	城市	64	35.42	6.38	2.657	0.048	1>3, 4
	城郊	27	34.41	4.84			
	乡镇	98	33.00	4.92			
	农村	416	33.57	5.79			

由表3-18可知，大学生家庭所在地在核心自我评价上差异显著（p<0.05）。乡镇、乡村的大学生的核心自我评价与城市学生有显著差异。具体的趋势分布图如图3-6所示。

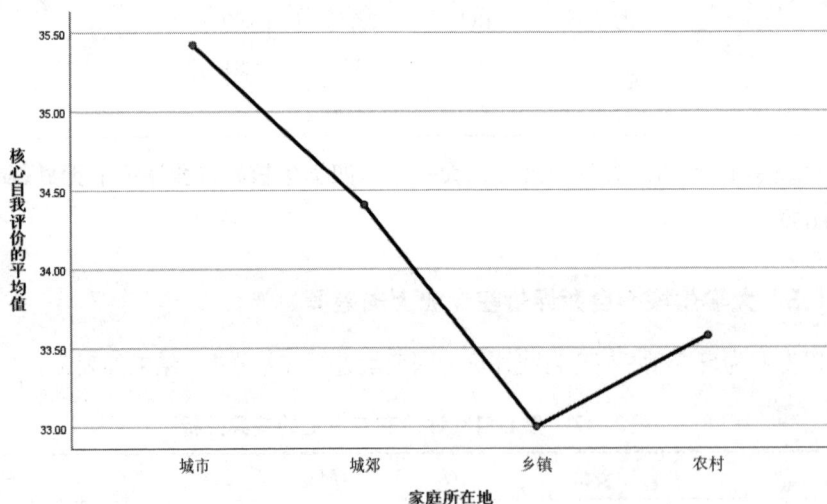

图3-6　大学生核心自我评价在家庭所在地上的趋势分布图

（五）大学生核心自我评价在是否独生子女上的差异

以是否独生子女为自变量、核心自我评价为因变量进行独立样本T检验，结果如表3-19所示。

表3-19 核心自我评价在是否独生子女上的差异分析

	是否独生子女	N	M	SD	t	p
核心自我评价	是	53	35.53	6.11	2.432	0.015
	否	552	33.54	5.64		

由表3-19可知，大学生是否是独生子女在核心自我评价上差异显著（p<0.05）。是独生子女大学生的核心自我评价高于非独生子女。

（六）大学生核心自我评价在成绩上的差异

以成绩为自变量、核心自我评价为因变量进行方差分析，结果如表3-20所示。

表3-20 核心自我评价在成绩上的差异分析

	成绩	N	M	SD	F	P	LSD
核心自我评价	上游	29	35.48	6.39	2.035	0.088	1>4；2>3
	中上游	138	34.55	5.97			
	中游	317	33.41	5.49			
	中下游	75	32.96	4.71			
	下游	46	33.43	7.03			

由表3-20可知，大学生成绩在核心自我评价上差异不显著（p>0.05）。成绩处于中下游的学生的核心自我评价与成绩处于上游的学生有显著差异；成绩处于中上游的学生的核心自我评价与成绩处于中游的学生有显著差异。

（七）大学生核心自我评价在月生活费上的差异

以月生活费自变量、核心自我评价为因变量进行方差分析，结果如表3-21所示。

表3-21　核心自我评价在月生活费上的差异分析

	月生活费	N	M	SD	F	P
核心自我评价	300以下	45	33.40	5.49	0.305	0.874
	300~500	157	33.46	5.53		
	500~800	220	33.66	5.91		
	800~1000	146	34.02	5.53		
	1000以上	37	34.27	6.34		

由表3-21可知，大学生的月生活费核心自我评价上差异不显著（p>0.05）。

（八）大学生核心自我评价在父母工作情况上的差异

以父母工作情况为自变量、核心自我评价为因变量进行方差分析，结果如表3-22所示。

表3-22　核心自我评价在父母工作情况上的差异分析

	父母工作情况	N	M	SD	F	P	LSD
核心自我评价	父母都在家工作或务农	418	33.76	5.76	1.954	0.120	3>2
	父母双方在外打工或经商	125	33.06	5.46			
	父母外出打工或经商	45	35.38	5.44			
	母亲外出打工或经商	17	32.88	6.37			

由表3-22可知，大学生父母工作情况在核心自我评价上差异不显著（p>0.05）。父母外出打工或经商的大学生的核心自我评价与父母双方在外打工或经商的核心自我评价有显著差异。

（九）大学生核心自我评价上在是否恋爱上的差异

以是否恋爱为自变量、核心自我评价为因变量进行独立样本T检验，结果如表3-23所示。

表3-23　核心自我评价在是否恋爱上的差异分析

	是否恋爱	N	M	SD	t	p
核心自我评价	是	233	34.06	5.72	1.195	0.233
	否	372	33.49	5.70		

由表3-23可知，大学生是否恋爱在核心自我评价上差异不显著（p>0.05）。谈恋爱的大学生的支持利用度低于未谈恋爱的大学生。

（十）大学生核心自我评价在学习气氛上的差异

以学习气氛为自变量、核心自我评价为因变量进行方差分析，结果如表3-24所示。

表3-24　核心自我评价在学习气氛上的差异分析

	学习气氛	N	M	SD	F	P	LSD
核心自我评价	很好	28	36.61	7.11	4.010	0.003	1>3, 4, 5; 2>3, 4
	较好	98	35.03	6.02			
	一般	338	33.23	5.35			
	较差	96	33.18	5.53			
	很差	45	33.84	6.32			

由表3-24可知，大学生学习气氛在核心自我评价上差异显著（p<0.05）。具体的趋势分布图如图3-7所示。

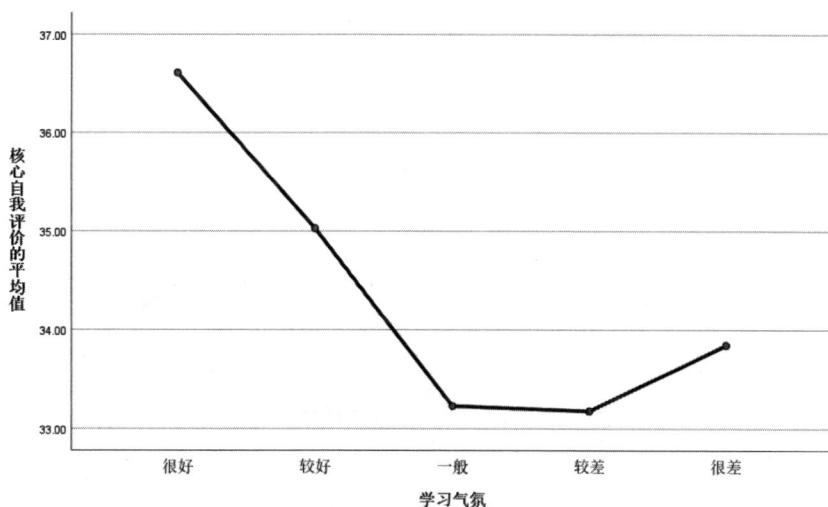

图3-7　大学生核心自我评价在学习气氛上的趋势分布图

（十一）大学生核心自我评价在与老师关系上的差异

以与老师关系为自变量、核心自我评价为因变量进行方差分析，结果如表3-25所示。

表3-25　核心自我评价在与老师关系上的差异分析

	与老师关系	N	M	SD	F	P	LSD
核心自我评价	很好	33	37.06	6.14	7.422	0.000	3, 4, 5<1, 2
	较好	117	35.13	5.92			
	一般	412	33.27	5.51			
	较差	36	31.92	4.99			
	很差	7	29.43	4.76			

由表3-25可知，大学生与老师的关系在核心自我评价上差异显著（$p<0.05$）。在核心自我评价上，与老师关系一般、较差、很差的和与老师很好、较好的之间存在显著差异。具体的趋势分布图如图3-8所示。

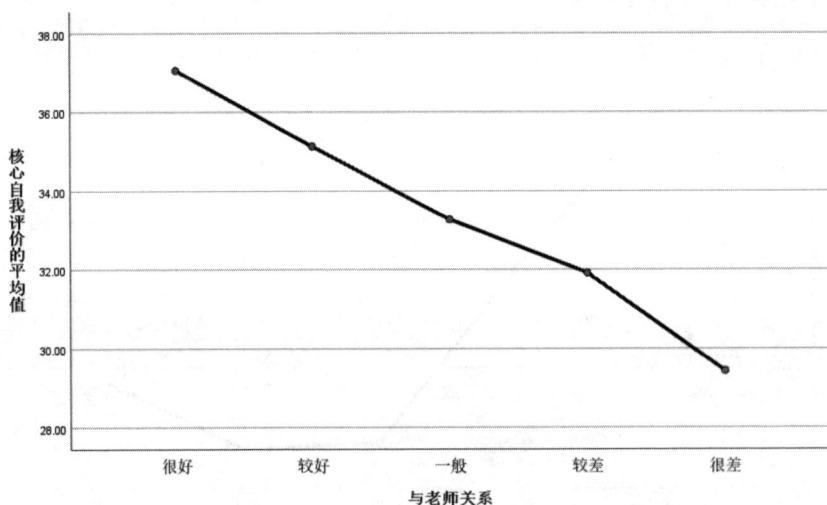

图3-8　大学生核心自我评价在与老师关系上的趋势分布图

（十二）大学生核心自我评价上在与同学关系上的差异

以与同学关系为自变量，核心自我评价为因变量进行方差分析，结果如表3-26所示。

表3-26 核心自我评价在与同学关系上的差异分析

	与同学关系	N	M	SD	F	P	LSD
核心自我评价	很好	66	36.58	6.29	13.797	0.000	1>2, 3, 4, 5; 2>3
	较好	255	34.82	5.39			
	一般	275	32.08	5.40			
	较差	7	32.14	3.58			
	很差	2	28.50	0.71			

由表3-26可知，大学生与同学的关系在核心自我评价上差异显著（p<0.05）。在核心自我评价上，与同学关系一般、较好、较差、很差的和与同学关系很好的之间存在显著差异，与同学关系很好的和与同学关系较好的之间存在显著差异。具体的趋势分布图如图3-9所示。

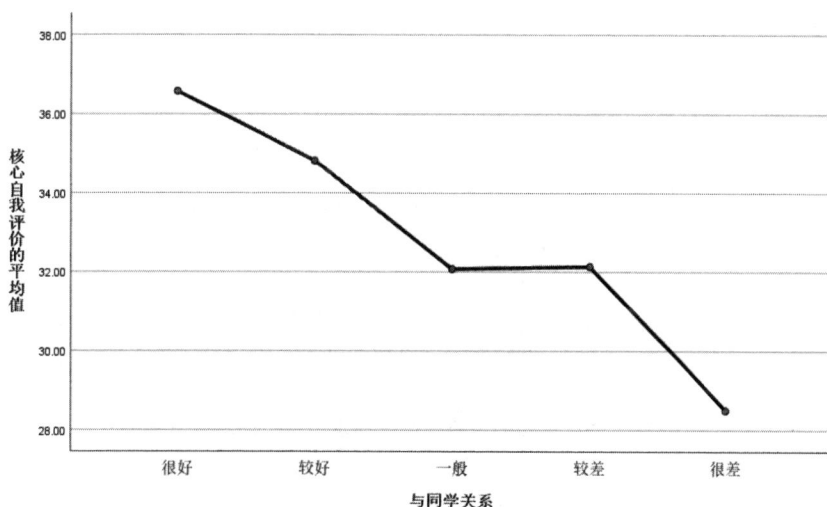

图3-9 大学生核心自我评价在与同学关系上的趋势分布图

（十三）大学生核心自我评价在朋友数量上的差异

以朋友个数为自变量、核心自我评价为因变量进行方差分析，结果如表3-27所示。

表3-27　核心自我评价在朋友数量上的差异分析

	朋友数量	N	M	SD	F	P	LSD
核心自我评价	1个也没有	18	32.00	5.85	4.021	0.008	4>3
	1个	15	32.60	6.49			
	2~3个	153	32.58	5.33			
	4个或4个以上	419	34.24	5.75			

由表3-27可知，大学生的朋友数量在核心自我评价上差异显著（p<0.05）。在核心自我评价上，朋友数量在2~3个的与朋友个数在4个或4个以上的之间存在显著差异。具体的趋势分布图如图3-10所示。

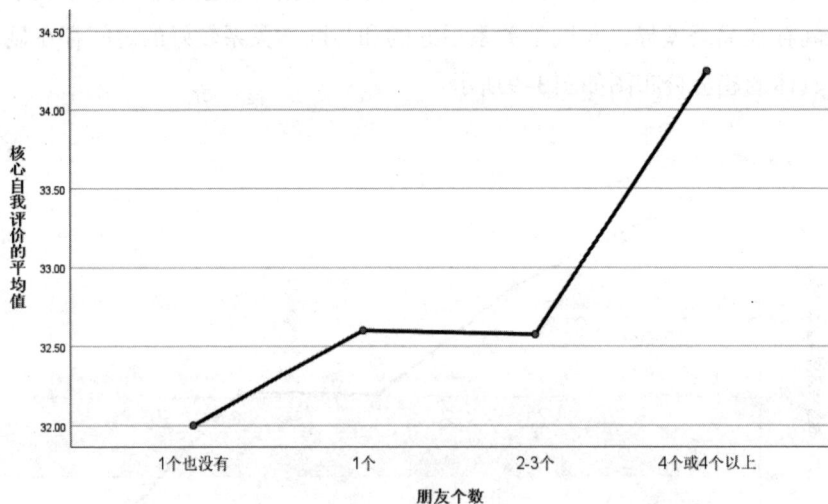

图3-10　大学生核心自我评价在朋友数量上的趋势分布图

（十四）大学生核心自我评价上在家庭类型上的差异

以家庭类型为自变量，核心自我评价为因变量进行方差分析，结果如表3-28所示。

表3-28 核心自我评价在与家庭类型上的差异分析

	家庭类型	N	M	SD	F	P	LSD
核心自我评价	大家庭（长期三代同堂）	200	33.49	6.03	2.675	0.021	5>3, 6; 1, 2, 4>3
	核心家庭	297	34.07	5.53			
	重组家庭	19	30.32	5.32			
	单亲家庭	39	34.44	5.58			
	隔代家庭	3	39.67	6.51			
	其他家庭	47	32.83	5.06			

　　由表3-28可知，大学生的家庭类型在核心自我评价上差异显著（p<0.05）。在核心自我评价上，家庭类型为大家庭（长期三代同堂）、核心家庭、单亲家庭的与家庭类型为重组家庭的之间存在显著差异，家庭类型为其他家庭、重组家庭的学生与家庭类型为隔代家庭的学生有显著差异。具体的趋势分布图如图3-11所示。

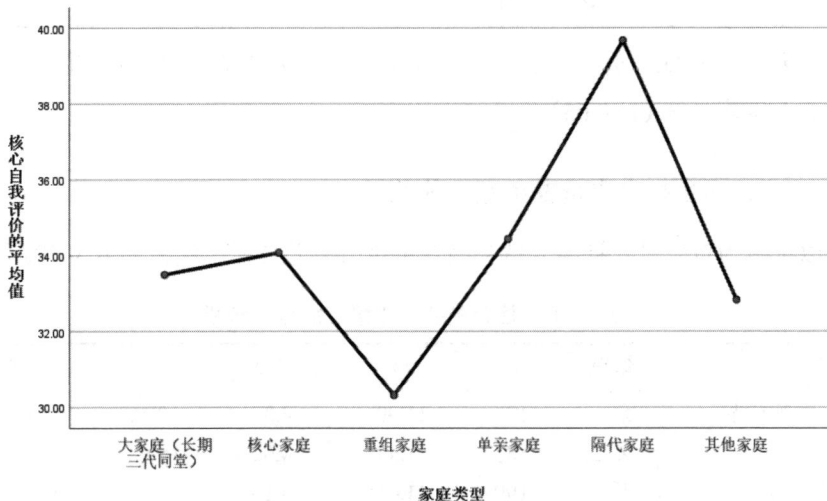

图3-11 大学生核心自我评价在家庭类型上的趋势分布图

三、大学生社会支持在人口学变量上的差异分析

（一）大学生社会支持在性别上的差异

以性别为自变量、社会支持为因变量进行独立样本t检验，结果如表3-29所示。

表3-29　社会支持在性别上的差异分析

	性别	N	M	SD	t	p
主观支持	男	218	11.62	4.34	1.703	0.089
	女	388	11.04	3.89		
客观支持	男	218	12.53	4.46	0.383	0.702
	女	388	12.38	4.77		
支持利用度	男	218	14.64	5.28	1.976	0.049
	女	388	13.79	4.98		
社会支持	男	218	38.79	12.07	1.604	0.109
	女	388	37.21	11.48		

由表3-29可知，男生和女生在主观支持、客观支持、支持利用度以及社会支持上无显著差异（P>0.05）。

（二）大学生社会支持在年级上的差异

以年级为自变量、社会支持为因变量进行方差分析，结果如表3-30所示。

表3-30　社会支持在年级上的差异分析

	年级	N	M	SD	F	P
主观支持	大一	172	11.09	4.07	0.769	0.511
	大二	182	11.49	4.02		
	大三	190	11.01	4.10		
	大四	62	11.69	4.10		
客观支持	大一	172	12.59	4.90	1.417	0.237
	大二	182	12.89	4.67		
	大三	190	11.96	4.40		
	大四	62	12.10	4.64		

	年级	N	M	SD	F	P
支持利用度	大一	172	14.24	5.32	0.396	0.756
	大二	182	14.24	4.99		
	大三	190	14.04	5.19		
	大四	62	13.48	4.54		
社会支持	大一	172	37.92	12.09	0.635	0.592
	大二	182	38.62	11.32		
	大三	190	37.01	11.85		
	大四	62	37.27	11.42		

由表3-30可知，大一、大二、大三、大四学生在主观支持、客观支持、支持利用度以及社会支持上无显著差异（P>0.05）。

（三）大学生社会支持在专业上的差异

以专业为自变量、社会支持为因变量进行方差分析，结果如表3-31所示。

表3-31　社会支持在专业上的差异分析

	专业	N	M	SD	F	P	LSD
主观支持	文科类	170	11.10	4.21	0.322	0.810	
	理科类	231	11.19	4.10			
	艺术类	114	11.56	3.70			
	医学类	91	11.30	4.18			
客观支持	文科类	170	12.07	4.47	2.018	0.110	3>1, 2
	理科类	231	12.13	4.57			
	艺术类	114	13.22	4.72			
	医学类	91	12.87	5.05			
支持利用度	文科类	170	13.99	5.04	0.399	0.754	
	理科类	231	13.97	5.22			
	艺术类	114	14.10	4.74			
	医学类	91	14.63	5.37			

续表

	专业	N	M	SD	F	P	LSD
社会支持	文科类	170	37.16	11.79	0.853	0.456	
	理科类	231	37.29	11.86			
	艺术类	114	38.88	10.51			
	医学类	91	38.79	12.60			

由表3-31可知，文科、理科、艺术、医学类学生在主观支持、客观支持、支持利用度以及社会支持上无显著差异（P>0.05）。其中，文科、理科类学生的客观支持水平与艺术类学生有显著差异。

（四）大学生社会支持在家庭所在地上的差异

以家庭所在地为自变量、社会支持为因变量进行方差分析，结果如表3-32所示。

表3-32　社会支持在家庭所在地上的差异分析

	家庭所在地	N	M	SD	F	P	LSD
主观支持	城市	64	10.05	3.89	2.382	0.069	3, 4>1
	城郊	27	10.70	4.11			
	乡镇	99	11.36	3.73			
	农村	416	11.44	4.14			
客观支持	城市	64	11.06	4.17	4.413	0.004	4>1, 2
	城郊	27	10.63	4.65			
	乡镇	99	12.13	3.94			
	农村	416	12.83	4.82			
支持利用度	城市	64	13.02	5.19	3.025	0.029	4>1, 2
	城郊	27	12.22	4.41			
	乡镇	99	13.79	4.38			
	农村	416	14.46	5.25			
社会支持	城市	64	34.13	11.36	4.292	0.005	4>1, 2
	城郊	27	33.56	11.75			
	乡镇	99	37.28	9.93			
	农村	416	38.73	12.01			

　　由表3-32可知，大学生家庭所在地在客观支持和支持利用度、社会支持上差异显著（p<0.05），在主观支持上差异不显著（p>0.05）。乡镇、乡村的大学生的主观支持与城市学生有显著差异；乡村大学生的客观支持、支持利用度以及社会支持与城市、城郊学生有显著差异。具体的趋势分布图如图3-12至图3-14所示。

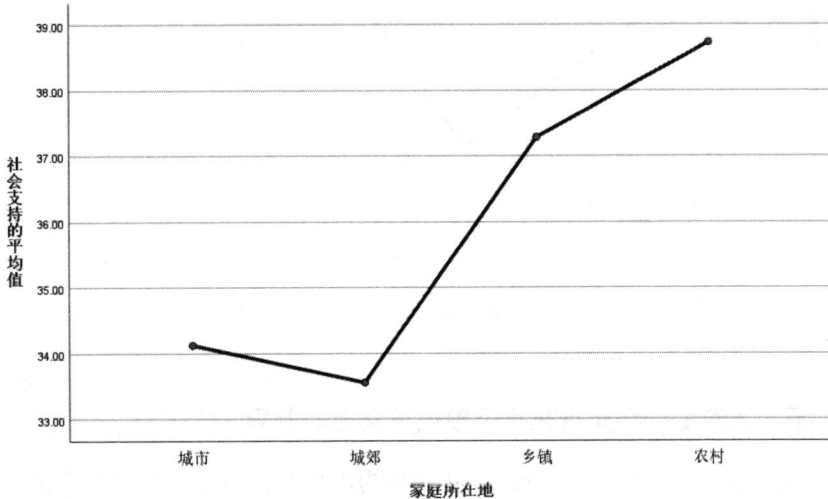

图3-12　大学生社会支持在家庭所在地上的趋势分布图

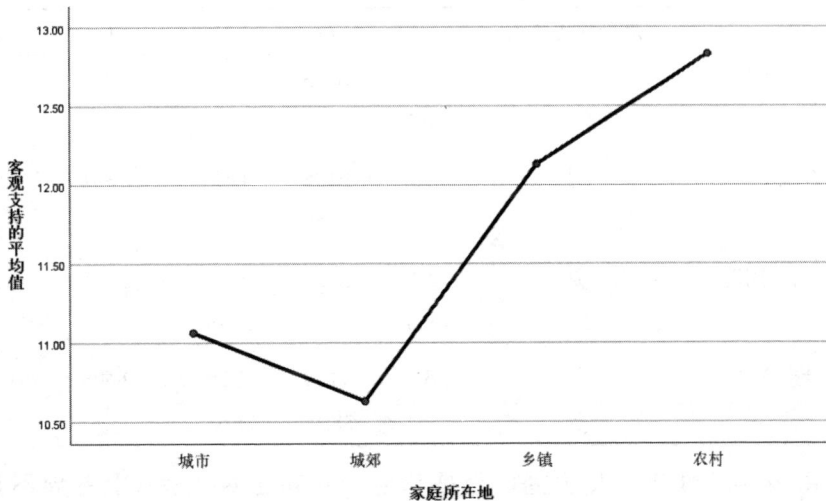

图3-13　大学生客观支持在家庭所在地上的趋势分布图

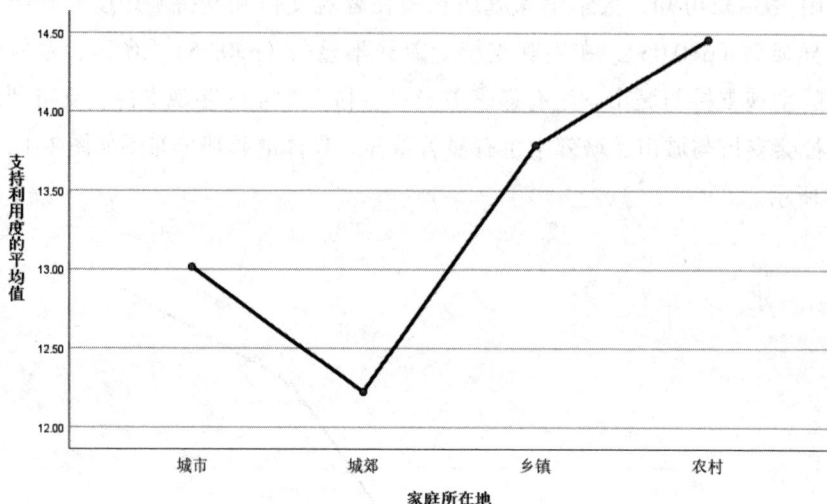

图3-14　大学生支持利用度在家庭所在地上的趋势分布图

（五）大学生社会支持在是否独生子女上的差异

以是否独生子女为自变量、社会支持为因变量进行独立样本T检验，结果如表3-33所示。

表3-33　社会支持在是否独生子女上的差异分析

	是否独生子女	N	M	SD	t	p
主观支持	是	53	10.53	4.32	-1.352	0.177
	否	553	11.32	4.04		
客观支持	是	53	10.98	4.65	-2.381	0.018
	否	553	12.57	4.64		
支持利用度	是	53	12.28	4.81	-2.725	0.007
	否	553	14.27	5.10		
社会支持	是	53	33.79	11.95	-2.606	0.009
	否	553	38.16	11.63		

由表3-33可知，大学生是否是独生子女在主观支持（上差异不显著 $p > 0.05$），在客观支持、支持利用度、社会支持上差异显著（$p < 0.05$）。是独生

子女大学生的客观支持、支持利用度、社会支持高于非独生子女。

（六）大学生社会支持在成绩上的差异

以成绩为自变量，社会支持为因变量进行方差分析，结果如表3-34所示。

表3-34　社会支持在成绩上的差异分析

	成绩	N	M	SD	F	P	LSD
主观支持	上游	29	10.62	4.44	7.031	0.000	5>1, 2, 3, 4
	中上游	138	10.32	3.63			
	中游	317	11.25	3.84			
	中下游	75	11.59	4.40			
	下游	47	13.81	4.91			
客观支持	上游	29	12.17	4.93	3.587	0.007	5>1, 2, 3
	中上游	138	11.93	4.64			
	中游	317	12.19	4.52			
	中下游	75	13.12	4.77			
	下游	47	14.57	4.76			
支持利用度	上游	29	13.97	4.32	6.986	0.000	5>1, 2, 3, 4
	中上游	138	12.83	4.82			
	中游	317	14.07	4.96			
	中下游	75	14.68	5.01			
	下游	47	17.19	6.05			
社会支持	上游	29	36.76	11.12	7.830	0.000	5>1, 2, 3, 4; 3, 4>2
	中上游	138	35.08	10.74			
	中游	317	37.51	11.49			
	中下游	75	39.39	12.07			
	下游	47	45.57	12.39			

由表3-34可知，大学生成绩在主观支持、客观支持、支持利用度、社会支持上差异显著（$p<0.05$）。成绩处于上游、中上游、中游、中下游的学生的主观支持、支持利用度与成绩处于下游的学生有显著差异；成绩处于上游、中上游、中游的学生的客观支持与成绩处于下游的学生有显著差异；成绩处于上游、中

上游、中游、中下游的学生的社会支持与成绩处于下游的学生有显著差异，成绩处于中上游的学生的社会支持与成绩处于中游、中下游的学生有显著差异。具体的趋势分布图如图3–15至图3–18所示。

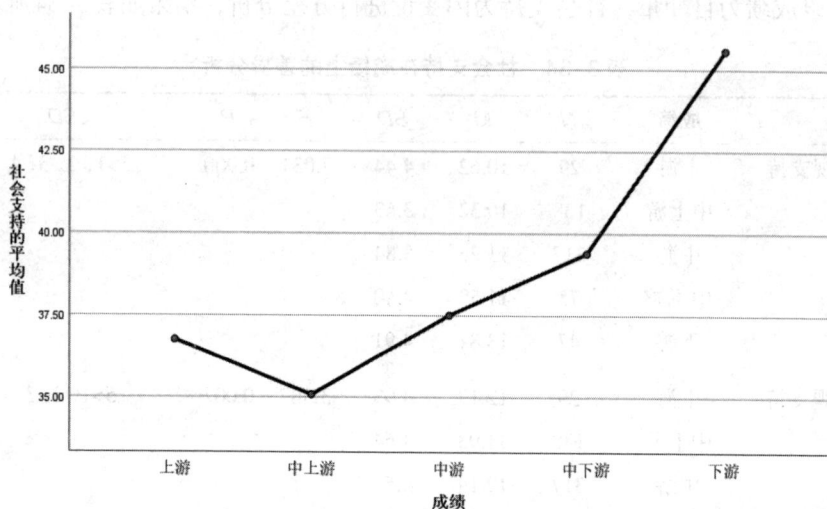

图3–15 大学生社会支持在成绩上的趋势分布图

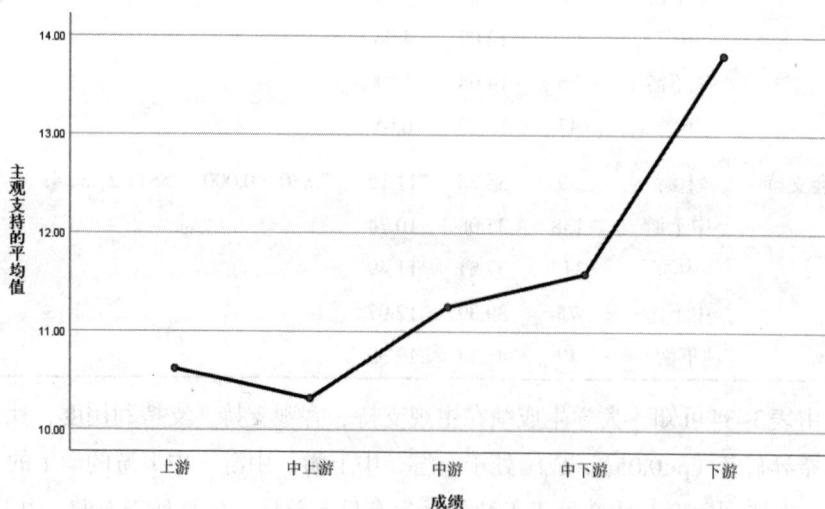

图3–16 大学生主观支持在成绩上的趋势分布图

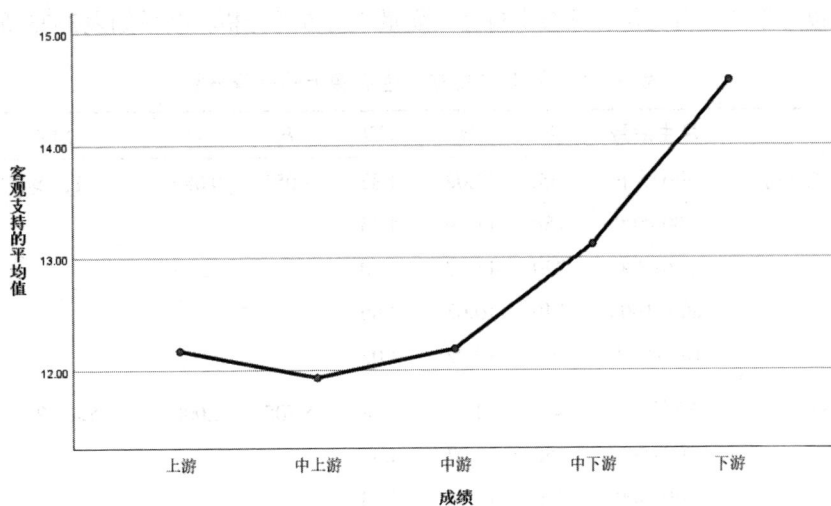

图3-17 大学生客观支持在成绩上的趋势分布图

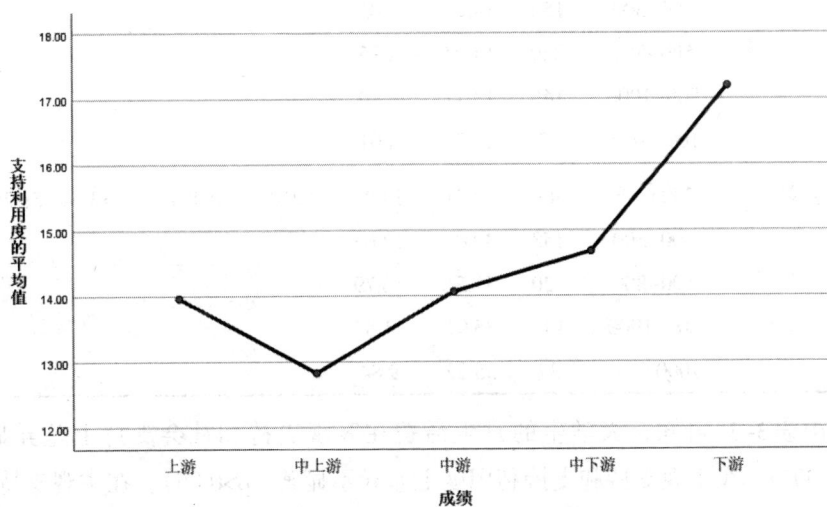

图3-18 大学生支持利用度在成绩上的趋势分布图

（七）大学生社会支持在月生活上的差异

以月生活费自变量、社会支持为因变量进行方差分析，结果如表3-35所示。

表3-35　社会支持在月生活费上的差异分析

	月生活费	N	M	SD	F	P	LSD
主观支持	300以下	45	12.02	4.82	2.051	0.086	1, 2>4
	300~500	158	11.79	4.33			
	500~800	220	11.17	3.80			
	800~1000	146	10.63	3.86			
	1000以上	37	10.92	4.02			
客观支持	300以下	45	14.71	5.68	5.705	0.000	5>1, 2, 3
	300~500	158	13.07	4.53			
	500~800	220	12.30	4.58			
	800~1000	146	11.58	4.49			
	1000以上	37	11.03	3.67			
支持利用度	300以下	45	15.98	5.65	2.026	0.089	1>2, 3, 4, 5
	300~500	158	14.20	5.02			
	500~800	220	14.04	4.95			
	800~1000	146	13.71	5.40			
	1000以上	37	13.27	4.01			
社会支持	300以下	45	42.71	14.02	3.940	0.004	1>3, 4, 5; 2>4
	300~500	158	39.06	12.05			
	500~800	220	37.51	10.79			
	800~1000	146	35.92	11.87			
	1000以上	37	35.22	9.84			

由表3-35可知，大学生的月生活费在客观支持和社会支持上差异显著（p<0.005），在主观支持和支持利用度上差异不显著（p>0.05）。在主观支持上，月生活费在300以下和300~500的大学生和月生活费800~1000的大学生有显著差异。在客观支持上，月生活费在300以下、300~500、500~800的大学生与月生活费在1000以上的大学生有显著差异。在支持利用度上，月生活费在300以下的大学生与月生活费在300~500、500~800、800~1000、1000以上的大学生有

显著差异。在社会支持上，月生活费在300以下的大学生与月生活费在500~
800、800~1000、1000以上的大学生有显著差异。具体的趋势分布图如图3–19
至图3–20所示。

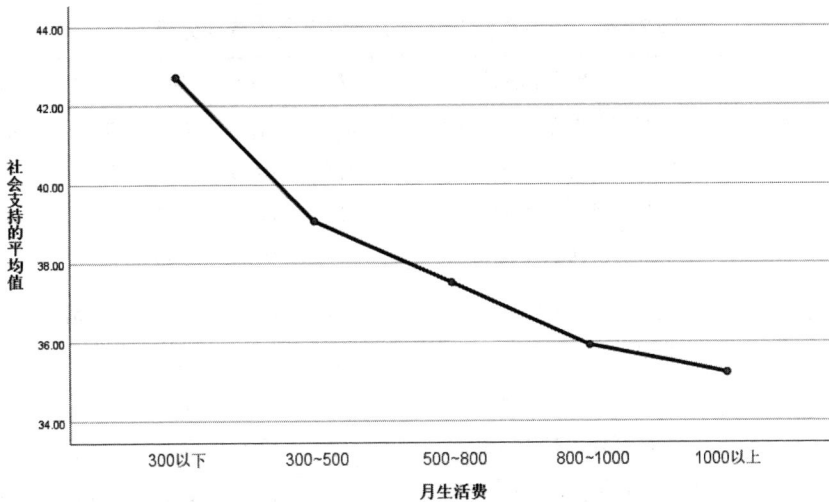

图3–19 大学生社会支持在月生活费上的趋势分布图

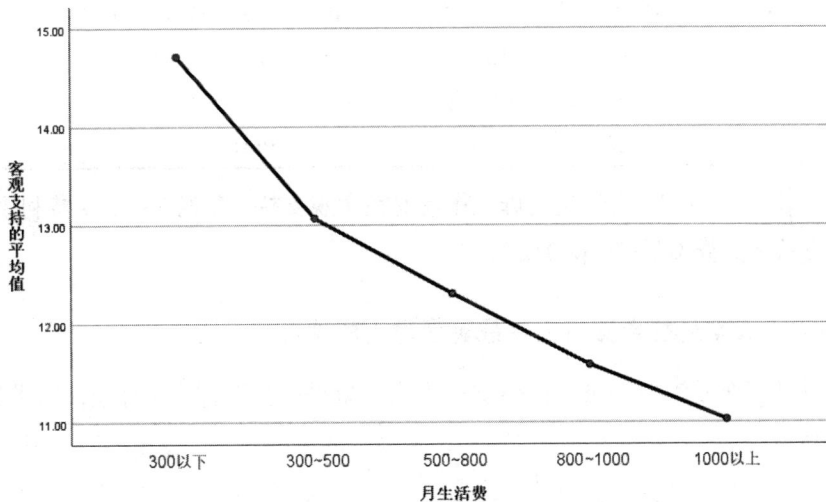

图3–20 大学生客观支持在月生活费上的趋势分布图

（八）大学生社会支持在父母工作情况上的差异

以父母工作情况为自变量、社会支持为因变量进行方差分析，结果如表3-36所示。

表3-36　社会支持在父母工作情况上的差异分析

	父母工作情况	N	M	SD	F	P
主观支持	父母都在家工作或务农	419	11.34	4.03	0.391	0.760
	父母双方在外打工或经商	125	10.97	4.07		
	父母外出打工或经商	45	11.42	4.37		
	母亲外出打工或经商	17	10.71	4.40		
客观支持	父母都在家工作或务农	419	12.41	4.59	0.146	0.932
	父母双方在外打工或经商	125	12.61	4.92		
	父母外出打工或经商	45	12.09	4.92		
	母亲外出打工或经商	17	12.53	3.95		
支持利用度	父母都在家工作或务农	419	14.12	5.03	0.302	0.824
	父母双方在外打工或经商	125	14.16	5.12		
	父母外出打工或经商	45	14.18	5.69		
	母亲外出打工或经商	17	12.94	5.30		
社会支持	父母都在家工作或务农	419	37.86	11.67	0.114	0.952
	父母双方在外打工或经商	125	37.74	11.70		
	父母外出打工或经商	45	37.69	12.63		
	母亲外出打工或经商	17	36.18	11.24		

由表3-36可知，大学生父母工作情况在主观支持、客观支持、支持利用度、社会支持上差异不显著（p>0.05）。

（九）大学生社会支持上在是否恋爱上的差异

以是否恋爱为自变量、社会支持为因变量进行独立样本T检验，结果如表3-37所示。

表3-37　社会支持在是否恋爱上的差异分析

	是否恋爱	N	M	SD	t	p
主观支持	是	234	11.05	4.22	-0.971	0.332
	否	372	11.38	3.97		
客观支持	是	234	12.10	4.76	-1.395	0.164
	否	372	12.64	4.58		
支持利用度	是	234	13.55	5.14	-2.113	0.035
	否	372	14.44	5.05		
社会支持	是	234	36.69	11.99	-1.812	0.070
	否	372	38.46	11.50		

由表3-37可知，大学生是否恋爱在主观支持和客观支持、社会支持上差异不显著（p>0.05），在支持利用度上差异显著（p<0.05）。谈恋爱的大学生的支持利用度低于未谈恋爱的大学生。

（十）大学生社会支持在学习气氛上的差异

以学习气氛为自变量、社会支持为因变量进行方差分析，结果如表3-38所示。

表3-38　社会支持在学习气氛上的差异分析

	学习气氛	N	M	SD	F	P	LSD
主观支持	很好	28	10.14	4.66	5.021	0.001	4, 5>1, 2; 3>2
	较好	98	10.02	3.84			
	一般	339	11.28	3.95			
	较差	96	12.16	3.99			
	很差	45	12.42	4.45			
客观支持	很好	28	12.54	4.75	1.648	0.161	3, 4>2
	较好	98	11.41	4.51			
	一般	339	12.50	4.64			
	较差	96	12.90	4.74			
	很差	45	13.04	4.75			

续表

	学习气氛	N	M	SD	F	P	LSD
支持利用度	很好	28	12.82	4.49	5.019	0.001	4, 5>1; 3, 4, 5>2; 5>3
	较好	98	12.69	5.27			
	一般	339	14.06	4.97			
	较差	96	15.09	5.28			
	很差	45	16.07	4.76			
社会支持	很好	28	35.50	11.65	4.918	0.001	5>1, 2, 3; 4, 3>2
	较好	98	34.12	11.58			
	一般	339	37.85	11.47			
	较差	96	40.15	11.93			
	很差	45	41.53	11.33			

由表3-38可知，大学生学习气氛在主观支持、支持利用度和社会支持上差异显著（p<0.05），在客观支持上差异不显著（p>0.05）。在主观支持上，大学生学习气氛一般、较差的和学习气氛很好、较好的之间存在显著差异，学习气氛较好的和学习气氛一般的之间存在显著差异。在客观支持上，学习气氛一般、较差的与学习气氛较好的之间存在显著差异。在支持利用度上，学习气氛较差、很差的与学习气氛很好的之间有显著差异，学习气氛一般、较差、很差的和学习气氛较好的之间存在显著差异，学习氛围很差的与学习气氛一般的之间存在显著差异。在社会支持上，学习氛围很差的与学习氛围很好、较好、一般的之间存在显著差异，学习气氛一般、较差的与学习氛围较好的之间存在显著差异。具体的趋势分布图如图3-21至3-23所示。

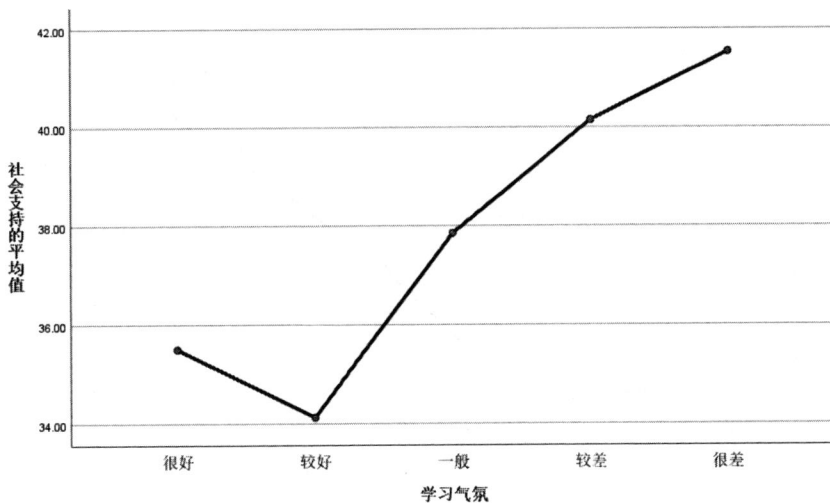

图3-21 大学生社会支持在学习气氛上的趋势分布图

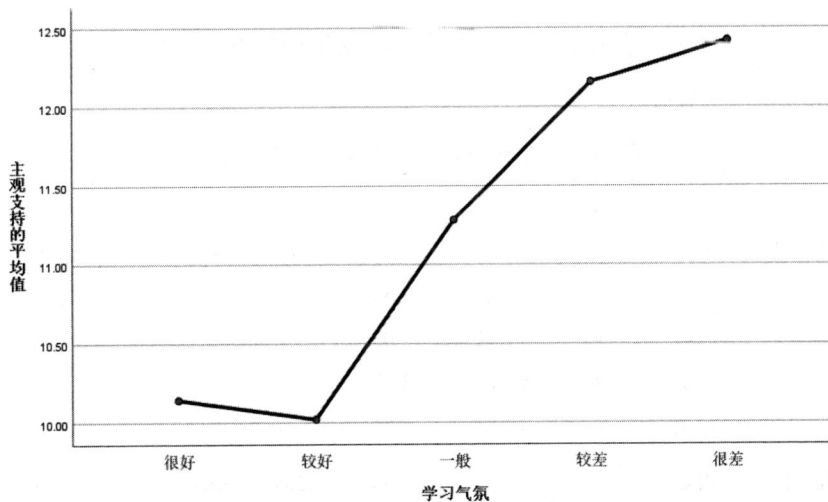

图3-22 大学生主观支持在学习气氛上的趋势分布图

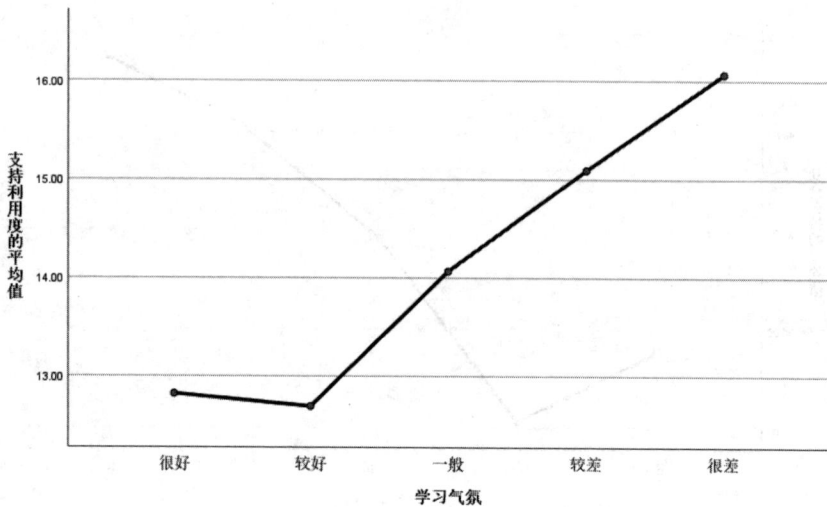

图3-23 大学生支持利用度在学习气氛上的趋势分布图

（十一）大学生社会支持在老师关系上的差异

以与老师关系为自变量，社会支持为因变量进行方差分析，结果如表3-39所示。

表3-39 社会支持在与老师关系上的差异分析

	专业	N	M	SD	F	P	LSD
主观支持	很好	33	8.88	3.69	11.303	0.000	3, 5>1, 2; 4>1, 2, 3
	较好	117	9.76	3.54			
	一般	413	11.64	4.05			
	较差	36	13.17	3.67			
	很差	7	14.14	5.34			
客观支持	很好	33	11.30	4.30	2.264	0.061	4>1, 2
	较好	117	11.69	4.12			
	一般	413	12.59	4.82			
	较差	36	13.61	4.26			
	很差	7	14.43	5.50			

	专业	N	M	SD	F	P	LSD
支持利用度	很好	33	12.58	4.84	3.910	0.004	3, 4, 5>1, 2
	较好	117	12.86	4.88			
	一般	413	14.43	5.10			
	较差	36	15.06	4.90			
	很差	7	17.14	6.77			
社会支持	很好	33	32.76	11.03	6.808	0.000	3, 4, 5>1, 2
	较好	117	34.32	10.43			
	一般	413	38.67	11.81			
	较差	36	41.83	10.81			
	很差	7	45.71	14.72			

由表3-39可知，大学生与老师的关系在主观支持、支持利用度和社会支持上差异显著（p<0.05），在客观支持上差异不显著（p>0.05）。在主观支持上，与老师关系很差、较差的和与老师关系很好、较好的之间存在显著差异，老师关系很好、较好、一般的和与老师关系较差的之间存在显著差异。在客观支持上，与老师关系较好、很好的和与老师关系较差的之间存在显著差异。在支持利用度上，与老师关系一般、较差、很差的和与老师关系很好、较好的之间有显著差异。在社会支持上，与老师关系一般、较差、很差的和与老师很好、较好的之间存在显著差异。具体的趋势分布图如图3-24至图3-26所示。

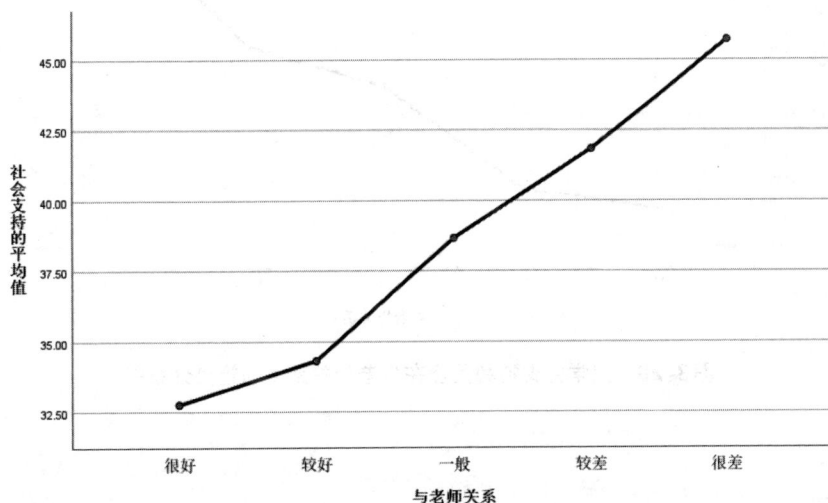

图3-24 大学生社会支持在与老师关系上的趋势分布图

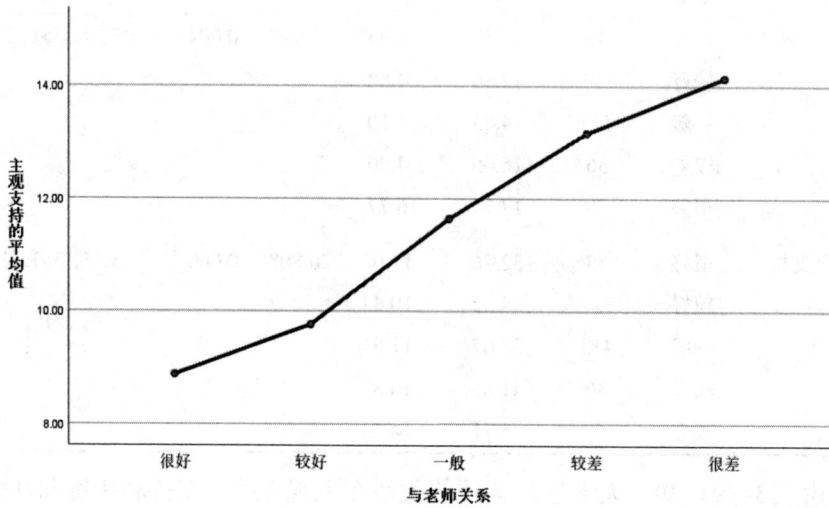

图3-25 大学生主观支持在与老师关系上的趋势分布图

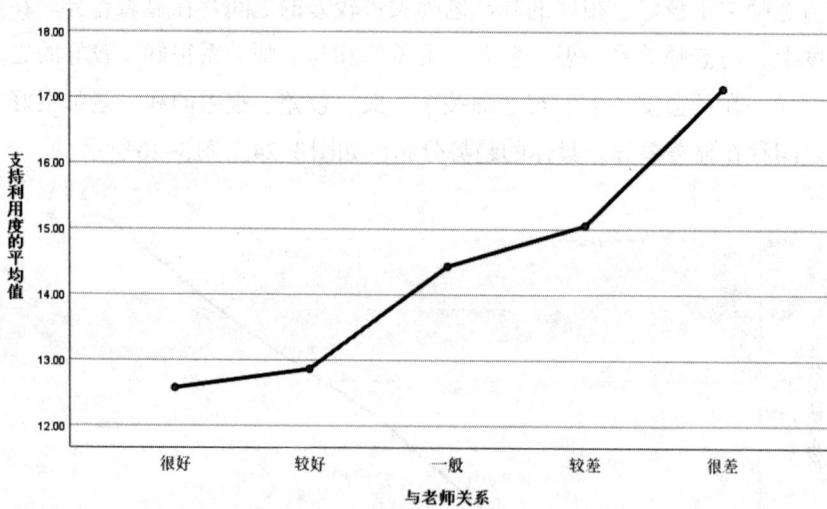

图3-26 大学生支持利用度在与老师关系上的趋势分布图

（十二）大学生社会支持在与同学关系上的差异

以与同学关系为自变量、社会支持为因变量进行方差分析，结果如表3-40所示。

表3-40 社会支持在与同学关系上的差异分析

	专业	N	M	SD	F	P	LSD
主观支持	很好	66	8.45	3.11	26.309	0.000	4>1, 2, 3; 3>1, 2; 2>1
	较好	255	10.31	3.75			
	一般	276	12.63	3.89			
	较差	7	16.71	4.75			
	很差	2	13.50	3.54			
客观支持	很好	66	10.94	4.27	8.879	0.000	5>1; 4>1, 2, 3; 3>1, 2
	较好	255	11.79	4.42			
	一般	276	13.18	4.68			
	较差	7	18.57	5.62			
	很差	2	18.00	7.07			
支持利用度	很好	66	12.76	4.71	7.626	0.000	3, 4>1, 2
	较好	255	13.15	5.15			
	一般	276	15.20	4.91			
	较差	7	17.29	4.89			
	很差	2	15.50	6.36			
社会支持	很好	66	32.15	10.18	16.754	0.000	4>1, 2, 3; 3>1, 2; 2>1
	较好	255	35.25	11.35			
	一般	276	41.02	11.15			
	较差	7	52.57	10.55			
	很差	2	47.00	16.97			

由表3-40可知，大学生与同学的关系在主观支持、客观支持、支持利用度和社会支持上差异显著（p<0.05）。在主观支持上，与同学关系很好、较好、一般的和与同学关系较差的之间存在显著差异，与同学关系很好、较好的和与同学关系一般的之间存在显著差异，与同学关系很好的和与同学关系较好的之间存在显著差异。在客观支持上，与同学关系很好的和与同学关系很差的之间存在显著差异，与同学关系很好、较好、一般的和与同学关系较差的之间存在显

著差异，与同学关系很好、较好的和与同学关系一般的之间存在显著差异。在
支持利用度上，与同学关系一般、较差的和与同学关系很好、较好的之间有显
著差异。在社会支持上，与同学关系一般、较好、很好的和与同学关系较差的
之间存在显著差异，与同学关系很好的和与同学关系较好的之间存在显著差异，
与同学关系较好、很好的和与同学关系一般的之间存在显著差异。具体的趋势
分布图如图3-27至图3-30所示。

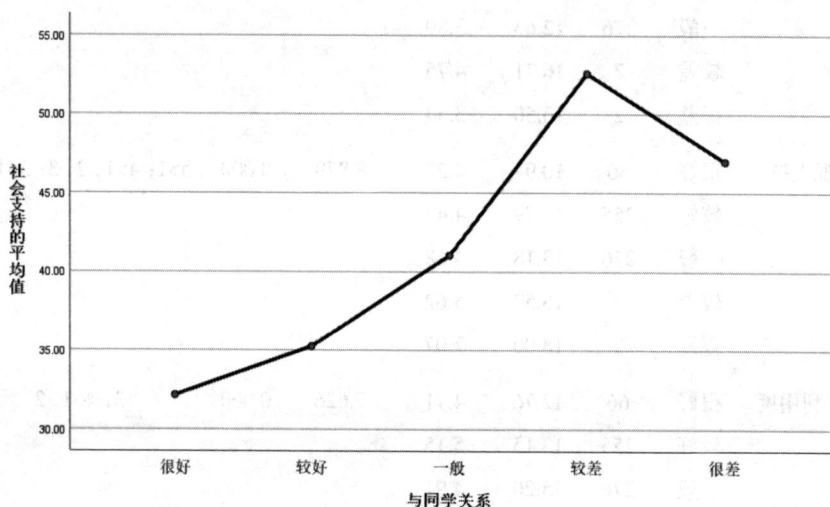

图3-27 大学生社会支持在与同学关系上的趋势分布图

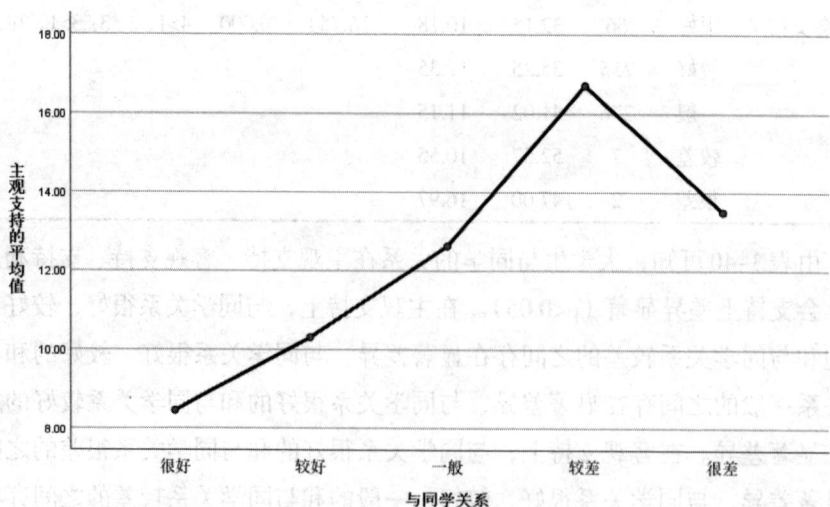

图3-28 大学生主观支持在与同学关系上的趋势分布图

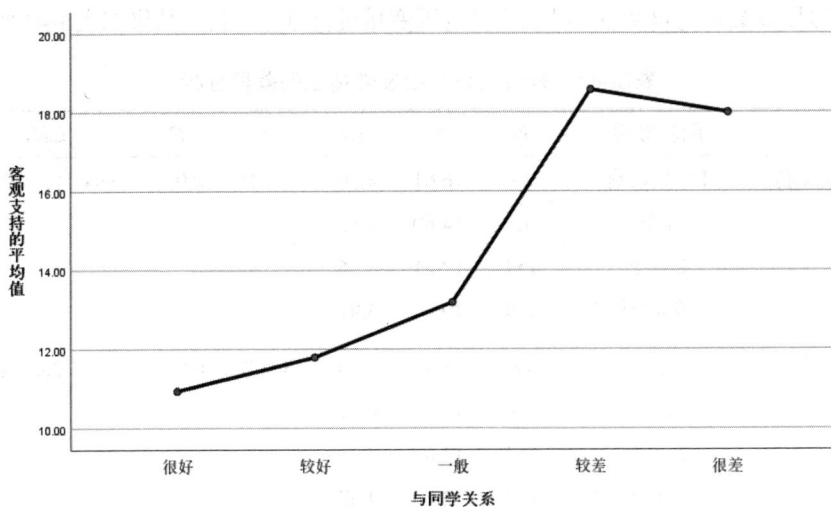

图3-29 大学生客观支持在与同学关系上的趋势分布图

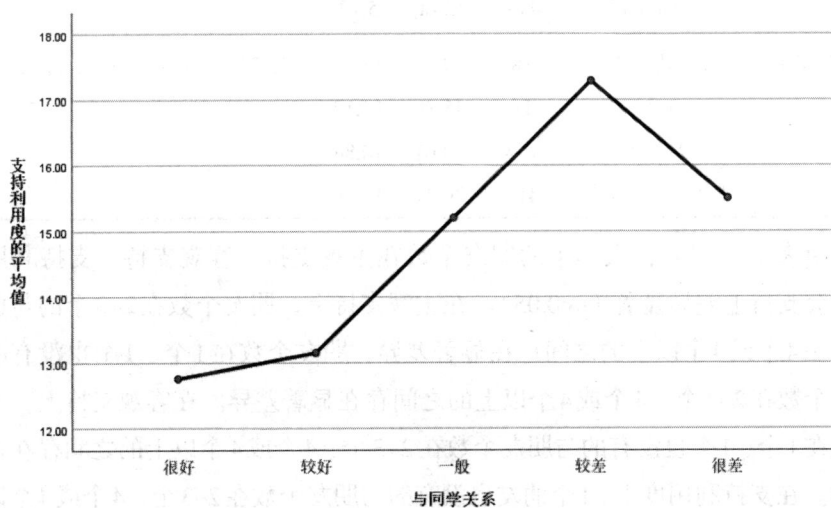

图3-30 大学生支持利用度在与同学关系上的趋势分布图

（十三）大学生社会支持在朋友数量上的差异

以朋友数量为自变量，社会支持为因变量进行方差分析，结果如表3-41所示。

表3-41 社会支持在朋友数量上的差异分析

	朋友数量	N	M	SD	F	P	LSD
主观支持	1个也没有	18	16.61	4.30	23.219	0.000	3>4; 1, 2>3, 4
	1个	15	14.60	4.82			
	2~3个	154	12.21	3.56			
	4个或4个以上	419	10.54	3.91			
客观支持	1个也没有	18	15.67	5.50	5.663	0.001	1, 2>3, 4
	1个	15	15.20	6.71			
	2~3个	154	12.69	4.35			
	4个或4个以上	419	12.10	4.57			
支持利用度	1个也没有	18	17.39	4.64	5.039	0.002	1>3, 4; 3>4
	1个	15	16.00	5.20			
	2~3个	154	14.71	4.89			
	4个或4个以上	419	13.66	5.12			
社会支持	1个也没有	18	49.67	11.03	12.692	0.000	3>4; 1, 2>3, 4
	1个	15	45.80	14.17			
	2~3个	154	39.61	10.84			
	4个或4个以上	419	36.31	11.49			

由表3-41可知，大学生的朋友个数在主观支持、客观支持、支持利用度和社会支持上差异显著（$p<0.05$）。在主观支持上，朋友个数在2~3个的与朋友个数在4个或4个以上的之间存在显著差异，朋友个数在1个、1个也没有的与朋友个数在2~3个、4个或4个以上的之间存在显著差异。在客观支持上，朋友个数在1个、1个也没有的与朋友个数在2~3个、4个或4个以上的之间存在显著差异。在支持利用度上，1个朋友也没有的与朋友个数在2~3个、4个或4个以上的之间存在显著差异，朋友个数在2~3个与朋友个数4个或4个以上的之间存在显著差异。在社会支持上，朋友个数在1个、1个也没有的与朋友个数在2~3个、4个或4个以上的之间存在显著差异，朋友个数在2~3个社会支持与朋友个数在4个或4个以上的之间存在显著差异。具体的趋势分布图如图3-31至图3-34所示。

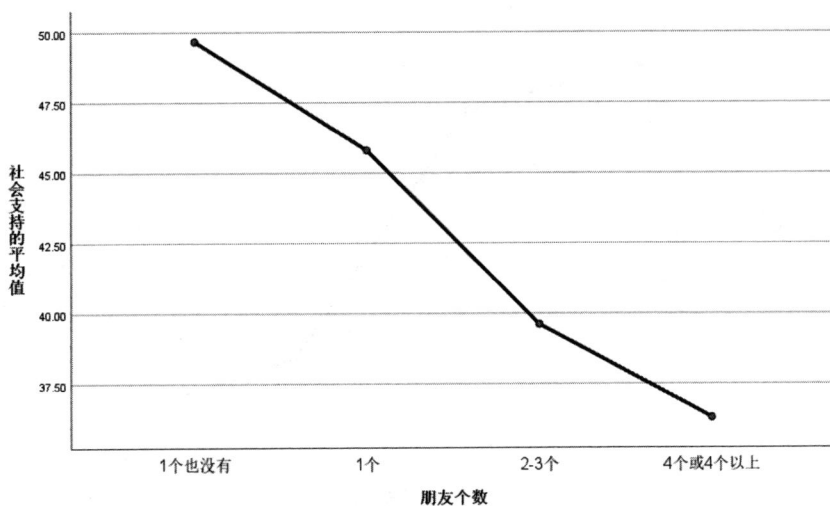

图3-31 大学生社会支持在朋友数量上的趋势分布图

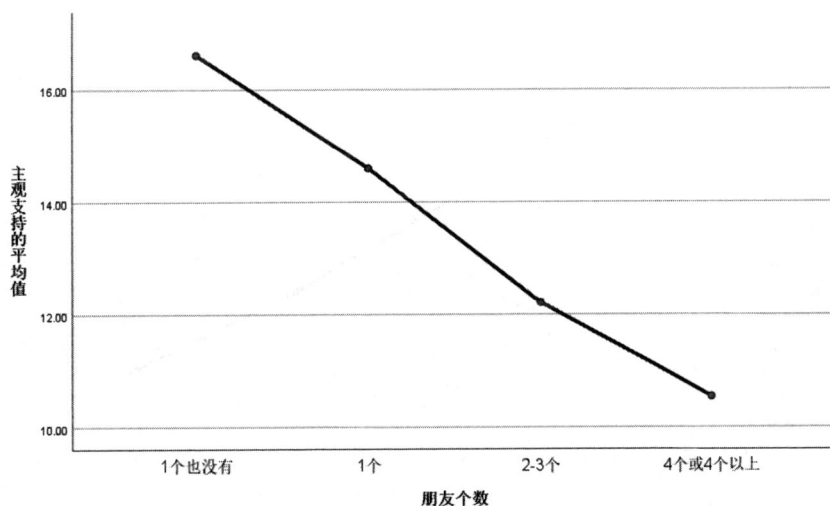

图3-32 大学生主观支持在朋友数量上的趋势分布图

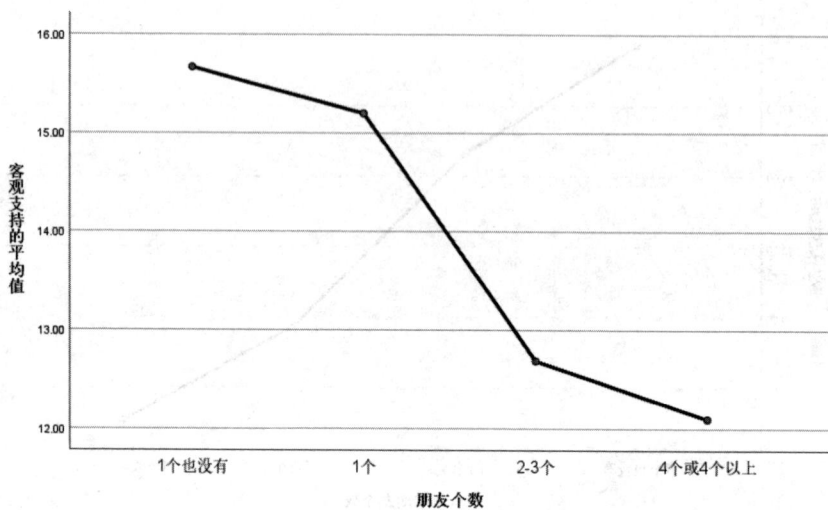

图3-33 大学生客观支持在朋友数量上的趋势分布图

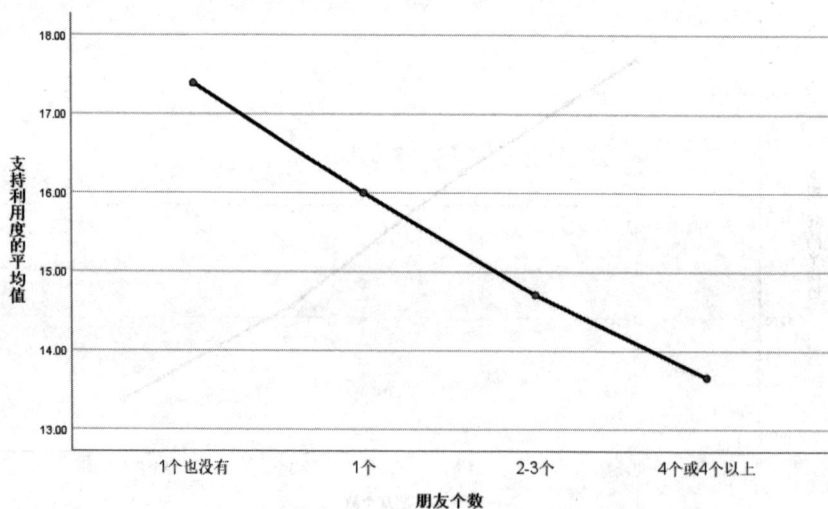

图3-34 大学生支持利用度在朋友数量上的趋势分布图

（十四）大学生社会支持在家庭类型上的差异

以家庭类型为自变量、社会支持为因变量进行方差分析，结果如表3-42所示。

表3-42 社会支持在与家庭类型上的差异分析

	家庭类型	N	M	SD	F	P	LSD
主观支持	大家庭（长期三代同堂）	201	11.00	4.02	1.107	0.356	6>1
	核心家庭	297	11.21	4.08			
	重组家庭	19	11.84	4.57			
	单亲家庭	39	11.49	4.68			
	隔代家庭	3	9.00	4.00			
	其他家庭	47	12.32	3.34			
客观支持	大家庭（长期三代同堂）	201	12.14	4.53	2.160	0.057	6>1, 2
	核心家庭	297	12.24	4.63			
	重组家庭	19	13.32	5.73			
	单亲家庭	39	12.79	4.91			
	隔代家庭	3	10.33	6.66			
	其他家庭	47	14.34	4.27			
支持利用度	大家庭（长期三代同堂）	201	13.73	4.85	1.972	0.081	6>1, 2, 4
	核心家庭	297	14.19	5.23			
	重组家庭	19	13.79	5.11			
	单亲家庭	39	13.44	5.07			
	隔代家庭	3	10.67	4.04			
	其他家庭	47	16.00	5.09			
社会支持	大家庭（长期三代同堂）	201	36.87	11.17	2.211	0.052	6>1, 2
	核心家庭	297	37.63	11.98			
	重组家庭	19	38.95	13.83			
	单亲家庭	39	37.72	11.69			
	隔代家庭	3	30.00	10.82			
	其他家庭	47	42.66	10.61			

由表3-42可知，大学生的家庭类型在主观支持、客观支持、支持利用度和社会支持上差异不显著（p>0.05）。在主观支持上，家庭类型为大家庭（长期三

代同堂）的与家庭类型为其他家庭的之间存在显著差异。在客观支持上，家庭类型为大家庭（长期三代同堂）、核心家庭的与家庭类型为其他家庭的之间存在显著差异。在支持利用度上，家庭类型为大家庭（长期三代同堂）、核心家庭、隔代家庭的与家庭类型为其他家庭的之间存在显著差异。在社会支持上，家庭类型为大家庭（长期三代同堂）、核心家庭的与家庭类型为其他家庭的之间存在显著差异。

四、大学生特质焦虑在人口学变量上的差异

（一）大学生特质焦虑在性别上的差异

以性别为自变量、特质焦虑为因变量进行独立样本 t 检验，结果如表 3-43 所示。

表 3-43　特质焦虑在性别上的差异分析

	性别	N	M	SD	t	p
特质焦虑	男	218	43.95	7.84	-2.221	0.027
	女	388	45.35	7.20		

由表 3-43 可知，男生和女生在特质焦虑上差异显著（P<0.05），女生的特质焦虑高于男生。

（二）大学生特质焦虑在年级上的差异

以年级为自变量、特质焦虑为因变量进行方差分析，结果如表 3-44 所示。

表 3-44　特质焦虑在年级上的差异分析

	年级	N	M	SD	F	P
特质焦虑	大一	172	45.05	7.30	0.775	0.508
	大二	182	44.15	7.42		
	大三	190	45.24	7.50		
	大四	62	45.11	7.96		

由表 3-44 可知，大一、大二、大三、大四学生在特质焦虑上无显著差异（P>0.05）。

（三）大学生特质焦虑在专业上的差异

以专业为自变量、特质焦虑为因变量进行方差分析，结果如表3-45所示。

表3-45　特质焦虑在专业上的差异分析

	专业	N	M	SD	F	P	LSD
特质焦虑	文科类	170	45.71	7.55	1.613	0.185	1>2
	理科类	231	44.19	7.16			
	艺术类	114	45.28	7.40			
	医学类	91	44.35	8.04			

由表3-45可知，文科、理科、艺术、医学类学生在特质焦虑上无显著差异（P>0.05）。其中，文科类学生的特质焦虑与理科类学生的有显著差异。

（四）大学生特质焦虑在家庭所在地上的差异

以家庭所在地为自变量、特质焦虑为因变量进行方差分析，结果如表3-46所示。

表3-46　特质焦虑在家庭所在地上的差异分析

	家庭所在地	N	M	SD	F	P
特质焦虑	城市	64	43.86	8.92	0.800	0.494
	城郊	27	44.67	8.61		
	乡镇	99	45.69	7.39		
	农村	416	44.81	7.16		

由表3-46可知，大学生家庭所在地在特质焦虑上差异不显著（p>0.05）。

（五）大学生特质焦虑在是否独生子女上的差异

以是否独生子女为自变量、特质焦虑为因变量进行独立样本T检验，结果如表3-47所示。

表3-47　特质焦虑在是否独生子女上的差异分析

	是否独生子女	N	M	SD	t	p
特质焦虑	是	53	43.17	9.41	-1.713	0.087
	否	553	45.01	7.24		

由表3-47可知，大学生是否是独生子女在特质焦虑上差异不显著（p>0.05）。

（六）大学生特质焦虑在成绩上的差异

以成绩为自变量、特质焦虑为因变量进行方差分析，结果如表3-48所示。

表3-48   特质焦虑在成绩上的差异分析

	成绩	N	M	SD	F	P	LSD
特质焦虑	上游	29	42.66	8.15	1.731	0.141	3>2
	中上游	138	43.84	8.03			
	中游	317	45.41	7.25			
	中下游	75	45.01	6.05			
	下游	47	45.06	8.45			

由表3-48可知，大学生成绩在特质焦虑上差异不显著（p>0.05）。成绩处于中上游的学生的特质焦虑与成绩处于中游的学生有显著差异。

（七）大学生特质焦虑在月生活上的差异

以月生活费自变量、特质焦虑为因变量进行方差分析，结果如表3-49所示。

表3-49   特质焦虑在月生活费上的差异分析

	月生活费	N	M	SD	F	P
特质焦虑	300以下	45	45.02	6.63	0.775	0.542
	300-500	158	45.46	7.38		
	500-800	220	44.83	7.42		
	800-1000	146	44.57	7.67		
	1000以上	37	43.19	8.25		

由表3-49可知，大学生的月生活费在特质焦虑上差异不显著（p>0.005）。

（八）大学生特质焦虑在父母工作情况上的差异

以父母工作情况为自变量、特质焦虑为因变量进行方差分析，结果如表3-50所示。

表3-50　特质焦虑在父母工作情况上的差异分析

	父母工作情况	N	M	SD	F	P
特质焦虑	父母都在家工作或务农	419	44.72	7.21	0.866	0.458
	父母双方在外打工或经商	125	45.50	7.97		
	父母外出打工或经商	45	43.71	7.57		
	母亲外出打工或经商	17	46.12	9.39		

由表3-50可知,大学生父母工作情况在特质焦虑上差异不显著（p>0.05）。

（九）大学生特质焦虑在是否恋爱上的差异

以是否恋爱为自变量、特质焦虑为因变量进行独立样本T检验,结果如表3-51所示。

表3-51　特质焦虑在是否恋爱上的差异分析

	是否恋爱	N	M	SD	t	p
特质焦虑	是	234	44.61	7.53	-0.611	0.541
	否	372	44.99	7.43		

由表3-51可知,大学生是否恋爱在特质焦虑上差异不显著（p>0.05）。谈恋爱的大学生的特质焦虑低于未谈恋爱的大学生。

（十）大学生特质焦虑在学习气氛上的差异

以学习气氛为自变量,特质焦虑为因变量进行方差分析,结果如表3-52所示。

表3-52　特质焦虑在学习气氛上的差异分析

	学习气氛	N	M	SD	F	P	LSD
特质焦虑	很好	28	41.61	8.92	2.788	0.026	3, 4, 5>1; 4>2
	较好	98	43.62	7.75			
	一般	339	45.02	6.89			
	较差	96	46.02	8.06			
	很差	45	45.67	8.08			

由表3-52可知,大学生学习气氛在特质焦虑上差异显著（p<0.05）。在特

质焦虑上，学习氛围很好的与学习氛围很差、较差、一般的之间存在显著差异，学习气氛较差的与学习氛围较好的之间存在显著差异。具体的趋势分布图如图3-35所示。

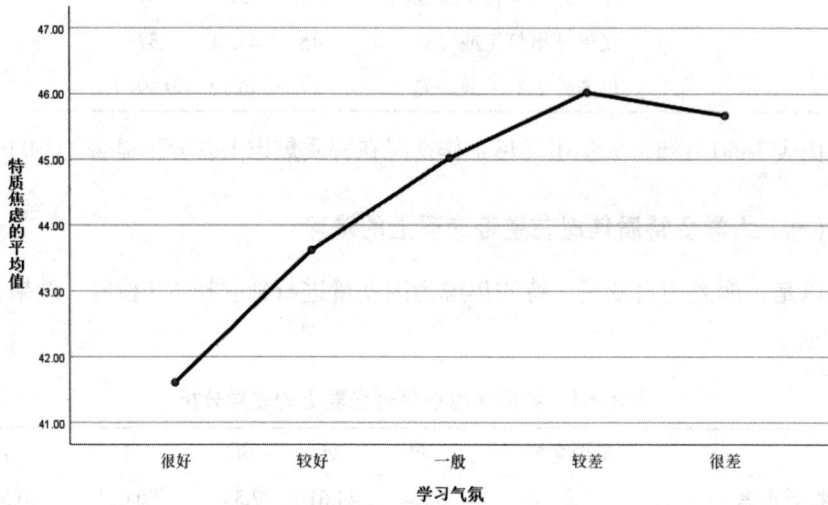

图3-35 大学生特质焦虑在学习气氛上的趋势分布图

（十一）大学生特质焦虑在老师关系上的差异

以与老师关系为自变量、特质焦虑为因变量进行方差分析，结果如表3-53所示。

表3-53　特质焦虑在与老师关系上的差异分析

	与老师关系	N	M	SD	F	P	LSD
特质焦虑	很好	33	40.94	9.09	5.569	0.000	3, 5, 4>1, 2; 4>2
	较好	117	43.58	7.02			
	一般	413	45.18	7.31			
	较差	36	47.83	7.08			
	很差	7	49.43	7.74			

由表3-53可知，大学生与老师的关系在特质焦虑上差异显著（p<0.05）。在特质焦虑上，与老师关系一般、较差、很差的和与老师关系很好、较好的之

间存在显著差异，与老师关系较差的和与老师关系较好的之间存在显著差异。具体的趋势分布图如图3-36所示。

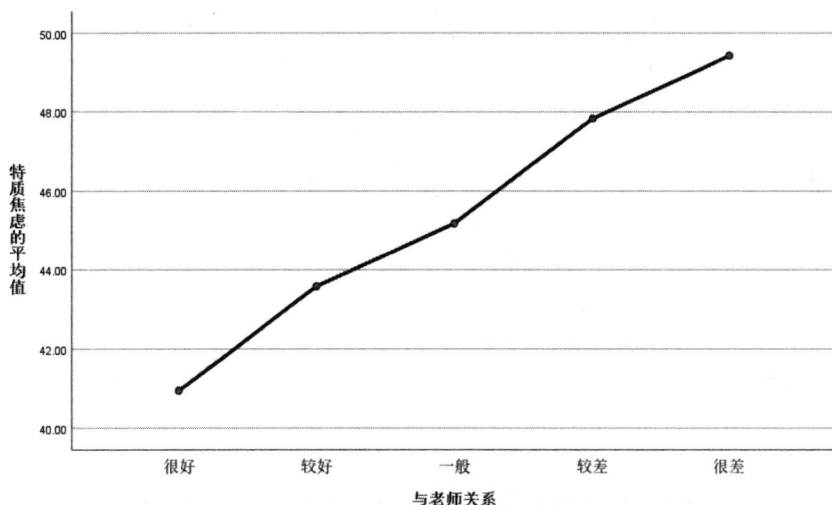

图3-36 大学生特质焦虑在与老师关系上的趋势分布图

（十二）大学生特质焦虑在与同学关系上的差异

以与同学关系为自变量、特质焦虑为因变量进行方差分析，结果如表3-54所示。

表3-54 特质焦虑在与同学关系上的差异分析

	与同学关系	N	M	SD	F	P	LSD
特质焦虑	很好	66	40.32	7.46	15.769	0.000	2, 3, 4, 5>1; 3, 4>2
	较好	255	43.61	7.24			
	一般	276	46.87	6.96			
	较差	7	51.00	6.56			
	很差	2	50.50	0.71			

由表3-54可知，大学生与同学的关系在特质焦虑上差异显著（p<0.05）。在特质焦虑上，与同学关系一般、较好、较差、很差的学生和与同学关系很好的学生之间存在显著差异，与同学关系一般、较差的学生和与同学关系较好的

学生之间存在显著差异。具体的趋势分布图如图3-37所示。

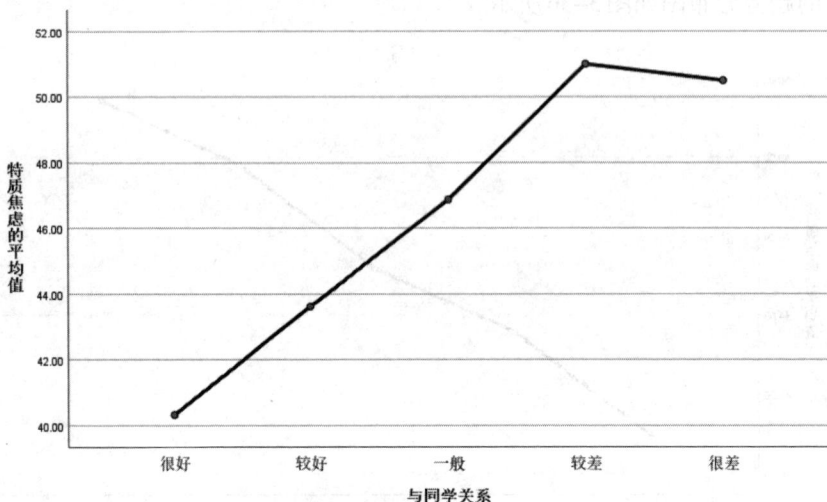

图3-37 大学生特质焦虑在与同学关系上的趋势分布图

（十三）大学生特质焦虑在朋友数量上的差异

以朋友个数为自变量、特质焦虑为因变量进行方差分析，结果如表3-55所示。

表3-55 特质焦虑在朋友个数上的差异分析

	朋友个数	N	M	SD	F	P	LSD
特质焦虑	1个也没有	18	47.78	8.00	4.857	0.002	1, 3>4
	1个	15	45.73	6.46			
	2~3个	154	46.45	6.93			
	4个或4个以上	419	44.10	7.56			

由表3-55可知，大学生的朋友个数在特质焦虑上差异显著（p<0.05）。在特质焦虑上，朋友个数在2~3个、1个也没有的学生与朋友个数在4个或4个以上的学生之间存在显著差异。具体的趋势分布图如图3-38所示。

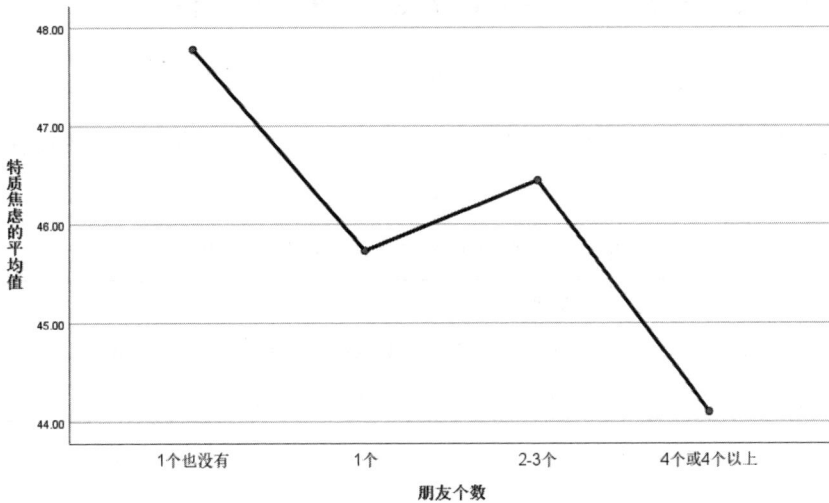

图3-38 大学生特质焦虑在朋友数量上的趋势分布图

（十四）大学生特质焦虑在家庭类型上的差异

以家庭类型为自变量、特质焦虑为因变量进行方差分析，结果如表3-56所示。

表3-56　特质焦虑在与家庭类型上的差异分析

	家庭类型	N	M	SD	F	P
特质焦虑	大家庭（长期三代同堂）	201	44.78	7.62	1.452	0.204
	核心家庭	297	44.60	7.46		
	重组家庭	19	47.79	5.84		
	单亲家庭	39	44.31	7.63		
	隔代家庭	3	39.00	2.65		
	其他家庭	47	46.34	7.17		

由表3-56可知，大学生的家庭类型在特质焦虑上差异不显著（p>0.05）。

五、大学生状态焦虑在人口学变量上的差异分析

（一）大学生状态焦虑在性别上的差异

以性别为自变量、状态焦虑为因变量进行独立样本t检验，结果如表3-57
所示。

表3-57　状态焦虑在性别上的差异分析

	性别	N	M	SD	t	p
状态焦虑	男	217	42.65	8.02	-1.068	0.286
	女	387	43.38	8.12		

由表3-57可知，男生和女生在状态焦虑上无显著差异（P>0.05）。

（二）大学生状态焦虑在年级上的差异

以年级为自变量、状态焦虑为因变量进行方差分析，结果如表3-58所示。

表3-58　状态焦虑在年级上的差异分析

	年级	N	M	SD	F	P
状态焦虑	大一	172	43.03	8.03	0.473	0.701
	大二	180	42.63	7.84		
	大三	190	43.43	8.26		
	大四	62	43.82	8.52		

由表3-58可知，大一、大二、大三、大四学生在状态焦虑上无显著差异
（P>0.05）。

（三）大学生状态焦虑在专业上的差异

以专业为自变量、状态焦虑为因变量进行方差分析，结果如表3-59所示。

表3-59　状态焦虑在专业上的差异分析

	专业	N	M	SD	F	P
状态焦虑	文科类	170	44.04	8.36	1.173	0.319
	理科类	230	42.62	7.10		

专业	N	M	SD	F	P
艺术类	113	43.21	8.72		
医学类	91	42.56	9.04		

由表3-59可知，文科、理科、艺术、医学类学生在状态焦虑上无显著差异（P>0.05）。

（四）大学生状态焦虑在家庭所在地上的差异

以家庭所在地为自变量、状态焦虑为因变量进行方差分析，结果如表3-60所示。

表3-60　状态焦虑在家庭所在地上的差异分析

	家庭所在地	N	M	SD	F	P
状态焦虑	城市	64	42.94	8.82	0.769	0.512
	城郊	27	41.67	10.83		
	乡镇	99	44.06	8.57		
	农村	414	43.02	7.65		

由表3-60可知，大学生家庭所在地在状态焦虑上差异不显著（p>0.05）。

（五）大学生状态焦虑在是否独生子女上的差异

以是否独生子女为自变量、状态焦虑为因变量进行独立样本T检验，结果如表3-61所示。

表3-61　状态焦虑在是否独生子女上的差异分析

	是否独生子女	N	M	SD	t	p
状态焦虑	是	53	42.04	9.01	-1.019	0.309
	否	551	43.22	8.00		

由表3-61可知，大学生是否是独生子女在状态焦虑上差异不显著（p>0.05）。

（六）大学生状态焦虑在成绩上的差异

以成绩为自变量、状态焦虑为因变量进行方差分析，结果如表3-62所示。

表3-62　状态焦虑在成绩上的差异分析

	成绩	N	M	SD	F	P
状态焦虑	上游	29	41.03	6.75	1.552	0.186
	中上游	138	42.16	7.24		
	中游	316	43.73	8.48		
	中下游	75	42.71	6.93		
	下游	46	43.80	9.88		

由表3-62可知，大学生成绩在状态焦虑上差异不显著（p>0.05）。

（七）大学生状态焦虑在月生活上的差异

以月生活费自变量，状态焦虑为因变量进行方差分析，结果如表3-63所示。

表3-63　状态焦虑在月生活费上的差异分析

	月生活费	N	M	SD	F	P
状态焦虑	300以下	45	44.13	7.20	1.328	0.258
	300-500	158	44.10	8.81		
	500-800	219	42.89	7.01		
	800-1000	145	42.42	8.79		
	1000以上	37	41.78	8.83		

由表3-63可知，大学生的月生活费在状态焦虑上差异不显著（p>0.05）。

（八）大学生状态焦虑在父母工作情况上的差异

以父母工作情况为自变量、状态焦虑为因变量进行方差分析，结果如表3-64所示。

表3-64　状态焦虑在父母工作情况上的差异分析

	父母工作情况	N	M	SD	F	P
状态焦虑	父母都在家工作或务农	418	42.91	7.85	0.780	0.506
	父母双方在外打工或经商	124	44.08	8.85		
	父母外出打工或经商	45	42.80	8.75		
	母亲外出打工或经商	17	42.18	6.14		

由表3-64可知，大学生父母工作情况在状态焦虑上差异不显著（p>0.05）。

（九）大学生状态焦虑在是否恋爱上的差异

以是否恋爱为自变量、状态焦虑为因变量进行独立样本T检验，结果如表3-65所示。

表3-65　状态焦虑在是否恋爱上的差异分析

	是否恋爱	N	M	SD	t	p
状态焦虑	是	234	42.56	8.61	-1.363	0.173
	否	370	43.48	7.73		

由表3-65可知，大学生是否恋爱在状态焦虑上差异不显著（p>0.05）。

（十）大学生状态焦虑在学习气氛上的差异

以学习气氛为自变量、状态焦虑为因变量进行方差分析，结果如表3-66所示。

表3-66　状态焦虑在学习气氛上的差异分析

	学习气氛	N	M	SD	F	P	LSD
状态焦虑	很好	28	39.71	9.85	2.457	0.045	3, 4, 5>1
	较好	98	41.95	8.83			
	一般	338	43.32	7.46			
	较差	96	43.86	8.26			
	很差	44	44.70	8.90			

由表3-66可知，大学生学习气氛在状态焦虑上差异显著（p<0.05）。在状态焦虑上，学习氛围很差、较差、一般的与学习氛围很好的之间存在显著差异。具体的趋势分布图如图3-39所示。

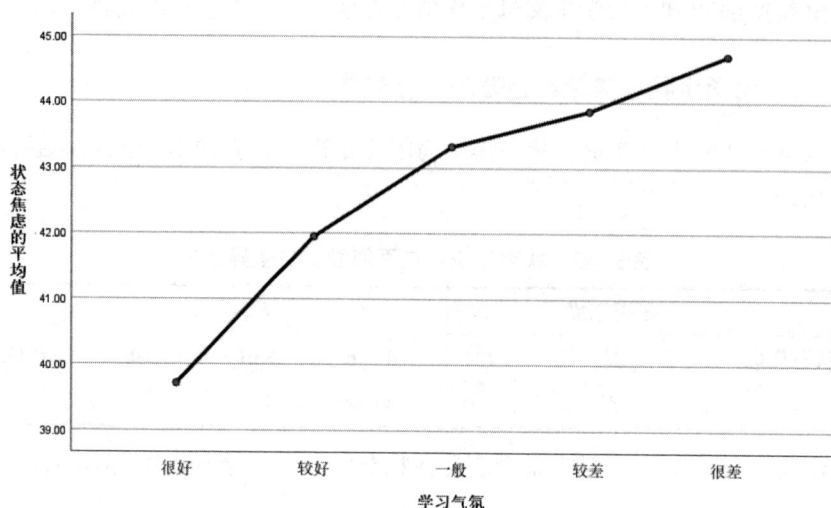

图3-39　大学生状态焦虑在学习气氛上的趋势分布图

（十一）大学生状态焦虑在老师关系上的差异

以与老师关系为自变量、状态焦虑为因变量进行方差分析，结果如表3-67所示。

表3-67　状态焦虑在与老师关系上的差异分析

	专业	N	M	SD	F	P	LSD
状态焦虑	很好	33	39.70	10.21	3.340	0.010	3，4，5>1；4>2
	较好	116	42.38	8.36			
	一般	412	43.29	7.64			
	较差	36	45.81	8.90			
	很差	7	47.57	8.81			

由表3-67可知，大学生与老师的关系在状态焦虑上差异显著（p<0.05）。在状态焦虑上，与老师关系一般、较差、很差的学生和与老师关系很好的学生之间存在显著差异。与老师关系较差的学生与和老师关系较好的学生之间存在显著差异。具体的趋势分布图如图3-40所示。

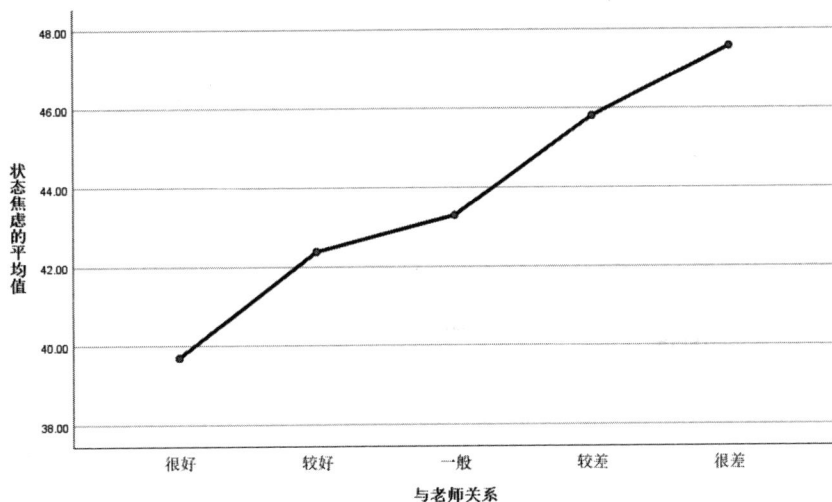

图3-40 大学生状态焦虑在与老师关系上的趋势分布图

（十二）大学生状态焦虑在与同学关系上的差异

以与同学关系为自变量、状态焦虑为因变量进行方差分析，结果如表3-68所示。

表3-68　状态焦虑在与同学关系上的差异分析

	与同学关系	N	M	SD	F	P	LSD
状态焦虑	很好	65	39.31	8.30	9.241	0.000	3，4>1，2；2>1
	较好	255	42.04	7.85			
	一般	275	44.85	7.77			
	较差	7	48.29	9.07			
	很差	2	47.50	9.19			

由表3-68可知，大学生与同学的关系在状态焦虑上差异显著（p<0.05）。在状态焦虑上，与同学关系较好、很好的学生和与同学关系一般、较差的学生之间存在显著差异，与同学关系很好的学生和与同学关系较好的学生之间存在显著差异。具体的趋势分布图如图3-41所示。

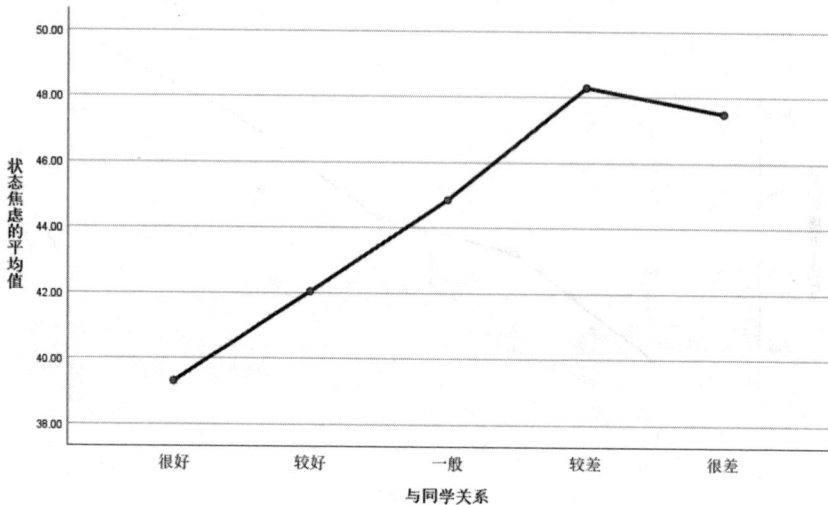

图3-41　大学生状态焦虑在与同学关系上的趋势分布图

（十三）大学生状态焦虑在朋友数量上的差异

以朋友个数为自变量、状态焦虑为因变量进行方差分析，结果如表3-69所示。

表3-69　状态焦虑在朋友个数上的差异分析

	朋友个数	N	M	SD	F	P	LSD
状态焦虑	1个也没有	18	45.78	10.21	4.440	0.004	3>4
	1个	15	43.33	6.69			
	2~3个	154	44.88	7.80			
	4个或4个以上	417	42.35	8.04			

由表3-69可知，大学生的朋友个数在状态焦虑上差异显著（$p<0.05$）。在状态焦虑上，朋友个数在2~3个的学生与朋友个数在4个或4个以上的学生之间存在显著差异。具体的趋势分布图如图3-42所示。

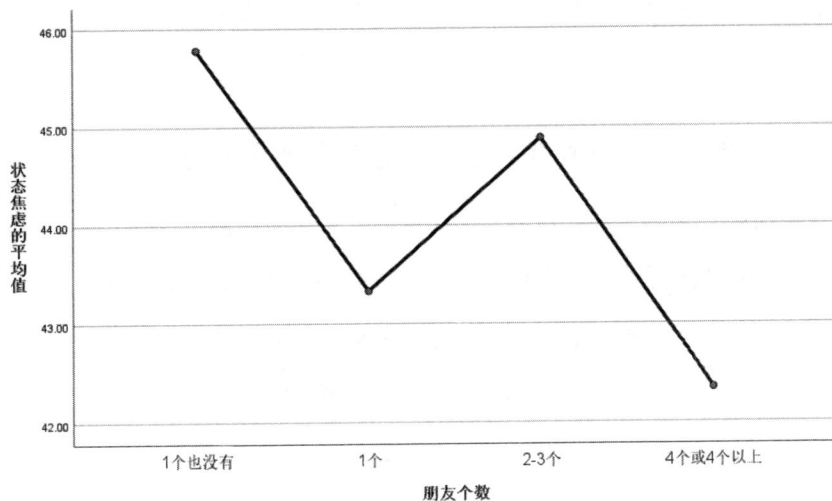

图3-42　大学生状态焦虑在朋友数量上的趋势分布图

（十四）大学生状态焦虑在家庭类型上的差异

以家庭类型为自变量、状态焦虑为因变量进行方差分析，结果如表3-70所示。

表3-70　状态焦虑在与家庭类型上的差异分析

	家庭类型	N	M	SD	F	P	LSD
状态焦虑	大家庭 （长期三代同堂）	199	43.36	8.46	1.555	0.171	3>4；
	核心家庭	297	42.71	7.97			
	重组家庭	19	46.05	5.30			
	单亲家庭	39	41.56	8.19			
	隔代家庭	3	40.00	7.94			
	其他家庭	47	44.96	7.80			

由表3-70可知，大学生的家庭类型在状态焦虑上差异不显著（p>0.05）。在状态焦虑上，家庭类型为重组家庭的学生与家庭类型为单亲家庭的学生之间存在显著差异。

第四节　大学生攻击性的形成机制模型分析

一、焦虑和孤独感在生活事件与羞怯间的中介分析

首先研究大学生羞怯与焦虑、生活事件、孤独感的相关，对大学生的羞怯、状态焦虑、特质焦虑和生活事件四个变量进行相关分析，结果见表4-1。

表4-1　大学生羞怯与焦虑、孤独的相关

	羞怯	状态焦虑	特质焦虑	生活事件	孤独感
羞怯	1				
状态焦虑	0.402***	1			
特质焦虑	0.502***	0.724***	1		
生活事件	0.397***	0.315***	0.326***	1	
孤独感	0.493***	0.457***	0.580***	0.313***	1

注：*表示$p < 0.05$，**表示$p < 0.01$，***表示$p < 0.001$，下同。

表4-1表明，大学生羞怯与状态焦虑、特质焦虑、生活事件、孤独感均呈显著正相关（$p < 0.001$）。

再次探究状态焦虑和特质焦虑的中介作用检验。根据卞冉等人的主张，将孤独感、状态焦虑和特质焦虑的各20个项目均按照7个、7个和6个项目的数量分成三组观测指标。采用结构方程模型考察大学生生活事件和羞怯、状态焦虑、特质焦虑的关系。根据中介效应检验程序，首先检验生活事件对羞怯的直接效应，然后分别检验加入中介变量状态焦虑和特质焦虑后路径系数的显著程度及模型的拟合情况。结构方程模型直接效应分析的结果发现，生活事件对羞怯的直接作用路径显著（b=0.48，$p < 0.001$），且模型拟合良好，$\chi^2/df = 4.485$，NFI $= 0.945$，IFI $= 0.957$，TLI $= 0.942$，CFI $= 0.956$，RMSEA $= 0.076$。在生活事件与羞怯之间加入状态焦虑，构建结构方程模型，见图4-1。

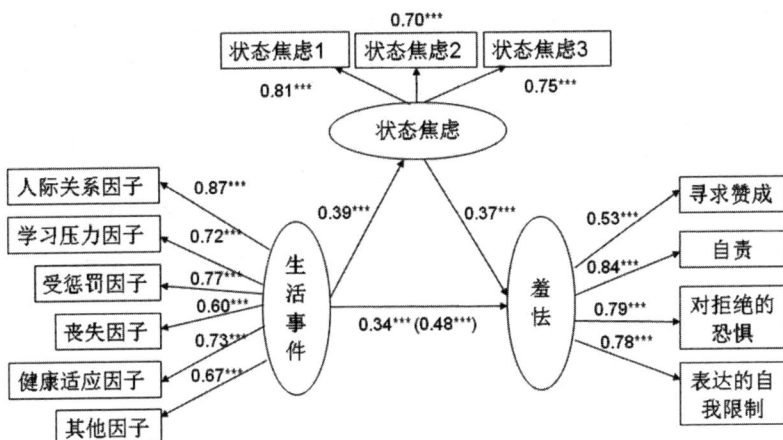

图4-1 状态焦虑在生活事件与羞怯间的中介作用模型

图4-1表明，状态焦虑作为中介的模型拟合良好，$\chi^2/df = 3.563$，NFI $= 0.937$，IFI $= 0.954$，TLI $= 0.942$，CFI $= 0.954$，RMSEA $= 0.065$，且生活事件与状态焦虑、状态焦虑与羞怯之间的路径系数均显著。在生活事件与羞怯之间加入特质焦虑，构建结构方程模型，见图4-2。

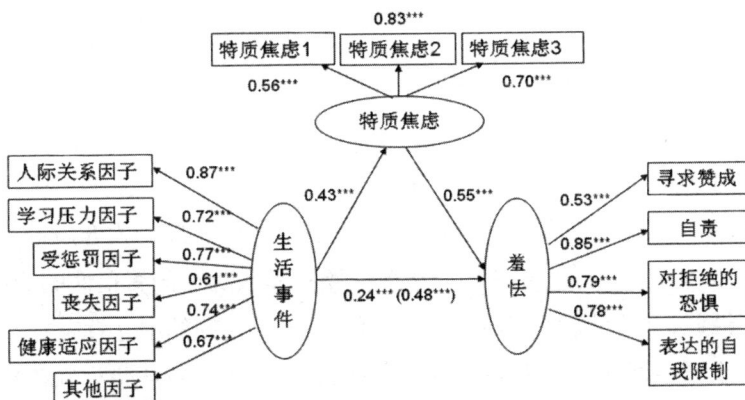

图4-2 特质焦虑在生活事件与羞怯间的中介作用模型

图4-2表明，特质焦虑作为中介的模型拟合良好，$\chi^2/df = 3.923$，NFI $= 0.933$，IFI $= 0.949$，TLI $= 0.935$，CFI $= 0.949$，RMSEA $= 0.070$，且生活事件与特质焦虑、特质焦虑与羞怯之间的路径系数均显著。

为了更好地验证状态焦虑和特质焦虑的中介作用，根据Bootstrap检验，若路径系数95%的置信区间不包括0，表明间接效应显著。因此对两条间接路径分别进行了5000次Bootstrap检验发现，生活事件—状态焦虑—羞怯的间接效应路径系数95%的置信区间为[0.1261，0.2075]，生活事件—特质焦虑—羞怯的间接效应路径系数95%的置信区间为[0.1030，0.1813]。每条路径的置信区间均未包含0，按照温忠麟等提出的标准，生活事件对羞怯的间接效应显著，因此验证了状态焦虑、特质焦虑在生活事件与羞怯之间具有显著的中介效应。

同样地，在生活事件与羞怯之间加入孤独感构建结构方程模型，见图4-3。

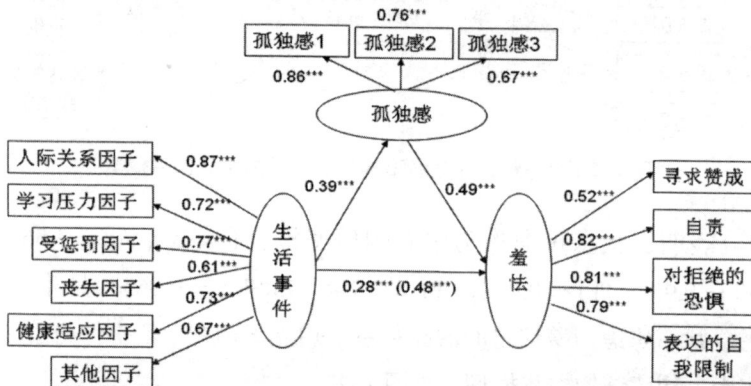

图4-3 孤独感在生活事件与羞怯间的中介作用模型

图4-3表明，孤独感作为中介的模型拟合良好，$\chi^2/df = 4.010$，NFI = 0.932，IFI = 0.948，TLI = 0.934，CFI = 0.948，RMSEA = 0.071，生活事件对羞怯的预测系数由原来的0.48下降为0.28，且生活事件与孤独感、孤独感与羞怯之间的路径系数均显著。对此间接路径分别进行了5000次Bootstrap检验发现，生活事件—孤独感—羞怯的间接效应路径系数95%的置信区间为[0.1074，0.1855]。因此，可以认为孤独感在生活事件与羞怯之间的中介效应显著。

在以上三条间接路径中$abc' > 0$，说明状态焦虑、特质焦虑和孤独感在生活事件和羞怯之间为部分中介作用。

二、焦虑在孤独感与攻击性间的中介分析

首先探究大学生攻击性与焦虑、孤独的相关。对大学生的攻击性、状态焦虑、特质焦虑和孤独感四个变量进行相关分析，结果见表4-2。

表4-2 大学生攻击性与焦虑、孤独的相关

	攻击性	状态焦虑	特质焦虑	孤独感
攻击性	1			
状态焦虑	0.257***	1		
特质焦虑	0.346***	0.724***	1	
孤独感	0.301***	0.457***	0.580***	1

注：*表示$p < 0.05$，**表示$p < 0.01$，***表示$p < 0.001$，下同。

表4-2表明，大学生攻击性与状态焦虑、特质焦虑、孤独感之间均呈显著正相关（$p < 0.001$）。

既然孤独感、状态焦虑、特质焦虑与攻击性均存在显著正相关，孤独感与状态焦虑、特质焦虑之间也存在显著正相关，这说明在某种程度上孤独感、状态焦虑、特质焦虑对攻击性存在某种作用机制。为了进一步探讨大学生攻击性与状态焦虑、特质焦虑、孤独感的关系，采用复回归分析，结果见表4-3。

表4-3 孤独、焦虑对大学生攻击性的预测分析

步骤	因变量	自变量	R^2	B	b值	t	p
1	攻击性	孤独感	0.091	0.420	0.301	7.767	0.000
2	状态焦虑	孤独感	0.209	0.475	0.457	12.623	0.000
	特质焦虑	孤独感	0.337	0.556	0.580	17.506	0.000
3	攻击性	孤独感	0.111	0.334	0.239	5.535	0.000
		状态焦虑		0.198	0.147	3.407	0.001
	攻击性	孤独感	0.135	0.211	0.151	3.252	0.001
		特质焦虑		0.377	0.259	5.566	0.000

表4-3的结果表明，在第一步的回归分析中，以孤独感为自变量、攻击性为因变量，回归分析的b值有显著，第二步分别以状态焦虑和特质焦虑为因变量、孤独感为自变量，回归分析中的b值显著，第三步，以攻击性为因变量、孤独感和状态焦虑为自变量的b值也显著，并且解释率由9.1%增加到了11.1%，同样地，以攻击性为因变量、孤独感和特质焦虑为自变量的b值也显著，并且解释率由9.1%增加到了13.5%。因此，孤独感可以直接对攻击性产生影响，也可以通过状态焦虑和特质焦虑对攻击性产生影响。

如上方法，将孤独感、状态焦虑和特质焦虑的各20个项目均按照7个、7个和6个项目的数量分成三个小组，这样孤独感、状态焦虑和特质焦虑分别就有了相应的三组观测指标组。将孤独感作为预测变量、攻击性作为结果变量，状态焦虑为中介变量构建模型1，根据中介模型检验的标准，该模型的拟合指标为 $\chi^2/df = 4.595$，NFI $= 0.923$，IFI $= 0.939$，TLI $= 0.914$，CFI $= 0.939$，RMSEA $= 0.078$，结果见图4–4。

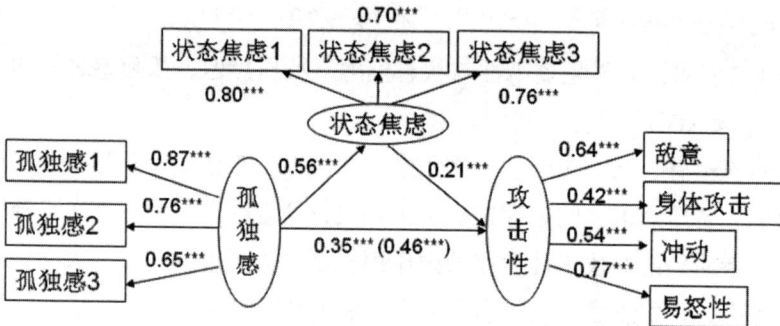

图4-4 状态焦虑在孤独感与攻击性之间的中介作用模型图

再将中介变量换成特质焦虑进行结构建模，为模型2。模型2拟合指标为 $\chi^2/df = 5.319$，NFI $= 0.917$，IFI $= 0.932$，TLI $= 0.903$，CFI $= 0.931$，RMSEA $= 0.085$。见图4–5。

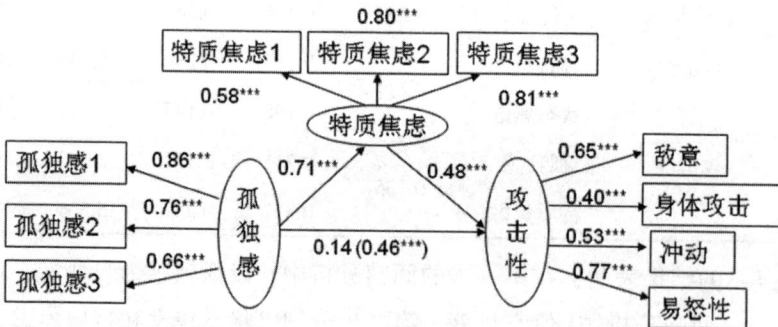

图4-5 特质焦虑在孤独感与攻击性间的中介作用模型

从图4-4、图4-5的各拟合指数可以看出，模型1和模型2的结构方程模型的拟合指数均比较好，达到了统计学的要求。在模型拟合的基础上，采用Bootstrap程序对中介效应的显著性进行检验，重复取样5000次，计算95%的置信区间；同时采用温忠麟等（2004）计算效果量的方法，即效果量为中介效应值除以总效应量。结果见表4-4。

表4-4　对中介效应显著性检验的Bootstrap分析及效果量

路径	间接效应大小	效果量	95%的置信区间	
			上限	下限
孤独感-状态焦虑-攻击性	0.0933	0.0933/(0.0933+0.46)=0.169	0.0325	0.1563
孤独感-特质焦虑-攻击性	0.2110	0.211/(0.211+0.46)=0.314	0.1344	0.2945

由表4-4可知，每条路径的置信区间均未包含0，按照温忠麟等（2014）提出的标准，孤独感对攻击性的间接效应显著，因此验证了状态焦虑、特质焦虑在孤独感与攻击性之间具有显著的中介效应。同时模型1和模型2中的abc'＞0，说明状态焦虑和特质焦虑在孤独感和攻击性之间为部分中介作用。

三、抑郁、自我评价在生活事件与攻击性间的中介分析

分别对大学生的抑郁、生活事件、核心自我评价和攻击性进行描述统计分析和相关分析，结果见表4-5。

表4-5　抑郁、生活事件、核心自我评价和攻击性的描述统计和相关分析

变量	$M \pm SD$	题平均数	抑郁	生活事件	核心自我评价	攻击性
抑郁	49.111 ± 9.580	2.455	1			
生活事件	38.826 ± 19.219	1.438	0.324***	1		
核心自我评价	33.669 ± 5.599	3.367	-0.592***	-0.331***	1	
攻击性	56.680 ± 10.865	2.576	0.274***	0.301***	-0.288***	1

注：*表示$p < 0.05$，**表示$p < 0.01$，***表示$p < 0.001$，下同。

表4-5中大学生的抑郁水平中等偏高（题平均数＞2），按照抑郁标准分＞53分个体就存在抑郁情绪的标准，发现本研究中有197人的大学生存在抑郁情绪，占比32.9%。对抑郁的标准分数进行前后各27%的高低分组，并对分组后的高分组和低分组检验在攻击性上的差异，发现高抑郁组大学生的攻击性显著高于低抑郁组大学生（高分组M+SD=60.84+4.74，n=170；低分组M+SD=37.46+4.06，n=164；t=-48.324；p＜0.000）。同时相关分析表明核心自我评价和攻击性、生活事件、抑郁均呈显著负相关；而抑郁、攻击性与生活事件

呈现出显著的两两正相关。

通过AMOS软件建立结构方程模型，其中以生活事件为自变量，攻击性为因变量，分别以抑郁、核心自我评价为中介变量，建立模型M0和M1并进行路径分析，具体见图4-6和图4-7。

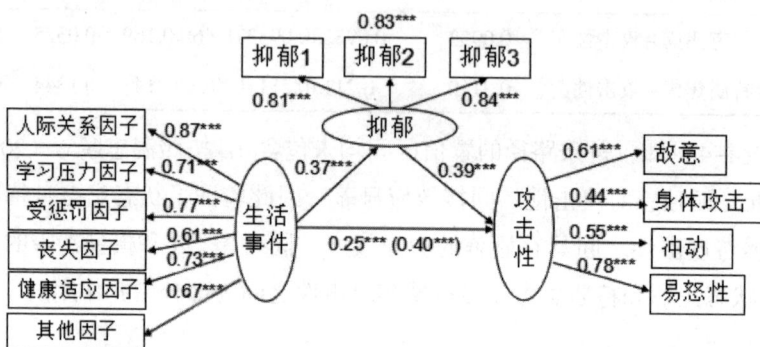

图4-6　抑郁在生活事件与攻击性之间的中介作用模型图

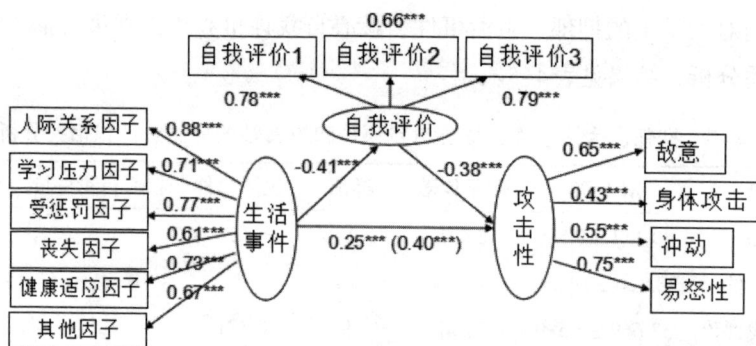

图4-7　核心自我评价在生活事件与攻击性间的中介作用模型

抑郁、核心自我评价分别在生活事件与攻击性的中介作用进行结构方程的模型拟合指数分析如表4-6所示，各项模型拟合指数均达到了测量学的要求，说明各模型拟合良好。

表4-6　各中介效应模型的拟合指标（n=599）

模型	χ^2/df	NFI	IFI	TLI	CFI	RMSEA
M_0	5.380	0.874	0.895	0.868	0.895	0.086
M_1	4.953	0.897	0.916	0.894	0.916	0.081

在模型拟合良好基础上，使用偏差校正的非参数百分位Bootstrap程序检验中介效应的显著性，重复取样1000次，计算95%的置信区间，结果如表4-7所示，生活事件对攻击性的直接效应显著，在分别加入抑郁、核心自我评价后的两个间接效应均显著。

表4-7　对中介效应显著性检验的Bootstrap分析及效果量

路径	效应量	95%的置信区间	
		上限	下限
生活事件→抑郁→攻击性	0.0361	0.0196	0.0576
生活事件→核心自我评价→攻击性	0.0397	0.0232	0.0609
生活事件→攻击性	0.1339	0.0889	0.1788

表4-7中每条路径的置信区间均未包含0，同时直接效应和间接效应的效果量均大于0，说明抑郁、核心自我评价在生活事件和攻击性之间为部分中介作用。

第五节　大学生攻击性行为形成机制的讨论

大学生羞怯与生活事件、状态焦虑、特质焦虑、孤独感均呈显著正相关。焦虑与羞怯呈正相关，这与之前对高职生的研究一致（简才永，2015），大学生在社交中若对自己做出消极评价，使他们在人际交往中容易产生羞怯的情绪体验。与以往的研究类似（高峰强，2017），大学生生活事件与羞怯显著正相关，生活事件发生得越频繁，当负性生活事件频发时，他们有太多负面能量未得到发泄，导致他们低估自己的能力，因此在社交情境中会减少交流，增加了羞怯程度。孤独感与羞怯的正相关也与以往的研究一致（王倩倩，2009），个体感受到越高的孤独感，他们通常不会轻易向其他人表达自己的情绪和想法，更多的是默默承受、慢慢积压负性情绪，那么他们在人际情境中的羞怯表现会越频繁，其羞怯水平就会越高。生活事件的出现，主要是负性生活事件，会给大学生带来情绪上的问题，比如焦虑情绪，也会有自己默默承受的孤独感，而这种焦虑和孤独会影响他们在人际情境中的表现，尤其是陌生的人际社交情境，会有沮丧和压抑，从而会出现提高羞怯水平。

从相关和回归分析来看，孤独感、状态焦虑和特质焦虑较高的大学生表现出了比较强的攻击性。以往也有研究证实社交焦虑能够显著正向预测大学生的攻击（吴晓薇，2015），特质焦虑能预测攻击行为倾向（郭梅英，2010）。对于大学生来说，他们处于成年早期，根据埃里克森心理发展的八阶段理论，这一时期的发展任务是获得亲密感以避免孤独感，发展亲密感、不孤独对是否能顺利地进入社会有重要作用。因此，大学生的孤独感在对他们的亲社会行为的发展有负面作用，而对亲社会行为的反面攻击行为有促进作用。同时大学生在相对自由的时间和空间中，如果把自己沉溺于网络游戏中，在社会适应过程中出现负面情绪，较多地接受传媒中的暴力镜头，并对这些暴力行为的后果不能正确地进行判断，使得他们的攻击性行为也会增多，从而出现打架斗殴的现象。大学生会面临一些紧张情境，诸如面试学生会等活动，他们在这种情境下产生一种短暂的焦虑情绪，这种焦虑状态会促使他们的自主神经活动过度兴奋，如果不及时疏导会表现在行为不适上，甚至导致类似的攻击性行为。他们中间也许还有些是属于焦虑的易感染人群，他们一旦有焦虑情绪，可能会不受控制地做出一些过激行为，因此攻击性行为发生的概率也就相对较大。

本研究结果显示，高抑郁的大学生相比低抑郁组的大学生，会产生较高的攻击性，既往研究显示抑郁症患者存在明显攻击行为，特别是指向自我的攻击，因此郁症患者较正常对照组更易出现愤怒、敌意和面向自我的攻击行为，这与已有的研究结果一致（雍那，2014）。具有抑郁这种神经质特质的个体面对经历的事件尤其是负性情境时，会以消极的方式来应对和宣泄，比如攻击性行为的产生，与前人研究一致的是，本研究也证实抑郁与攻击性有正相关。

研究结果还表明，生活事件与攻击性呈显著正相关，说明大学生所经历的生活事件越多，攻击性越强，这与以往的研究结果类似（于蕴淼，2013）。生活事件指的就是生活中经常发生的引起应激的事件，需要一定的适应性努力和社会调节才能有效应对，所以说这种应激下的挫折情境能增强大学生的攻击性倾向。根据挫折—侵犯理论，个体在经历挫折后更多地表现出攻击侵犯行为，同时贝尔科维茨认为内驱力和外部刺激的结合最终导致了攻击行为的发生，强调攻击行为是内外因共同作用的结果。因此在面临生活事件时自身的处理态度也是影响攻击性行为的动因。这也就证实了抑郁、自我评价能够在生活事件与攻击性之间起着一定的作用。在生活事件的影响下，个体可能无法有效应对生活事件，容易表现出抑郁状态，从而容易产生攻击性行为，或者在生活事件的影响下，个体能够有效自信地面对突如其来的问题情境从而减少对自己或者他人的伤害。

第六节　对策与建议

一、管理焦虑情绪

焦虑可以触发攻击性行为。焦虑情绪通常伴随着紧张、不安和不安全感。在高度焦虑的状态下，大学生可能更容易变得敏感、易怒，从而采取攻击性行为来应对情感困扰。攻击性行为可以是一种情感释放机制，但通常会引发后续的问题。焦虑降低自我控制能力，焦虑情绪对大学生的自我控制能力产生负面影响。焦虑情绪可能会使大学生在情感上失控，难以理性思考和冷静应对冲突，这降低了他们采取建设性的方式来解决问题，从而增加了攻击性行为的风险。具体通过管理焦虑情绪改善大学生攻击性行为的策略有以下三个方面。

焦虑管理技能培训。提高大学生的情感管理技能可以帮助他们更好地处理焦虑情绪。这包括识别和理解情感，学会放松技巧，以及采用健康的情感应对策略。情感管理技能培训有助于减轻焦虑，从而降低攻击性行为的风险。专门针对焦虑情绪的管理技巧培训可以帮助大学生更好地应对焦虑。这包括深呼吸、冥想、放松练习和认知行为疗法。这些技巧可以帮助大学生在焦虑情绪上升时冷静下来，从而减少攻击性行为的发生。

创造支持性的社交环境。大学生需要支持和理解的社交环境，以减轻焦虑。学校和家庭应该鼓励支持性的社交关系，鼓励学生分享他们的情感和担忧。有人可以倾听和提供支持，有助于减轻焦虑情绪。营造安全环境的重要性，安全感是焦虑管理的关键。大学和家庭应该营造一个安全的环境，鼓励学生分享感受和担忧，而不会受到责备或惩罚，这有助于减轻焦虑情绪，从根本上降低攻击性行为的可能性。

鼓励寻求帮助和教授冲突解决技能。大学生应该知道寻求心理健康帮助是有效的。学校可以提供心理咨询服务，以帮助那些受焦虑情绪困扰的学生。鼓

励学生主动寻求帮助，有助于早期干预和焦虑情绪的管理。教授学生冲突解决
技能，以帮助学生在冲突时保持冷静，这些技能包括积极倾听、表达自己的需
求、寻找共同的解决方案，以及采取建设性的对话方式。通过学习这些技能，
大学生可以避免采取攻击性行为来应对冲突。

二、缓解抑郁情绪的策略

抑郁情绪导致愤怒和冲动，抑郁情绪通常伴随着消极的情感，如哀伤、无
助和自卑。在高度抑郁的状态下，大学生可能积累了负面情感，最终可能爆发
为愤怒和冲动。这种愤怒和冲动行为可能表现为攻击性行为。抑郁降低自我控
制能力，抑郁情绪对于大学生的自我控制能力产生负面影响。抑郁情绪可能会
让大学生感到疲惫、无助，导致难以控制情感，这促使了他们难以采取建设性
的方式来解决问题，增加了攻击性行为的风险。抑郁加重自我负面评价，抑郁
情绪常常伴随着自我负面评价，大学生可能会感到自己无用、无价值，这种自
我负面评价可能导致愤怒和敌对行为，他们可能试图通过攻击性行为来减轻内
心的痛苦。

从抑郁角度出发改善大学生攻击性行为的具体策略有：提供心理健康服
务，心理健康支持包括心理咨询和治疗，可以帮助受抑郁困扰的大学生处理情
感问题，通过专业的心理健康支持，大学生可以学会更好地应对抑郁情绪，减
少攻击性行为的可能性。创造支持性社交环境和寻求帮助，大学和家庭应该创
造一个支持性的社交环境，鼓励学生分享他们的情感和担忧有助于减轻抑郁情
绪。同时学校可以通过宣传、教育活动和资源提供信息，以帮助学生了解寻求
帮助的重要性，鼓励学生寻求帮助有助于早期干预和抑郁情绪的管理。教授解
决问题的技能，解决问题的技能对于减少攻击性行为至关重要。大学生应该学
会如何分析问题、提出解决方案，以及采取行动，这可以帮助他们应对挫折和
冲突。促进积极建设性的自我评价，积极的自我评价是减轻抑郁情绪的重要部
分，可以通过情感教育和自我帮助活动来促进积极的自我评价，鼓励学生认识
到自己的价值和能力，有助于减轻抑郁情绪。

三、改善孤独感的状况

孤独感导致愤怒和冲动，孤独通常伴随着消极情感，如哀伤、无助和疏离。在孤独的状态下，大学生可能感到愤怒和不满，但由于缺乏亲密关系，他们可能没有健康的途径来表达这些情感。因此，愤怒和冲动通过攻击性行为来表现出来。孤独增加社交隔离，孤独感可能导致社交隔离，这意味着大学生与他人的联系减少。社交隔离可能会导致大学生更加敌对和具有攻击性，因为他们缺乏机会来培养健康的社交技能和关系。孤独削弱自我控制能力，孤独可能会导致自我控制能力的削弱。当孤独感加重时，大学生可能难以控制情感，因此更容易采取冲动的攻击性行为，而不是通过冷静和建设性的方式来应对问题。

从孤独感角度出发改善大学生攻击性行为的具体策略有：提供社交支持，各种社交支持，以减轻孤独感。社交活动、俱乐部、志愿服务和学习小组都是提供社交支持的途径。通过参与这些活动，大学生可以建立新的友谊和社交联系，减轻孤独感。同时提供心理健康支持是减轻孤独感的重要一环，心理咨询和治疗服务可帮助那些受孤独感困扰的学生，心理健康专业人员可以帮助学生探讨孤独感的根本原因，并提供支持和建议。社交技能可帮助大学生更好地与他人互动，这包括积极的沟通、倾听技巧、解决冲突的方法和建立亲密关系的技巧。通过学习这些技能，大学生可以更好地应对社交挑战，减轻孤独感。共情和同理心是减轻孤独感的关键，可以通过情感教育和社交活动来培养学生的共情和同理心。当学生能够理解他人的情感和需求时，他们更有可能建立亲密关系，减轻孤独感。

四、关注生活事件

关注生活事件来改善大学生的攻击性行为是一种重要的途径。生活事件对大学生的情感状态和行为产生深远的影响，积极的生活事件可以促使积极的情感和行为，而负面的生活事件则可能导致愤怒、冲动和攻击性行为。

积极生活事件如获得认可、实现目标、建立亲密关系等，通常会促进积极的情感状态。大学生在经历积极的生活事件时，更有可能表现出善良和宽容，而不是采取攻击性行为。负面生活事件如挫折、丧失、人际冲突等，可能会导致愤怒、伤心和沮丧。这种情感状态可能促使大学生采取攻击性行为来应对内心的不适。攻击性行为通常是一种情感释放机制，但往往会引发更多的问题。大学生的应对策略对生活事件如何影响他们的攻击性行为至关重要。积极的应对策略，如问题解决、情感表达和冷静思考，有助于减轻负面生活事件的影响，并降低攻击性行为的可能性。对于生活事件的应对能力是大学生是否能够应对生活事件的关键。较高的应对能力意味着他们更能够应对挑战和压力，从而不采取攻击性行为。大学生的应对能力可以通过教育和培训来提高，以帮助他们更好地处理生活事件。

解决问题是应对生活事件的关键。大学生应该学会如何分析问题、提出解决方案，以及采取行动。这可以帮助他们应对挫折和冲突，而不是通过攻击性行为来应对。情感教育是培养大学生情感管理和应对策略的有效方法。学校可以提供情感教育课程，帮助学生更好地理解情感、情感反应和情感表达。通过情感教育，大学生可以更好地应对生活事件。学会积极的应对策略，如积极思考、寻找支持，和保持身体健康，这些策略有助于减轻生活事件的负面影响，从而降低攻击性行为的风险。提供的心理健康资源，包括在线资源、自助工具，和心理咨询服务等，可以帮助受生活事件影响的学生。同时心理健康专业人员可以帮助他们理解自己的情感和应对生活事件的方式，从而降低攻击性行为的风险。通过评估学生的情感管理和应对策略，以了解他们是否需要额外的支持，因此监测学生的攻击性行为和情感状态变化也是重要的。

关注大学生的生活事件是减少攻击性行为的重要因素。通过提高情感管理技能、问题解决能力、冲突解决技巧、提供心理健康支持、情感教育以及促进积极应对策略，可以帮助大学生更好地应对生活事件，减轻负面影响，降低攻击性行为的风险。大学应该积极实施这些策略，并持续监测和评估它们的效果，以确保学生的心理健康和安全。通过这些努力，可以创造更和谐、积极的大学校园氛围，促使学生更好地适应生活中的挑战。

第五章

大学生冷暴力现状及影响因素

第一节　研究目的与意义

2017年11月，教育部等11个部门出台《加强中小学生欺凌综合治理方案》，提出完善处置学生欺凌行为的制度，让处置欺凌事件有法可依，推动防治欺凌工作的进步。虽然各地的相关规定在不断完善，但并没有重点诠释校园冷暴力行为，人们对校园内的冷暴力造成的后果不够重视，加上冷暴力不易被察觉，没有明确的法文条例对其进行惩罚，因此大家并不关注。事实上校园冷暴力产生的危害是巨大的，解决校园冷暴力问题需要全社会各界教育工作者的共同参与。

当前国内外专门针对校园冷暴力研究的较少，大多数研究者是从家庭或者职场领域中进行冷暴力的研究。受多种因素的影响，近些年校园冷暴力呈明显增长趋势，根据中国青年报社社会调查中心联合问卷网对1999人进行的一项调查显示，讽刺（56.2%）、辱骂（51.4%）和嘲笑（50.2%）被调查者认为是最常见的三种校园冷暴力表现形式，47.9%的受访者认为校园冷暴力出现的原因是家庭教育的缺失或不到位，60.1%的受访者认为校园冷暴力会在当事人内心留下阴影（王学东，2016）。因此，校园冷暴力通常是利用语言、行为、表情等表现形式存在于校园中大学生之间，给学生心理上造成严重的伤害。

现今国内外研究多集中在家庭和职场中的冷暴力现象，而对校园冷暴力的研究较少。本书以大学生为研究对象，通过问卷调查收集资料，系统梳理大学生校园冷暴力的现状，为减轻校园冷暴力所带来的伤害提供一些参考依据。

第二节　核心概念及研究现状

一、冷暴力的相关概念

（一）冷暴力的概念界定

关于攻击性行为的概念界定一直存在争议。对于冷暴力这个概念，学界也尚未取得统一的认识。冷暴力属于暴力，但相对于看得见的以肢体攻击行为为主的直接硬暴力来讲，冷暴力则要隐蔽得多。暴力通常指明显的攻击性行为，为达到目的，以肢体接触直接对他人造成损伤。相较而言，冷暴力是以言语、态度为主要方式，包括了挖苦、讽刺等方式对他人进行攻击，使其受到心理和精神上的伤害（李建芹，2013）。随着物质生活的逐渐富足，各领域的身体暴力现象有所减少，相关法律法规也逐渐完善，与此同时，冷暴力也得到了越来越多的关注。早期关于冷暴力，主要体现在家庭问题方面，因此《辞海》中这样定义冷暴力：指夫妻双方在产生矛盾时，不是通过殴打等不良暴力方式处理，而是对对方表现得较为冷淡、轻视、放任和疏远。其主要特征是对对方漠不关心、减少语言交流、停止或敷衍性生活、懒于做一切家务活。由此展开，随着社会的不断发展，冷暴力这一现象逐渐延伸到企业、学校等多种场景，冷暴力这一话题逐渐得到了普遍的关注。崔玉华在研究中指出："所谓的冷暴力不是通过诸如殴打等暴力行为来解决问题，而是表现出漠不关心、蔑视、自由放任和漠不关心，导致他人在精神上和心理上受到侵犯和伤害。"（崔玉华，2008）由于冷暴力具有隐蔽性，对受害者的伤害往往不能直接表现出来，因而经常被教育管理者忽视，甚至成为学生之间互相伤害、部分老师惩罚学生的主要手段。

（二）冷暴力的相关概念界定

目前对校园冷暴力的概念界定不一，蔡德辉和杨士隆认为，校园暴力是用语言、肢体动作侵犯他人，使对方心理及生理受到伤害之行为（支愧云，2017）。换句话说，语言侵犯也是一种暴力。赵浩栋将校园冷暴力分为语言冷暴力、行为冷暴力、制度冷暴力和网络冷暴力四种（赵浩栋，2014）。这种分类方式是以实施冷暴力的方式进行分类的，这种分类方式中会有交叉的现象出现，如网络冷暴力中大多运用的都是语言攻击，可能会和语言冷暴力产生交叉。校园暴力不仅指身体暴力或性暴力，还包括由于强行控制导致的情绪和心理痛苦，种族、性别和阶层歧视导致的人际关系伤害，以及集权引起的冲突（顾淑馨，2017）。

有研究将大学生宿舍冷暴力界定为是一种发生在大学宿舍的，致使室友情感和心理受到侵犯与伤害的精神暴力，其表现形式为疏远、冷淡、轻视、放任、嘲讽和漠不关心等（赵红霞、郭倩楠，2013）。也有学者把大学生宿舍冷暴力界定为：在大学生寝室生活的交往中，室友使用侮辱、恐吓的语言或其他非暴力手段，有意对交往中的其他室友实施冷漠、孤立、忽视、嘲讽等行为，达到致使他人精神和心理受到伤害的目的（李小青，2017）。

因此，冷暴力的研究包括三个方面，这三方面的侧重点不同。其一，作为一种特别的交流方式的冷暴力，即侧重于将冷暴力界定为一种消极的人际交往态度。其二，相对于热暴力的冷暴力，即侧重于将冷暴力界定为一组有伤害性的人际交往行为，如包含语言暴力。其三，以心理虐待为核心的冷暴力，即侧重于将冷暴力定义为一种对当事人造成精神伤害的人际关系状况。

二、冷暴力的后果及影响

对于成长中的学生来说，教育中的精神虐待与肉体虐待相比有过之而无不及的危害，容易产生自卑抑郁、紧张焦虑、情感冷漠等情感障碍，以及不合群、孤僻、不爱讲话，丧失学习动机、厌恶及逃避学习等行为障碍（王水珍、刘成斌，2003）。在大学校园，冷暴力是一种不健康的错误应对方式，它会影响效能感（杜志强、汪昌权，2011）。除了对学校心理虐待直接后果的研究外，有的学者还将学校冷暴力作为原因变量，探索学生心理虐待与某些心理疾病的关系研究。如有学者对初中学生心理虐待与抑郁症的关系研究发现，心理虐待比躯体、性虐待的危害性更大（马茂、陈维清、黄志威，2011）。寝室成员对室友的心理虐待就是一种冷暴力。大学生宿舍冷暴力普遍存在，且形式多样，无论男女生都更倾向于用冷暴力来处理矛盾。高校宿舍冷暴力影响宿舍情感交流，不利于宿舍和谐氛围的构建，影响寝室成员彼此的心理健康，导致学习成绩下降（赵红霞、郭倩楠，2013）。

有学者研究表明，校园欺凌普遍发生的原因往往与个体的综合素质、家庭教育，以及学校教育与管理等因素相关（王宏，2017）。在大学校园这个特定的规训场域中，大学生产生的显性权力下的文化规训和隐性权力下的自我规训，是使得大学生将冷暴力变成热理解的根源所在；而危机的产生还与冷暴力信息的微观特征息息相关，比如冷暴力信息的主体身份特征，文化环境，信息接纳主体的理解程度等（储琰，2017）。宿舍冷暴力作为校园冷暴力中特有的一种形式，引起了学术界许多研究者的关注，对其产生的原因也进行了深入研究。在对大学生的访谈与问卷调查结果分析显示，大学生个体之间的差异及处事方式的不同、生活习惯不同、宿舍内缺乏有效沟通、心理压力大无有效解决方式、利益冲突存在等因素是大学生宿舍冷暴力爆发的原因（赵红霞、郭倩，2013）。

第三节　调研方法

一、研究对象

本研究采用方便取样法，选取兴义民族师范学院、凯里学院、贵州大学、贵州财经大学、贵阳中医学院、贵州民族大学、贵州工程应用技术学院和遵义医学院等八所大学的部分本科生作为被试。研究共发放问卷1000份，收回有效问卷839份，有效率为83.9%。其中男生342人，女生497人；文科类228人，理科类225人，艺体类176人，医学类210人；大一242人，大二239人，大三218人，大四140人。

二、研究方法

采用由熊杰编制的《大学生人际交往的冷暴力量表》，量表包含31道题，共五个维度。每个题目采用李克特的五点计分方式，从"非常不符合"到"非常符合"依次记1—5分。该量表的内部一致性 Cronbach's α 系数为0.941，量表的分半信度为0.83。该量表在本研究中的内部一致性 Cronbach's α 系数为

0.862。

采用帕克、杜普林与布朗（Parker、Tupling & Brown）人于1979年编制的《父母教养方式问卷》，中文版由蒋奖、许燕（2009）修订。该问卷有两个版本，父亲版和母亲版，每个版本的项目数相同，各25个题目。修订后的四因素模型的两个版本各维度的内部一致性信度均在0.74—0.85之间，说明该问卷的内部一致性较好。重测信度均达0.6以上，表示具有跨时间稳定性。四因素模型包括：关怀维度、冷漠拒绝维度、过度保护维度和自主性维度。问卷采用0—3的李克特四点计分，0=非常不符合，1=比较不符合，2=比较符合，3=非常符合。该问卷在本研究中的内部一致性Cronbach's α信度系数为0.893。

采用王振宏和吕薇等编著的《积极情绪体验问卷》作为大学生积极情绪的测量工具，来测量大学生积极情绪体验水平，共15个题目，采用"完全不符合"到"完全符合"6点计分，无反向计分项，计分方式为各题目分数相加，分数越高表明积极情绪体验水平越高。该问卷为单维结构，单因素模型的各项拟合指标良好，内部一致性系数为0.81，重测信度为0.91，具有良好的信效度。

三、数据分析

采用SPSS 23.0统计软件对数据进行分析处理。

第四节　调研结果

一、大学生人际交往中的冷暴力在人口学变量上的差异分析

（一）大学生人际交往中的冷暴力在性别上的差异分析

以大学生人际交往中的冷暴力各维度及总分为因变量，性别为自变量进行独立样本t检验，结果如表4–1所示。

表4-1 大学生冷暴力在性别上的差异分析（M±SD）

	男(n=342)	女(n=497)	t	p
排斥干涉	27.38 ± 7.36	26.07 ± 7.13	2.566	0.010
积极关系	21.27 ± 5.78	20.54 ± 5.82	1.782	0.075
人际压力	17.72 ± 4.17	18.19 ± 4.40	-1.525	0.128
冷淡疏远	8.43 ± 2.41	8.21 ± 2.45	1.259	0.208
冷漠嫉妒	11.21 ± 2.65	11.00 ± 2.64	1.103	0.270
冷暴力总分	86.02 ± 14.00	84.05 ± 13.38	2.062	0.039

数据表明，大学生人际交往中的冷暴力总分在性别上存在显著差异（P<0.05），具体在各个维度上表现为：男生的排斥干涉显著高于女生（P<0.05），而在人际压力、冷淡疏远、冷漠嫉妒和积极关系上均不存在显著差异（P>0.05）。

（二）大学生人际交往中的冷暴力在年级上的差异分析

以大学生人际交往中的冷暴力各维度及总分为因变量、年级为自变量进行单因素方差分析，并对有显著差异的变量做事后检验，结果如表4-2所示。

表4-2 大学生冷暴力在年级上的差异分析（M±SD）

	①大一 (n=242)	②大二 (n=239)	③大三 (n=218)	④大四 (n=140)	F	POST HOC
排斥干涉	25.82 ± 7.44	26.05 ± 7.03	28.68 ± 7.24	25.71 ± 6.68	8.300***	③>②①④
积极关系	19.97 ± 5.96	20.70 ± 5.81	20.99 ± 5.58	22.34 ± 5.62	5.067**	④>①②③
人际压力	18.17 ± 4.51	18.16 ± 4.34	18.57 ± 4.01	16.55 ± 4.05	6.943***	①②③>④
冷淡疏远	8.03 ± 2.48	8.19 ± 2.42	8.80 ± 2.47	8.17 ± 2.26	4.347**	③>①②④
冷漠嫉妒	11.04 ± 2.86	11.25 ± 2.55	11.48 ± 2.46	10.29 ± 2.52	6.279***	①②③>④
冷暴力总分	83.04 ± 14.57	84.40 ± 12.92	88.52 ± 13.10	83.06 ± 13.17	7.721***	③>①②④

数据显示，大学生冷暴力在年级上存在显著差异，并对其进行事后检验发现：大三学生在排斥干涉、冷淡疏远和冷暴力总分上的得分高于大一、大二、大四学生；而大一、大二、大三学生在人际压力和冷漠嫉妒上的得分要高于大四学生；大四学生在积极关系上的得分要高于大一、大二、大三的学生。具体的趋势分布图如图4-1所示。

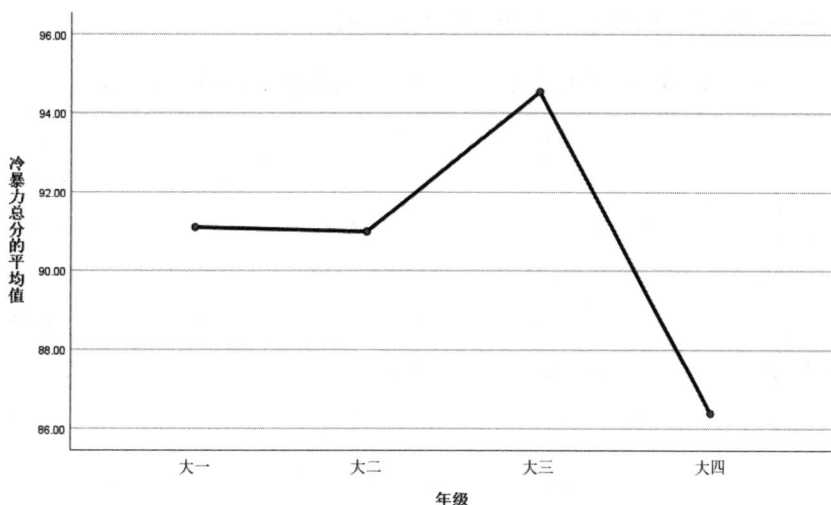

图4-1 大学生的冷暴力在年级上的趋势分布图

（三）大学生人际交往中的冷暴力在是否独生子女上的差异分析

以大学生人际交往中的冷暴力各维度及总分为因变量、是否独生子女为自变量进行独立样本t检验，结果如表4-3所示。

表4-3 大学生冷暴力在是否独生子女上的差异分析（$M \pm SD$）

	是 (n=216)	否 (n=623)	t	p
排斥干涉	26.89 ± 7.47	26.51 ± 7.17	0.680	0.496
积极关系	21.50 ± 5.79	20.61 ± 5.80	1.932	0.054
人际压力	18.00 ± 4.21	18.00 ± 4.34	−0.005	0.996
冷淡疏远	8.37 ± 2.43	8.27 ± 2.44	0.498	0.619
冷漠嫉妒	11.19 ± 2.62	11.06 ± 2.65	0.619	0.536
冷暴力总分	86.01 ± 13.95	84.45 ± 13.55	1.445	0.149

数据表明，大学生人际交往中的冷暴力总分在是否独生子女上不存在显著差异（P>0.05），并且在各个维度上也不存在显著差异（P>0.05）。

（四）大学生人际交往中冷暴力在是否有留守经历上的差异分析

以大学生人际交往中的冷暴力各维度及总分为因变量、是否有留守经历为自变量进行独立样本t检验，结果如表4-4所示。

表4-4 大学生冷暴力在是否有留守经历上的差异分析（M±SD）

	是（n=359）	否（n=480）	t	p
排斥干涉	28.15±7.36	25.46±6.94	5.409	0.000
积极关系	20.80±5.96	20.86±5.70	-0.148	0.882
人际压力	18.25±4.23	17.82±4.36	1.420	0.156
冷淡疏远	8.57±2.45	8.10±2.41	2.804	0.005
冷漠嫉妒	11.24±2.65	10.98±2.63	1.399	0.162
冷暴力总分	87.05±13.82	83.22±13.33	4.051	0.000

数据表明，大学生人际交往中的冷暴力总分在是否有留守经历上存在显著差异（P<0.05），具体在各维度上的表现为，有留守经历的大学生在排斥干涉和冷淡疏远方面要显著高于没有留守经历的大学生（P<0.05），而在积极关系、人际压力和冷漠嫉妒方面均不存在显著差异。

二、大学生人际交往中的冷暴力与父母教养方式的关系

（一）大学生人际交往中的冷暴力与父母教养方式的相关分析

对大学生人际交往中的冷暴力和父母教养方式进行描述统计和皮尔逊积差相关分析，结果如表4-5所示。

表4-5 人际交往中的冷暴力与父母教养方式的相关分析

	①	②	③	④	⑤	⑥	⑦	⑧	⑨
①冷暴力总分	1								
②父亲关怀/关爱	-0.204**	1							
③父亲冷漠拒绝	0.197**	-0.421**	1						
④父亲过度保护	0.134**	-0.019	0.470**	1					
⑤父亲自主性	-0.146**	0.527**	-0.165**	-0.141**	1				
⑥母亲关怀/关爱	-0.178**	0.762**	-0.343**	-0.101**	0.506**	1			
⑦母亲冷漠拒绝	0.162**	-0.250**	0.774**	0.474**	-0.126**	-0.271**	1		
⑧母亲过度保护	0.136**	-0.068*	0.460**	0.874**	-0.139**	-0.039	0.487**	1	
⑨母亲自主性	-0.112**	0.443**	-0.141**	-0.149**	0.825**	0.567**	-0.098**	-0.121**	1

注：①表示冷暴力总分；②表示父亲关怀/关爱；③表示父亲冷漠拒绝；④表示父亲过度保护；⑤表示父亲自主性；⑥表示母亲关怀/关爱；⑦表示母亲冷漠拒绝；⑧表示母亲过度保护；⑨表示母亲自主性。

数据表明，大学生人际交往中的冷暴力与父亲冷漠拒绝、父亲过度保护、母亲冷漠拒绝、母亲过度保护均呈正相关；大学生人际交往中的冷暴力与父亲关怀/关爱、父亲自主性、母亲关怀/关爱、母亲自主性均呈负相关。

（二）父母教养方式对大学生人际交往中冷暴力的回归分析

以冷暴力为因变量、父母教养方式的各维度为自变量进行回归分析，结果如表4-6所示。

表4-6　父母教养方式对大学生人际交往中冷暴力的回归分析

因变量	自变量	R^2	B	F	β	t
冷暴力	父亲关怀/关爱	0.042	93.667	36.435***	-0.204	-6.036***
	父亲冷漠拒绝	0.039	80.456	33.727***	0.197	5.807***
	父亲过度保护	0.018	81.401	15.225***	0.134	3.902***
	父亲自主性	0.021	91.487	18.105***	-0.146	-4.255***
	母亲关怀/关爱	0.032	93.455	27.471***	-0.178	-5.241***
	母亲冷漠拒绝	0.026	79.505	22.570***	0.162	4.751***
	母亲过度保护	0.019	81.171	15.786***	0.136	3.973***
	母亲自主性	0.013	90.042	10.683**	-0.112	-3.268**

通过一元线性回归分析表明，父亲冷漠拒绝、父亲过度保护、母亲冷漠拒绝、母亲过度保护能正向预测冷暴力；而父亲关怀/关爱、父亲自主性、母亲关怀/关爱、母亲自主性能够负向预测冷暴力。

三、大学生人际交往中的冷暴力与积极情绪体验的关系

（一）大学生人际交往中的冷暴力与积极情绪体验的相关分析

对大学生人际交往中的冷暴力和积极情绪体验进行描述统计和皮尔逊积差相关分析，结果如表4-7所示。

表4-7　大学生积极情绪与人际关系的相关分析

	①	②	③	④	⑤	⑥	⑦
①积极关系	1						
②人际压力	-0.231**	1					
③排斥干涉	-0.085*	0.498**	1				
④冷淡疏远	-0.105**	0.391**	0.639**	1			
⑤冷漠嫉妒	-0.163**	0.535**	0.441**	0.386	1		
⑥冷暴力总分	0.256**	0.653**	0.850**	0.670**	0.597**	1	
⑦积极情绪体验总分	0.276**	-0.145**	-0.192**	-0.150**	-0.098**	-0.314**	1

注：①表示积极关系；②表示人际压力；③表示排斥干涉；④表示冷淡疏远；⑤表示冷漠嫉妒；⑥表示冷暴力总分；⑦表示积极情绪体验总分。

结果显示积极情绪体验总分与冷暴力总分及人际压力、排斥干涉、冷漠疏远、冷漠嫉妒维度之间显著负相关，与积极关系维度显著正相关，表明大学生积极情绪体验水平越高，人际冷暴力就越少。

（二）积极情绪体验对大学生人际交往中冷暴力的回归分析

以冷暴力为因变量、积极情绪体验为自变量进行回归分析，结果如表4-8示。

表4-8　积极情绪体验对冷暴力的回归分析

因变量	预测变量	R^2	B	F	β	t
冷暴力	积极情绪体验总分	0.099	104.336	91.375***	-0.314	-9.559***

由表4-8可知，积极情绪体验对冷暴力的预测达到了显著性较高水平，积极情绪体验对冷暴力具有显著的负向预测作用（β=-0.314，P<0.001）。

第五节 结果讨论

一、大学生人际交往中的冷暴力在人口学变量上的差异讨论

（一）大学生人际交往中的冷暴力在性别上的差异讨论

李静认为女大学生在人际交往中相对于遭受冷暴力而言，实施冷暴力的现象更为严重（徐黎光，2018）。而男生在人际交往中，由于天性比较乐观、与人交往简单，所以容易处在一种"被冷暴力而不知其原因"的情况下（李静，2017）。经分析，笔者认为可以从以下几个方面理解：①性格方面，女生相对于男生而言，更敏感、脆弱及感性，容易胡思乱想，而男生更偏理性，不拘小节；②在处理事情方面，女生对待同性群体的宽容度、理解较低，所以女生对同性同伴实施冷暴力的现象也更为严重（李鹤，高蕾，2014），而男生在处理事情方面比较好面子，所以当发生矛盾时，他们会选择沉默和所谓"算了"的态度来对待，而这往往是冷暴力的另一种表现形式；③在人际交往方面，特别是男女交往中，女生更加注重细节、更加细致，可能会因为一点儿小事而对对方实施冷暴力，而男生会比较简单随意和不善言辞，因此更容易遭受对方的冷暴力（戴斌荣，周健颖.2016）。受这些条件的影响，女生在大学校园里往往更容易对他人实施冷暴力，而男生更容易遭受到他人的冷暴力。

（二）大学生人际交往中的冷暴力在年级上的差异讨论

通过单因素方差分析，数据表明大学生冷暴力在年级上存在显著差异，并对其进行事后检验发现：大三学生在排斥干涉、冷淡疏远和冷暴力总分上的得分高于大一、大二、大四学生；而大一、大二、大三学生在人际压力和冷漠嫉妒上的得分要高于大四学生；大四学生在积极关系上的得分要高于大一、大二、大三的学生。所以从冷暴力总分上看，大三学生的冷暴力水平最高，大二学生次之、大一、大四学生最低。

对于大一新生来说，刚进入大学对周围的一切都充满好奇，热情无比，青春洋溢，对每一个人都展示出自己最天真、单纯的微笑。大一新生和同学的相处正处于一个和谐甚至是甜蜜的时期，所以很难产生冷暴力。但是经过一年的相处，大家对彼此都有所了解了，所以在相处的过程中，一些小摩擦、小矛盾

就开始出现了，因此在人际交往中，大家都较容易产生负面心理。并且在后期开始慢慢出现人际危机，而这个危机持续到大三就会全面爆发（袁悦，2018），因为在这个时期，由于大家人际交往的圈子逐步扩大，出现的矛盾、摩擦越来越多，沟通效率越来越低，所以对彼此的包容也会越来越低，而冷暴力也就随之产生了。对于大四的学生而言，心理越来越成熟，处理事情的能力也越来越强（杨娜，郑恒，2017），又面临毕业、分别，所以在人际交往中也会更加珍惜彼此的友谊，哪怕产生一些矛盾，也会轻松解决。

（三）大学生人际交往中的冷暴力在是否独生子女上的差异讨论

通过独立样本 t 检验分析，结果表明大学生人际交往中的冷暴力总分在是否独生子女上不存在显著差异。这可能跟现代教育的发展有关，现在的大学生大多是 95 后，在独生子女家庭中，父母的教育相较于之前也越来越好。所以父母对于孩子在人际交往中，更多时候会灌输合作、团结、包容等思想，也会教授他们更多与人打交道的方法（戴斌荣，周健颖，2016）。所以这部分孩子在人际交往中也能维护好朋友之间的友谊，妥善处理好在人际交往中出现的摩擦、矛盾。对于非独生子女就更不用说了，因为兄弟姐妹之间的分享、交流、包容、理解和爱足够教会他们怎样与别人友好相处，并且如何积极维护这段关系。

（四）大学生人际交往中冷暴力在是否有留守经历上的差异讨论

通过独立样本 t 检验，发现大学生人际交往中的冷暴力总分在是否有留守经历上存在显著差异，具体在各维度上的表现为：有留守经历的大学生在排斥干涉和冷淡疏远方面要显著高于没有留守经历的大学生，而在积极关系、人际压力和冷漠嫉妒方面均不存在显著差异。

一个人的留守经历对个人的成长有着很深远的影响，从童年到成年从未间断。有研究表明：与非留守儿童相比，留守儿童出现心理问题的可能性会更大（罗静等，2009）。当出现的这种心理问题没得到妥善解决时，就会导致个体产生负面的、冷漠的行为，甚至是歪曲的价值观，影响其一生。董天琪的研究表明（2017），与无留守经历被试相比较时，有留守经历被试敌意情绪得分较高。这说明有留守经历的大学生相对于无留守经历的大学生来说，在人际交往中，遇到问题时更倾向于采取负面的、敌意的手段，从而导致冷暴力的产生。

二、大学生人际交往中的冷暴力与父母教养方式的关系讨论

在本研究中，父母教养方式对大学生人际交往中的冷暴力有显著影响。其中父亲冷漠拒绝、父亲过度保护、母亲冷漠拒绝和母亲过度保护对大学生人际交往中的冷暴力有显著的正向影响，且都能正向预测冷暴力；而父亲关怀/关爱、父亲自主性、母亲关怀/关爱和母亲自主性对大学生人际交往中的冷暴力有负向的预测作用。以往的研究也表明父母教养方式与个体人际交往能力有显著相关（张妍，任慧莹，2012）。正所谓"望子成龙""望女成凤"，大多数家长都希望自己的子女能出人头地，有所作为，所以对孩子的教育也格外严格。但也恰恰是因为父母的教养方式过于严厉，甚至是冷漠，导致孩子在人际交往中出现强势、冷淡等行为。当然还有一部分家长对孩子太溺爱，生怕孩子在外受到欺负而对其过度保护，导致孩子缺乏为人处世的能力，在人际交往中容易给人一种"不好相处"的感觉。

总之，父母的关怀关爱能够促使个体在人际交往中获得更好的友谊，体会到更多的关怀与爱，从而使个体变得更加自信、坚强和友善。反之，父亲冷漠拒绝，父亲过度保护，母亲冷漠拒绝，母亲过度保护则会阻碍大学生人际交往的发展，从而导致冷暴力的产生。

三、大学生人际交往中的冷暴力与积极情绪体验的关系讨论

根据相关分析结果显示，大学生积极情绪体验总分与冷暴力总分及人际压力、排斥干涉、冷漠疏远、冷漠嫉妒维度之间显著负相关，与积极关心维度因子显著正相关，回归分析显示积极情绪体验能正向预冷暴力积极关系维度因子，能负向预测冷暴力总分及人际压力、排斥干涉、冷漠疏远、冷漠嫉妒维度因子。积极情绪体验越高，个体会以积极的态度去面对人际关系冲突，而不是以冷暴力的方式来应对，这会对人际冷暴力有很大的缓解，这也是积极情绪与冷暴力负相关且能负向预测冷暴力的原因。

第六节　对策与建议

一、构建大学生和谐人际关系

如果大学生在校园生活中能得到大多数同学的热爱，能拥有良好的人际关系，那么在平时生活中，这种轻松自在的生活环境可以给大学生在应对冲突时提供一种积极的心态。倘若遭遇挫折或是遇到困难，同学或是身边朋友能及时伸出援助之手，不仅是解决问题时的一臂之力，更是情绪上的莫大的支持，能及时消除其郁闷或无助等负面的情绪，从而使大学生能拥有面对问题或困难时的冷静，而不是仅靠暴力来解决问题。

改变大学生关于人际关系的认知偏差，进行准确的自我定位。人们在与他人进行交往的过程中会对自己和他人产生认知，如果这种认知与现实不符合就会出现认知偏差，一旦出现认知偏差就不能对自己有准确的认识，会高估或低估自己，使自己变得傲慢或自卑，从而导致冷暴力，甚至是"热暴力"的产生。因此，学校的教育工作者应对学生进行关于自我认知等课程传授，使学生能更加地了解自己，学会对自己进行评价、自我总结和自我反省，从而有更准确的定位，使大学生在人际交往中避免冷暴力的产生。因此探讨如何构建大学生和谐人际关系，使他们在校园中更好地融入社会、建立友谊，从而更好地面对未来的挑战。

第一，建立积极的沟通习惯。在大学中，与人交往的首要条件就是良好的沟通。积极主动地与同学、室友、老师以及其他校园人群进行交流，不仅可以帮助你更好地了解彼此，还能够增进友谊。在沟通中，要注重倾听，尊重他人意见，学会表达自己的观点，避免产生误解和矛盾。通过建立积极的沟通习惯，大学生可以更好地与他人相处，促进人际关系的和谐发展。

第二，培养良好的人际技能。人际技能是在人际交往中表现出来的一系列能力，包括情商、领导力、团队协作等。在大学生活中，培养这些技能对于建立和谐人际关系至关重要。通过参加社团活动、课外实践、志愿服务等，大学生可以锻炼自己的团队协作能力和领导才能，提高处理人际关系的灵活性和敏感度。

第三，保持真实和坦诚。在建立人际关系的过程中，真实和坦诚是至关重要的原则。不要过分隐藏自己的想法和情感，要勇敢地表达自己，同时也要尊重他人的真实感受。保持真实和坦诚的沟通有助于建立互信关系，使人际关系更加牢固。在大学中，学会坦诚地与他人相处，不仅有助于建立深厚的友谊，还能够提升自己在集体中的认同感。

第四，培养人际网络。在大学里，广泛而深入地建立人际网络是非常重要的。通过参与各种活动，拓展社交圈，结识不同背景和兴趣的人，有助于丰富自己的人际资源。这些人际资源不仅有助于学业上的合作，还可能对未来的职业发展产生积极影响。因此，大学生应该主动参与学校组织的各类活动，拓展自己的人际网络。

第五，处理冲突与矛盾。在人际关系中，难免会遇到一些冲突与矛盾。如何处理这些问题将直接影响到人际关系的和谐程度。面对冲突，大学生应学会冷静分析问题、理性沟通，寻找解决问题的最佳途径。避免将矛盾积压，及时与对方沟通，尽早化解问题，有助于关系的持续稳定。

第六，尊重多元文化。大学是一个文化交汇的地方，来自不同地区和背景的同学聚集在一起。尊重多元文化是建立和谐人际关系的重要前提。要学会欣赏不同文化，尊重他人的习惯和信仰，避免产生偏见和歧视。通过多元文化的交流，可以丰富自己的见识，提高文化包容性，使人际关系更加丰富和谐。

第七，培养良好的人品。良好的人品是吸引他人、建立良好人际关系的重要保障。大学生应该注重自己的言谈举止，保持正直、诚实、守信的品德。通过做一个值得信赖的人，可以更容易地赢得他人的信任，建立起和谐的人际关系。

第八，寻求心理支持。大学生活中，面临各种压力和困扰是不可避免的。及时寻求心理支持是维护人际关系和自身心理健康的关键。可以通过与朋友、家人、辅导员等进行沟通，分享自己的感受和困惑，获取建议和帮助。有了良好的心理支持，大学生可以更好地应对人际关系中的困难，保持心态的平衡。

在大学生活中，构建和谐的人际关系是实现学生发展、避免产生冷暴力事件的重要一环。通过建立积极的沟通习惯、培养良好的人际技能、保持真实和坦诚、拓展人际网络、处理冲突与矛盾、尊重多元文化、培养良好的人品、寻求心理支持等方面的努力，大学生可以更好地融入校园生活，建立深厚的友谊，为未来的发展奠定坚实的基础。在这个过程中，不仅可以丰富自己的人生阅历，还能够培养出更加成熟、自信、具有团队合作精神的优秀品质。

二、开设有特色的心理健康课程

人际交往中的冷暴力已成为社会关注的焦点，并且冷暴力已成为多数大学生人际交往中的杀手。一段友谊的破裂往往是由于冷暴力。一个人的人际交往能力能在一定程度上帮助其未来的发展。而良好的人际交往能力不应只是纸上谈兵，更应该投入到实践，学习有力的交往对策。要拥有积极的人生观。学校开展心理健康课，可以运用有关心理教育方法和手段，培养学生良好的心理素质。以积极的态度对待自己的人生，乐观地面对生活，努力提升自己，让自己能更好地面对生活中的人和事，拥有更健康的人际关系。

校园冷暴力已经成为一个不容忽视的问题。这种暴力形式不同于传统的身体暴力，更多地表现为言语攻击、排斥孤立等非直接的伤害。它可能会对学生的心理产生深远的影响，导致抑郁、焦虑、自卑等心理问题，甚至诱发更为严重的后果。因此，校园冷暴力的存在需要引起高度重视。为了更好应对校园冷暴力的问题，有必要探讨通过开设有特色的心理健康课程来减少校园冷暴力，为学生提供更加健康和谐的成长环境。为了更好地应对校园冷暴力，有必要在学校设置专门的心理健康课程。这样的课程不仅可以帮助学生更好地了解自己的情感和需求，还能够提供一系列的心理调适方法，增强学生的心理韧性，从而减少校园冷暴力的发生。

心理健康课程的内容设计。心理健康课程的内容设计至关重要，课程可以涵盖自我认知、情绪管理、人际关系、压力应对等方面的知识，以帮助学生全面了解和应对各种心理问题。特别是关于校园冷暴力的内容，可以通过案例分析、小组讨论等方式，引导学生认识到这一问题的存在及其危害性。

心理健康课程的实践与案例分析。在心理健康课程中，引入实践环节和案例分析是非常有效的教学手段。通过实际演练和真实案例的分析，学生能够更加深入地理解心理健康知识，并能够将这些知识应用到实际生活中。特别是在处理校园冷暴力问题时，通过模拟情境演练，学生可以培养更好的应对能力。

心理健康课程的师资力量建设。为了提高心理健康课程的教学质量，学校应该加强心理健康教育师资力量的建设。培养一支专业、有经验的心理健康教育队伍，他们既要具备专业的心理学知识，又要有足够的理解和关爱学生的能力。这样的师资力量可以更好地引导学生，提供有效的心理健康教育服务。

开设有特色的心理健康课程不仅需要科学的设计，更需要系统的实施和效果评估。在实施过程中，学校可以采用问卷调查、学业成绩观察等方式，收集学生的心理健康状况及校园冷暴力的情况，以便及时调整课程内容和方法。只有通过不断地实施和调整，才能保证心理健康课程的效果最大化。

学校开设心理健康课程的同时，还需要与家庭建立紧密的合作关系。通过家校联动，可以更全面地了解学生的心理状态，及时发现问题并采取有效的干预措施。学校可以定期举办家长会，向家长介绍心理健康课程的内容和效果，共同致力于孩子的身心健康成长。

通过开设有特色的心理健康课程，学校可以为学生提供更全面、科学的心理健康教育，有助于减少校园冷暴力的发生。这种健康的教育模式不仅有益于学生个体的成长，也有助于整个校园环境的改善。

三、营造和谐家庭氛围

根据本研究的结果显示，大学生人际交往中的冷暴力现象与父母的教育以及整个家庭氛围息息相关，正所谓良好的家庭环境和家庭教育是孩子健康成长的重要保障，也是应对人际交往冷暴力的重要基础。因此，一方面，家长应该为孩子营造良好的家庭环境，以温馨和睦的家庭环境熏陶感染孩子，养成好的行为习惯，从而避免孩子在人际交往中成为冷暴力的施暴者或受害者；一方面，家长应以身作则，以正确的价值观、人生观教育孩子，使孩子明是非、知礼仪，既不恃强凌弱，也会自我保护，远离冷暴力。

为了减少校园冷暴力的发生，还需要从家庭入手，通过营造和谐的家庭氛围，培养学生积极向上的人格，以更好地应对校园压力。

家庭是一个孩子成长的摇篮，家庭环境对于学生的心理健康起到至关重要的作用。和谐温馨的家庭环境能够培养孩子的自尊心、自信心，使其在校园生活中更有底气，更能够适应集体生活。相反，不和谐的家庭关系可能会使学生在校园中产生逆反心理，或者因为缺乏安全感而表现出攻击性行为。在这种情况下，学生更容易成为冷暴力的施暴者或者受害者。

家庭氛围对学生的积极影响。一个和谐的家庭氛围能够促使学生形成积极向上的人生态度。在这样的环境中，学生更容易建立自信心、责任感和同理心，从而减少冷暴力行为的发生。和谐的家庭环境与学生心理健康之间存在着显著的正相关。良好的家庭氛围可以降低学生抑郁、焦虑等心理问题的发生率，为他们提供更加健康的成长环境。

建立和谐家庭氛围的方法主要有五个方面。第一，沟通是关键。建立和谐家庭氛围的第一步是良好的家庭沟通。家庭成员之间要真诚地交流，分享彼此的想法和感受，以增进家庭成员之间的理解和信任。第二，关注家庭成员的需求。每个家庭成员都有自己的需求和期望，关注并尊重这些需求是营造和谐家庭氛围的重要因素。家长应该倾听孩子的心声，理解他们的压力和困扰，并给予关心和支持。第三，创造积极的家庭文化。家庭文化是家庭氛围的重要组成部分。通过共同制定家规、培养良好的家风，可以使家庭成员形成积极的家庭文化，从而促进家庭的和谐。第四，亲子关系的培养。亲子关系是家庭氛围的核心。通过建立良好的亲子关系，孩子可以更好地与家庭成员沟通，分享他们的想法和感受。父母要成为孩子的朋友和引导者，与他们建立亲密的关系。第五，家庭与学校的合作。要营造和谐的校园氛围，家庭和学校之间的合作至关重要。学校应该与家长保持密切联系，及时了解学生在家庭环境中的情况，以便更好地协助学生在学校中适应和融入。第六，家校共同促进学生心理健康。通过家校合作，可以共同制订心理健康教育计划，促进学生的心理健康。学校可以定期组织心理健康讲座，邀请专业心理医生与家长共同交流心理健康知识，提供更多的支持和指导。

通过营造和谐家庭氛围，我们能够有效地减少校园冷暴力的发生。和谐的家庭环境不仅有助于学生的心理健康，也能够培养他们积极向上的人格，更好地适应学校生活。家庭与学校之间的合作更是保障学生全面成长的关键，通过共同努力，能够为学生创造更加健康、和谐的成长环境。

总讨论

攻击性行为是指个体有意识、有目的地执行伤害性行动或破坏性行动，具体来说青少年攻击性行为形成会受到许多影响，同时也存在复杂的形成机制。为了对贵州省青少年攻击性行为的具体状况和形成机制进行具体实证研究，本项目组从多个学段、多个年级对贵州省青少年进行了深入详细的调查研究。

首先，为探讨小学高年级留守儿童父母依恋与攻击性行为的关系，本研究选取兴义市、毕节市和遵义市一共22所小学的四至六年级的350名有效留守儿童被试作为研究对象，采用《亲子依恋量表》和《攻击性行为问卷》进行调查，通过对数据进行差异检验及相关分析、回归分析等，得出如下研究结果：

一、留守儿童父母依恋方面：非独生子女的父母依恋显著高于是独生子女的留守儿童；四年级留守儿童的父亲亲近倾向显著高于五、六年级的留守儿童；父母均外出的留守儿童父母依恋显著高于单亲外出的留守儿童。

二、留守儿童攻击性行为方面：四年级的留守儿童的攻击性行为显著高于六年级的留守儿童；身体攻击上男生显著高于女生，敌意上女生显著高于男生。

三、小学高年级留守儿童的母亲亲近与身体攻击、替代攻击这两种攻击行为存在显著负相关；小学高年级留守儿童的父（母）亲信赖与身体攻击、愤怒、敌意、替代攻击四种攻击性行为存在显著负相关；小学高年级留守儿童的父亲亲近与替代攻击存在显著负相关。

四、通过父母依恋对攻击性行为的回归预测分析得到，小学高年级留守儿童的母亲信赖能显著负向预测身体攻击、愤怒、替代攻击三种攻击行为；父亲信赖能显著负向预测身体攻击、愤怒、敌意、替代攻击四种攻击性行为。

其次，为了了解中学生校园暴力状况及与师生关系的相关性，为开展中学生校园暴力的防治提供参考资料。抽取贵州省四所中学的712名初一至高三学生采用中学生暴力行为有效量表、师生关系问卷进行调查。结果发现：一、中学生目击暴力的发生率为95.9%，遭受暴力和实施暴力的发生率分别为89.5%和86.1%；初中学生目击心理暴力、躯体暴力和总暴力，遭受心理暴力和总暴

217

力均高于高中学生的暴力行为；非独生子女中学生实施心理暴力和总暴力，遭受心理、躯体和总暴力均高于独生子女中学生的暴力行为；民办学校中学生实施心理暴力和总暴力，遭受心理、躯体和总暴力，目击心理暴力和总暴力均高于公办学校中学生的暴力行为。二、师生关系的满意度与中学生实施自杀意念与行为呈负相关，亲密性和支持性与实施人格侮辱呈负相关，冲突性与实施人格侮辱、实施性骚扰、实施权利侵犯、实施心理暴力、实施自杀意念与行为、实施总暴力均呈显著正相关。三、师生关系中的冲突性会对中学生暴力行为产生重要的正向影响。

同时，为考察贵州省大学生攻击性行为与其父母教养方式、积极情绪体验的状况及具体关系，采用大学生攻击性量表、父母教养方式问卷和积极情绪体验问卷，抽取贵州省八所高校的839名大学生进行调查分析，结果发现：一、大学生攻击性行为在性别、年级和是否有留守经历上存在显著差异；大学生父母教养方式在性别、年级和是否有留守经历上存在显著差异；大学生积极情绪体验在年级上存在显著差异。二、大学生攻击性与父母关怀/关爱呈现显著负相关，而与父母冷漠拒绝、父母过度保护均呈显著正相关，其中父亲冷漠拒绝和母亲过度保护能显著正向预测攻击性10.2%。三、大学生攻击性行为与积极情绪体验呈显著负相关，且积极情绪体验能负向预测冷暴力3.6%。四、大学生人际关系与攻击性行为存在显著负相关，且大学生人际关系能显著负向预测攻击性行为。

再次，为了深入探讨大学生的攻击性行为与孤独感、状态—特质焦虑、生活事件、羞怯、抑郁、核心自我评价等心理健康状况及复杂关系的形成机制，采用青少年生活事件量表（ASLEC）、状态—特质焦虑问卷（STAI）、孤独感量表（UCLA）、大学生羞怯量表、抑郁自评量表（SDS）、核心自我评价量表、中文大学生版Buss-Perry攻击性量表（CC-BPAQ）等对贵州省三所大学的602名大学生进行问卷调查，使用多元逐步回归和Bootstrap法检验大学生攻击性形成机制的复杂中介效应模型。具体的研究结果得到：一、大学生的羞怯、生活事件、状态焦虑、特质焦虑、孤独感五个变量之间存在显著的两两正相关；状态焦虑、特质焦虑、孤独感在生活事件与羞怯的关系中起到部分中介作用。二、大学生的核心自我评价与抑郁、生活事件、攻击性存在显著的负相关，抑郁、生活事件与攻击性两两呈显著正相关；生活事件不仅能直接正向预测大学生的攻击性，还可以通过核心自我评价、抑郁的链式中介作用间接影响攻击性。三、孤独感、状态焦虑、特质焦虑与大学生攻击性均呈显著正相关，且均能显著正向预测大学生攻击性；孤独感通过特质焦虑和羞怯的中介作用对攻击性产生影响，中介作用有三条路径：特质焦虑的单独中介、羞怯的单独中介以及特质焦虑–羞怯的链式中介效应。

最后，大学生的冷暴力的调研也是关注的重点，采用大学生人际交往的冷暴力量表、父母教养方式问卷和积极情绪体验问卷，调查了贵州省八所高校的839名大学生，结果如下：一、大学生人际交往中的冷暴力在性别上存在显著差异，具体表现为女生所遭受到的冷暴力现象要高于男生；大学生人际交往中的冷暴力在年级存在显著差异，且大一、大二和大三的学生要显著高于大四学生；父母教养方式对大学生人际交往中的冷暴力有显著正向影响，而积极情绪体验对大学生人际交往中的冷暴力有显著负向影响。二、大学生人际关系状况总体上较好，大学生在现实人际关系总分及维度（同学人际关系上）存在年级差异，在虚拟人际关系上存在性别、年级差异；大学生现实人际关系、虚拟人际关系与攻击性行为存在显著负相关。大学生人际关系越好，越能融入群体，其攻击性行为便越少。

社会行为与心理健康之间的关系复杂多样，社会关系、社交技能、社区参与和文化因素都可以影响个体的心理健康。积极的社会行为可以促进心理健康，而负面的社会行为尤其是攻击性行为可能导致心理健康问题。通过建立健康的社交关系、社交技能培训、社区参与、减少社交媒体的负面影响、教育和宣传以及社会政策和改革等，可以改善社会行为与心理健康之间的关系。持续的监测、研究和合作也是实施这些策略的关键步骤，以促进更加健康、支持和有意义的社会环境，有助于个体的心理健康。

根据本文中所提到的社会行为与心理健康的研究成果，在改善负面的社会行为方面的具体措施有：心理健康评估，对于表现出负面社会行为的个体，进行全面的心理健康评估至关重要，这有助于确定是否存在潜在的心理健康问题，例如抑郁、焦虑等，以有助于制定个性化的治疗计划。生活事件管理技能有助于个体更好地应对挫折和压力，从而减少攻击性行为，这些技能包括情感管理、问题解决、冲突解决、和冷静思考等。培养积极的社交技能可以减少攻击性行为，这包括积极的沟通、倾听技巧、同理心和共情能力的提高，通过社交技能培训，个体更容易建立健康的社交关系。相关社区参与计划活动可以帮助个体建立积极的社会关系，并提供机会参与有益的活动，这有助于减少社会隔离，改善心理健康。家庭支持对于改善攻击性行为与心理健康的关系至关重要，支持和理解可以帮助个体更好地应对挫折和压力，而不是采取攻击性行为。同时通过教育和宣传活动，可以提高公众对心理健康问题和攻击性行为的认识，这有助于减少社会污名和提高社会支持。

社会行为与心理健康之间存在复杂的相互关系。心理健康问题可能正/负性社会行为，同时正/负性社会行为也可能对心理健康产生负面影响。可以通过多种功能途径改善青少年的心理健康水平。最终的目标是提高个体的心理健康，减少负性社会行为，创造更加和谐的社会环境。

参考文献

[1] 白冰."关系攻击"性别差异比较[J].人民论坛,2014,(14):170-171.

[2] 包蓉.广州中学生校园暴力现状及对策[J].少年儿童研究,2011,(16):31-34.

[3] 卞冉,车宏生,阳辉.项目组合在结构方程模型中的应用[J].心理科学进展,2007,15(3):567-576.

[4] 曹喜龙.大学生人际交往能力常见问题及对策——以陕西铁路工程职业技术学院为例[J].陕西教育(高教版),2014,(04):78-79.

[5] 曾凡富.高校校园冷暴力现状调查与分析研究[J].襄阳职业技术学院学报,2016,15(2):124-129.

[6] 曾晓强.大学生父母依恋及其对学校适应的影响[D].重庆:西南大学,2009.

[7] 陈海珍,池桂波,李文立.广州市中学生校园暴力发生现状及危险因素分析[J].现代预防医学,2008,35(12):2274-2277.

[8] 陈立民.亲子关系、同伴关系与青少年攻击性行为的相关研究[D].广州:华南师范大学,2007.

[9] 陈婷,张垠,马智群.父母冲突对初中生攻击行为的影响:情绪调节自我效能感与情绪不安全感的链式中介作用[J].中国临床心理学杂志,2020,28(5):1038-1041.

[10] 陈伟,熊波.校园暴力低龄化防控的刑法学省思——以"恶意补足年龄"规则为切入点[J].中国青年社会科学,2017,36(5):93-101.

[11] 陈英敏,高峰强,武云鹏."害羞"还是"羞怯"——基于概念与词源学的分析[J].心理科学,2013,36(2):501-505.

[12] 陈永进,游雅玲,支愧云等.中学生师生关系与校园暴力的关系研究[J].科技研究,2014,(23):648-651.

[13] 成广海.校园冷暴力现象透视——以晋城市为例[J].晋城职业技术学院学报,2016,9(06):62-65.

[14] 池桂波,陈海珍,王声湧.中学校园暴力的流行病学调查及影响因素分析[J].

疾病控制杂志,2007,(3):250-252.

[15] 戴斌荣,周健颖.大学生社会适应性现状调查[J].中国健康心理学杂志,2016,
	24(04):541-544.

[16] 单铭磊.大学生社交焦虑、归因方式、乐观取向与羞怯的关系研究[J].山东青
	年政治学院学报,2014,(05):62-66.

[17] 但未丽.对185起校园暴力案件的观察与分析[J].人民检察,2017,(10):
	33-36.

[18] 党晓红,马昌春.新沂市中学生校园暴力行为调查[J].中国学校卫生,2016,
	37(12):1811-1813.

[19] 邓柯.计算机游戏对青少年攻击性行为的影响[J].通讯世界,2019,26(01):
	298-299.

[20] 邓兆杰,黄海,桂娅菲,牛露颖,周春燕.大学生手机依赖与父母教养方式、主
	观幸福感的关系[J].心理卫生评估,2015,29(01):68-73.

[21] 丁静,李秀锦.大学生攻击性行为心理分析及干预措施[J].海峡科学,2018,
	(12):23-25.

[22] 董天琪.挫折情境下完美主义和留守经历对大学生攻击性的影响[D].石家庄:
	河北师范大学,2017.

[23] 董妍,王琦,邢采.积极情绪与身心健康关系研究的进展[J].心理科学,2012,
	35(02):487-493.

[24] 杜建政,张翔,赵燕.核心自我评价的结构验证及其量表修订[J].心理研究,
	2012,5(03):54-60.

[25] 付冰冰,吴疆鄂.大学生人际交往的现状与对策研究[J].大学(学术版),2013,
	(12):22-27+14.

[26] 付红珍.高校学生家庭功能,自我概念和成就动机的关系研究[D].兰州:西北
	师范大学,2011.

[27] 高峰强,杨华勇,耿靖宇,韩磊.相对剥夺感、负性生活事件在羞怯与攻击关
	系中的多重中介作用[J].中国临床心理学杂志,2017,25(02):347-350.

[28] 高桦.被攻击者的性别差异研究[J].社会心理科学,1997(04):26-29.

[29] 高正亮,胡光娇.大学生攻击和心理压力的相关性分析[J].中国学校卫生,
	2013,34(12):1515-1516.

[30] 顾明远.教育大辞典[M].上海:上海教育出版,1991:667-668.

[31] 顾璇,姚荣英,李红影.中学生攻击行为及其影响因素路径分析[J].中国学校卫生,2012,33(2):155-157.

[32] 关汝珊,赖雪芬.梅州市青少年心理资本亲子依恋与外化问题行为的关系[J].中国学校卫生,2019,40(11):1731-1733.

[33] 郭梅英,魏广东,张玉英.大学生攻击行为倾向与原生家庭特质焦虑及心理健康的关系[J].中国学校卫生,2010,31(03):289-290.

[34] 郭小艳,王振宏.积极情绪的概念、功能与意义[J].心理科学进展,2007,15(05):810-815.

[35] 郭秀琴,顾昭明.父母教养方式与大学生攻击性的相关[J].中国健康心理学杂志,2015,23(10):1499-1502.

[36] 哈丽娜,王灵灵,戴秀英,李秋丽,哈力君.宁夏大学生攻击行为与心理健康及社会支持的相关性[J].中国学校卫生,2016,37(02):233-235+238.

[37] 韩慧,缪鹏程,王元明,等.中学生攻击行为与父母心理行为控制的相关性[J].中国学校卫生,2020,41(9):1346-1349.

[38] 韩丕国,林庆楠,卞玉龙,等.母子关系对小班幼儿攻击行为的预测作用[J].中国临床心理学杂志,2017,25(6):1156-1159.

[39] 郝文,吴春侠,余毅震.中国农村留守儿童与非留守儿童攻击行为及影响因素比较[J].中国公共卫生,2020,36(8):1132-1138.

[40] 何源,卢次勇,高雪,等.广东省中学生吸烟饮酒与校园暴力关系[J].中国公共卫生,2014,30(5):597-599.

[41] 侯金芹,陈桂娟.亲子依恋与师生关系对中学生掌握目标定向学习动机影响的追踪研究[J].中国特殊教育,2017,(4):79-84.

[42] 侯璐璐,江琦,王焕贞,等.特质愤怒对攻击行为的影响:基于综合认知模型的视角[J].心理学报,2017,49(12):1548-1558.

[43] 胡旺,邹仪瑄,周凡,等.消极应对与母子依恋对中学生非自杀性自伤的影响及其交互作用[J].现代预防医学,2020,47(13):2351-2355.

[44] 胡晓娜.新媒体时代90后大学生人际交往的影响与策略研究[J].林区教学,2017,(04):120-121.

[45] 黄胡勇.父母教养方式对研究生婚恋观的影响研究[D].重庆:重庆师范大

学.2017.

[46] 黄情,姜小庆,李春玫,等.高中生校园暴力行为影响因素的结构方程模型分析[J].中国学校卫生,2017,38(10):1524-1526,1529.

[47] 黄潇潇,张宝山,张媛,等.元刻板印象对随迁儿童攻击行为的效应及挫折感的中介作用[J].心理学报,2019,51(4):484-496.

[48] 黄鑫鑫,李玉玲,关宏岩.遗传和环境因素对双生子儿童攻击行为的影响[J].中国当代儿科杂志,2019,21(12):1212-1217.

[49] 黄彦,谢晓琳,周晖.亲子依恋与儿童问题行为的相关:师生关系的调节作用[J].中国临床心理学杂志,2016,24(6):1074-1078.

[50] 黄悦勤,云淑梅,石立红.中学生人格偏离与父母养育方式及相关因素的研究[J].中国心理卫生杂志,2000,14(02):84-87.

[51] 纪林芹,张文新.儿童攻击发展研究的新进展[J].心理发展与教育,2007,23(2):122-127.

[52] 简才永,张乾宁子,植凤英.高职生羞怯、焦虑、孤独与人际和谐的关系[J].贵州师范大学学报(自然科学版),2015,33(01):42-45.

[53] 姜美霞.大学生同学间人际冲突及应对[D].湖南师范大学,2007.

[54] 蒋奖,许燕.父母教养方式问卷(PBI)信效度研究[J].心理科学,2009,32(01):193-196.

[55] 蒋奖.父母教养方式与青少年行为问题关系的研究[J].健康心理学杂志,2004,12(01):72-74.

[56] 金一斌,贺武华.新时期校园暴力的特点及其防控研究的若干思考[J].2010,(9):185-189.

[57] 晋丹丹.青少年认知风格、自我同一性与攻击性的关系研究[J].课程教育研究,2017,(33):193-194.

[58] 荆春霞,王声湧.广州市中学校园暴力发生情况及原因分析[J].中国学校卫生,2005,26(1):22-23.

[59] 蓝晓情,邹仪瑄,朱天晨,等.中学生自杀相关行为的特征与亲子依恋的关系[J].现代预防医学,2019,46(23):4305-4309.

[60] 黎肖霞.高中生父母教养方式、成就动机与学业成绩的关系研究[D].武汉:华中师范大学,2013.

[61] 李彩娜,班兰美.大学生害羞、孤独感及其关系研究[J].中国特殊教育,2010, (09):92-96.

[62] 李彩娜,党健宁,何姗姗,等.羞怯与孤独感——自我效能的多重中介效应[J].心理学报,2013,45(11):1251-1260.

[63] 李恩,施红,曾妍,等.厦门市城区中学生校园暴力发生现状调查[J].实用预防医学,2014,21(6):707-708,769.

[64] 李鹤,高蕾.大学生人际关系中冷暴力现象调查研究[J].北京教育(德育), 2014,(04):11-13.

[65] 李宏利,宋耀武.青少年攻击行为干预研究的新进展[J].心理科学,2004,(4): 1005-1009.

[66] 李宏利.青少年攻击行为干预研究的新进展[J].心理科学,2004,27,(4): 1005.

[67] 李菁菁,窦凯,聂衍刚.亲子依恋与青少年外化问题行为:情绪调节自我效能感的中介作用[J].中国临床心理学杂志,2018,26(6):1168-1172.

[68] 李婧.生源地域因素对人格差异的影响研究[D].南昌大学,2015.

[69] 李静.大学生校园冷暴力研究——基于S大学的案例研究[D].临汾:山西师范大学,2017.

[70] 李璐.人际关系敏感对攻击行为的影响[D].郑州大学,2020.

[71] 李田田.高中生师生关系、自尊与学业求助的关系[D].山东师范大学,2015.

[72] 李甜甜,王娟娟,顾吉有,等.有无二胎与父母教养能力感的关系:头胎子女亲子依恋的调节作用[J].心理发展与教育,2020,36(5):563-568.

[73] 李维.心理学百科全书[M].杭州:浙江教育出版社,1995.

[74] 李文静,林锴,王鹏,等.大学生消极生活事件与羞怯:应对方式的调节作用[J].南京航空航天大学学报(社会科学版),2013,15(02):92-96.

[75] 李闻戈.工读学生攻击性行为社会认知特点的研究[D].上海:华东师范大学,2004.

[76] 李雯,刘兆玺,徐涛等.医学生校园暴力认知现状与预防对策研究[J].中国伤残医学,2013,21(7):81-82.

[77] 李小青,唐庚金,杨琳.大学生宿舍冷暴力的现状分析及对策研究[J].科数文汇,2017,(03):145-146.

[78] 李小青,邹泓,王瑞敏,等.北京市流动儿童自尊的发展特点及其与学业行为、师生关系的相关研究[J].心理科学,2008,31(4):909-913.

[79] 李小青,邹泓,王瑞敏.北京市流动儿童自尊的发展特点及其与学业行为、师生关系的相关研究[J].心理科学,2008,31(4):909-913.

[80] 李晓宁.大学生共情能力对人际关系的影响研究[D].南昌大学,2017.

[81] 李艳,何畏.大学生生命意义感与父母教养方式、应对方式、幸福感指数的相关性[J].中国健康心理学杂志,2014,22(11):1683-1685.

[82] 李艳红.羞怯与人格、生活事件之间的关系[D].济南:山东师范大学,2009.

[83] 李艳兰.大学生攻击性研究[M].武汉大学出版社,2016,12.297.

[84] 李永鑫,周广亚.大学生生活事件与抑郁的交叉滞后分析[J].中国学校卫生,2007(01):28-29.

[85] 李柞山.转型期初中生心理健康与父母教育方式的研究[J].心理科学,2001,24(04):445-449.

[86] 理查德·格里格,心理学与生活(第16版)[M].北京:人民邮电出版社,2003:331-521.

[87] 梁建华.河南留守儿童心理问题调查与对策研究[J].中国电力教育,2010,(15):157-158.

[88] 廖海霞.中小学校园暴力的现状及法律对策[J].华中师范大学研究生学报,2016,23(1):158-161.

[89] 林磊.我国校园暴力现象研究的再思考[J].当代青年研究,2016,(5):5-10,39.

[90] 林磊.幼儿家长教育方式的类型及其行为特点[J].心理发展与教育,1995,(04):43-47.

[91] 刘成东,轩希,毛富强.心理剧疗法改善大学生人际安全的应用研究[J].中国学校卫生,2016,37(01):50-53.

[92] 刘丹,缴润凯,王贺立,等.幼儿教师情绪劳动策略与职业倦怠的关系:基于潜在剖面分析[J].心理发展与教育,2018,34(6):742-749.

[93] 刘俊升,周颖,顾文瑜.Buss-Perry攻击性量表在青少年中的初步修订[J].中国临床心理学杂志,2009,17(4):449-451.

[94] 刘启刚,周立秋.亲子依恋对青少年情绪调节的影响[J].心理研究,2013,6(2):34-39.

[95] 刘薇.青少年校园暴力现状调查分析[J].卫生职业教育,2016,34(4):86-87.

[96] 刘霞,赵淑英,张跃兵.某市中学生校园暴力行为及相关因素分析[J].中国临床心理学杂志,2008,16(4):420-422.

[97] 刘贤臣,刘连启,杨杰,等.青少年生活事件量表的编制与信效度检验[J].中国临床心理学杂志,1997,5(1):34-36.

[98] 刘勇,孟庆新,赵建芳.哈尔滨市中学生自尊羞耻与攻击行为的关系[J].中国学校卫生,2017,38(5):700-703.

[99] 刘珍珍."手机成瘾"对95后大学生人际交往的危害及其对策探析[J].陕西教育(高教),2017,(03):77-78.

[100] 刘中培,于福荣,王富强.工科院校大学生人际关系调查研究[J].黑龙江教育(高教研究与评估),2012,(08):33-35.

[101] 刘卓娅,余毅震.儿童青少年社交焦虑与攻击性行为关系[J].中国学校卫生,2011,32(8):909-911.

[102] 陆士桢,刘宇飞.我国未成年人校园暴力问题的现状及对策研究[J].中国青年研究,2017,(3):100-104.

[103] 栾程程.父母教养方式对小学生攻击性行为的影响:宽恕的中介作用及干预[D].桂林:广西师范大学,2014.

[104] 罗贵明.父母教养方式、自尊水平与大学生攻击行为的关系研究[J].宜春学院学报,2008,16(02):198-199.

[105] 罗建河,徐锋.谈女生校园暴力行为的现状、成因及其防治[J].教育探索,2011,(1):127- 130.

[106] 罗静,王薇,高文斌.中国留守儿童研究述评[J].心理科学进展,2009,(05):990-995.

[107] 罗青,孙晓军,田媛,等.大学生羞怯与孤独感的关系:网络社会支持的调节作用[J].教育研究与实验,2016,(03):87-92.

[108] 罗贻雪.儿童青少年攻击性、自尊及认知的关系研究[D].武汉:华中科技大学,2012.

[109] 吕路,高见和至,董冬,WONG Law rence,王翕.中文大学生版Buss-Perry攻击性量表的修订与信效度分析[J].中国心理卫生杂志,2013,27(05):378-383.

[110] 马春艳.教师语言暴力对师生关系的影响——以成都市N中学为例[D].成都:四川师范大学,2009.

[111] 马茜芝,张志杰.高中生亲子依恋与生命意义感的关系:同伴依恋和时间洞察力的中介作用[J].心理发展与教育,2020,36(2):168-174.

[112] 马欣仪.大学生拖延行为与父母教养方式的关系研究[J].中国临床心理学杂志,2011,19(5):675-677.

[113] 孟繁莹.大学生父母教养方式对心理韧性的影响:社会支持的中介作用[D].长春:吉林大学,2015.

[114] 孟仙,余毅震,等.小学高年级儿童攻击行为与亲子依恋关系[J].中国学校卫生,2011,32(8):901-903.

[115] 南晓薇,余毅震,杨奕.中学生攻击性与移情情绪管理能力的关系[J].中国学校卫生,2014,35(3):339-342+345.

[116] 倪林英.大学生攻击行为及其影响因素的研究[D].南昌:江西师范大学,2005.

[117] 彭源,朱蕾,王振宏.父母情绪表达与青少年问题行为:亲子依恋、孤独感的多重中介效应[J].心理发展与教育,2018,34(4):504-512.

[118] 屈智勇,邹泓.叶苑.中小学生的师生关系与其学校适应[J].心理发展与教育,2007,(4):77-82.

[119] 饶珈铭,王海清,叶云凤,等.广州市中学生性暴力发生情况及影响因素分析[J].中国学校卫生,2015,36(10):1446-1449,1454.

[120] 尚雪玲.羞怯个体的攻击行为研究与自我控制的培养策略[J].课程教育研究,2018,(18):215-216.

[121] 申婷,张野,张珊珊.高中生亲子依恋欺凌与羞耻倾向的关系[J].中国学校卫生,2019,40(12):1824-1827.

[122] 沈鉴清,吴慧娟,陈红卫.儿童攻击性行为与养育方式、家庭环境和自我意识的相关研究[J].中国行为医学科学,2006,15(8):744-745.

[123] 师保国,王黎静,徐丽,等.师生关系对小学生创造性的作用:一个有调节的中介模型[J].心理发展与教育,2016,32(2):175-182.

[124] 石琴,薛叶勇.如皋市某中学校园暴力的流行病学调查[J].中国校医,2015,29(10):799-800.

[125] 帅煜朦.当代大学生家庭教养方式、成人依恋与恋爱压力的关系研究[D].成都:四川师范大学,2014.

[126] 宋明华,陈晨,刘燊,等.父母教养方式对初中生攻击行为的影响:越轨同伴交往和自我控制的作用[J].心理发展与教育,2017,33(6):675-682.

[127] 宋雁慧.国家治理视角下的校园暴力防治研究[J].中国青年社会科学,2017,36(1):26-33.

[128] 宋雁慧.关注校园暴力的旁观者[J].当代教育论坛,2014,(3):24-29.

[129] 宋晔.校园精神暴力:一种隐性的虐待[J].思想理论教育,2007,(04):8-14.

[130] 宋志英.大学生人际关系与自我状态的关系研究[J].安庆师范大学学报(社会科学版),2017,36(05):122-126.

[131] 孙丽君,衡书鹏,牛更枫,等.儿童期心理虐待对青少年攻击行为的影响:安全感与孤独感的中介效应[J].中国临床心理学杂志,2017,25(5):902-906.

[132] 孙利.大学生主要人际关系状况及对教育的启示[J].黑龙江教育(高教研究与评估),2011,(05):42-43.

[133] 孙莉.高校学生人际关系窘境及突破研究[J].科教文汇(上旬刊),2015,(12):124-125.

[134] 孙小玉.小学生同伴关系与攻击性行为关系研究[J].法制博览,2018,(35):296.

[135] 孙晓军,周宗奎,范翠英,等.童年中期不同水平的同伴交往变量与孤独感的关系[J].心理科学,2009,32(3):567-570.

[136] 谭雪晴.关系攻击行为对儿童心理社会适应的影响[J].中国临床心理学杂志,2009,17(1):101-103.

[137] 谭余芬,程莹.大学生积极情绪与人际困扰的关系研究[J].教育学术月刊,2013,(11):88-91.

[138] 汤亮.校园暴力的成因与对策研究[D].江西:江西师范大学,2006.

[139] 唐森,闫煜蕾,王建平.师生关系和青少年内化问题:自尊的中介作用[J].中国临床心理学杂志,2016,24(6):1101-1104.

[140] 汪茂华.师生关系与学业成绩的关系:学习自信心的中介作用[J].上海教育科研,2015,(7):15-18.

[141] 王春霞.寄宿制高中生共情、宿舍人际关系与攻击行为的关系及干预研究

[D].河北师范大学,2022.

[142] 王大鹏.大学生羞怯与职业决策困难的关系——社交焦虑的中介作用[J].集美大学学报(教育科学版),2014,(04):30-33.

[143] 王冬,崔月英.影响90后大学生人际交往的心理因素及对策研究[J].林区教学,2014,(12):124-125.

[144] 王浩.大学生父母依恋、孤独感以及网络自我表露的关系研究[D].成都:四川师范大学,2015.

[145] 王虹旭,王洪.男性未成年犯自尊与攻击性的关系研究[J].科教文汇(下旬刊),2018,(04):150-151.

[146] 王甲娜,闫冠宇,王烈.城市留守儿童攻击行为与师生互动风格的关系[J].中国卫生统计,2017,34(6):967-968.

[147] 王建平,喻承甫,甄霜菊,等.同伴侵害与青少年攻击行为——心理需求满足与意向性自我调节的作用[J].北京师范大学学报(社会科学版),2020,(4):60-69.

[148] 王娟.试论女生校园暴力的原因及预防措施[J].太原师范学院学报(社会科学版),2013,12(2):134-138.

[149] 王琳.谭丙华.中学生校园暴力社会影响因素研究:以重庆市为例[J].青年探索杂志,2009,(1):31-39.

[150] 王默,董洋.师生关系模式对学生学业成就影响的元分析[J].全球教育展望,2017,46(7):57-68.

[151] 王平.大学生人际交往能力和行为困扰调查分析[J].大学(研究版),2017,(09):81-87+72.

[152] 王倩倩,刘丹,杜宇.父母教养方式、依恋和大学生抑郁关系的实证研究[J].中国健康心理学杂志.2010,18(09):1103-1105.

[153] 王倩倩,王鹏,韩磊,等.大学生羞怯问题研究[J].心理科学,2009,32(1):204-206.

[154] 王仕芬.团体心理辅导对改善高职学生人际关系问题的实证研究[J].职业教育(下旬刊),2014,(06):56-58.

[155] 王素丽.小学高年级学生攻击行为研究及教育对策——以盘锦市为例[D].大连:辽宁师范大学,2006.

[156] 王小琴,张月,马梅,等. 西安市中学校园暴力发生情况及其影响因素的研究[J]. 中国医学伦理学,2017,30(7):841-845,851.

[157] 王月琴,王安忠.大学生攻击行为与生活事件及人格的关系[J].三峡大学学报(人文社会科学版),2015,37(03):32-35.

[158] 王云.大一新生亲子依恋与社会适应的关系[J].大观周刊,2012,(49):167.

[159] 王耘,王晓华.小学生的师生关系特点与学生因素的关系研究[J].心理发展与教育,2002,18(3):18-23.

[160] 王振宏,吕薇,杜娟,王克静.大学生积极情绪与心理健康的关系:个人资源的中介效应[J].中国心理卫生杂志,2011,25(07):521-527.

[161] 王志英,卢宁.小学高年级儿童的攻击行为、社会期望及归因方式比较[J].预防医学情报杂志,2009,25(7):529-233.

[162] 王中会,罗慧兰,张建新.父母教养方式与青少年人格特点的关系[J].中国临床心理学杂志,2006,14(03):315-317.

[163] 魏义梅,张剑.大学生生活事件、认知情绪调节与抑郁的关系[J].中国临床心理学杂志,2008,16(06):582-583.

[164] 温忠麟,叶宝娟.中介效应分析:方法和模型发展[J].心理科学进展,2014,22(5):731-745.

[165] 吴春侠,张艳梅,余毅震.中国农村在校留守儿童攻击行为及影响因素[J].中国公共卫生,2018,34(7):981-986.

[166] 吴翠萍,杨海波.大学生人格特质对人际关系的影响:心理一致感的中介作用[J].卫生职业教育,2018,36(21):117-118.

[167] 吴晓薇,黄玲,何晓琴,唐海波,蒲唯丹.大学生社交焦虑与攻击、抑郁:情绪调节自我效能感的中介作用[J].中国临床心理学杂志,2015,23(05):804-807.

[168] 吴宗慧.中学生父母教养方式与情绪智力的相关研究[D].天津:天津师范大学,2017.

[169] 夏慕.亲子依恋对大学生社交焦虑的影响[D].呼和浩特:内蒙古师范大学,2013.

[170] 夏雪梅.大学生宿舍冷暴力、自尊与主观幸福感的关系研究[D].福州:福建师范大学,2017.

[171] 肖顺凯. 改善师生关系, 防范校园暴力——近期几起学生弑师案的思考[J]. 教师, 2014, (5): 7-8.

[172] 肖晓玛. 儿童攻击性行为及其矫治[J]. 韶关学院学报, 2002, 23(5): 126-129.

[173] 谢殿钊, 孙树慧, 韩磊, 等. 大学生羞怯与社交焦虑、社交回避的关系: 性别的调节效应[J]. 潍坊工程职业学院学报, 2015, (01): 23-25.

[174] 谢念均. 校园人际关系与班级归属感对初中生攻击行为的影响和干预研究[D]. 华东师范大学, 2022.

[175] 谢其利, 宛蓉. 大学生羞怯与手机成瘾倾向: 孤独感的中介作用[J]. 贵州师范大学学报(自然科学版), 2015, (02): 28-31.

[176] 邢秀茶, 王欣. 团体心理辅导对大学生人际交往影响的长期效果的研究[J]. 心理发展与教育, 2003(02): 74-80.

[177] 熊杰. 大学生人际交往中的冷暴力量表的编制[J]. 温州大学报, 2015, (5): 81-86.

[178] 徐畅. 校园暴力问题研究[D]. 吉林: 东北师范大学, 2008.

[179] 徐大真, 杨治良. 内隐社会认知中攻击性行为的性别差异研究[J]. 河南大学学报(社会科学版), 2001, (04): 100-103.

[180] 徐黎光. 小学高年级学生家庭环境、自我控制能力与攻击性行为的关系及对策[D]. 开封: 河南大学, 2018.

[181] 薛玲, 庞淑兰, 王伟秀, 等. 唐山市中小学校园暴力发生情况及影响因素分析[J]. 中国公共卫生, 2010, 26(6): 669-670.

[182] 薛玲, 庞淑兰, 王伟秀等. 唐山市中小学校园暴力发生情况及影响因素分析[J]. 中国公共卫生, 2010, 26(6): 669-670.

[183] 杨军, 李宜萍. 大学生攻击性特征研究[J]. 宜春学院学报, 2014, 36(11): 115-118.

[184] 杨娜, 郑恒. 大学生人际交往中的"冷暴力"现象探析[J]. 广西教育学院学报, 2017, (04): 107-109.

[185] 杨彦冰. 语文教学与大学生人际关系[J]. 陕西教育(高教版), 2009(07): 4.

[186] 杨尧忠, 廖小磊. 杜绝校园暴力 促进师生和谐[J]. 学校党建与思想教育, 2008, (3): 18.

[187] 姚计海, 唐丹. 中学生师生关系的结构、类型及其发展特点[J]. 心理与行为研

究,2005,3(4):275-280.

[188] 姚建龙. 校园暴力:一个概念的界定[J]. 中国青年政治学院学报,2008,27(4):38-43.

[189] 姚荣英,刘峰,等.皖北某地区小学高年级留守和非留守儿童攻击行为与父母依恋状况及其关系分析[J].预防医学,2015,40(5):650-655.

[190] 姚曙光.大学生宿舍人际关系冲突原因的质性研究[J].河南教育(高教),2018,(10):126-128.

[191] 尹奎,彭坚,张君. 潜在剖面分析在组织行为领域中的应用[J]. 心理科学进展,2020,28(7):1056-1070.

[192] 于海琴,周宗奎. 小学高年级儿童亲子依恋的发展及其与同伴交往的关系[J]. 心理发展与教育,2002,(4):36-40.

[193] 于蕴森,刘玥汐,陈璐,杨艳杰,邱晓惠,杨秀贤.大学生攻击性行为与生活事件相关性[J].中国公共卫生,2013,29(11):1677-1679.

[194] 俞国良,东贤.婚姻关系、亲子关系对3~6岁幼儿心行为问题的影响[J].心理科学,2003,26(4):608-611.

[195] 俞伟跃,耿申. 防治学生欺凌和校园暴力需综合施策[J]. 人民教育,2017,(9):53-55.

[196] 袁翠清. 未成年女生校园暴力行为法律研究[J]. 当代青年研究,2016,(5):11-15.

[197] 袁悦.大学生人格特质、成人依恋与恋爱质量的关系研究[D].郑州:郑州大学,2018.

[198] 詹方方. 儿童攻击性行为研究[J].中国健康心理学杂志,2010,18(7):891-893.

[199] 张宝强.父母教养方式、自恋人格与大学生攻击性的关系研究[D].杭州:杭州师范大学,2012.

[200] 张焕,李琨煜,苏晓芳. 青少年攻击行为倾向与情感忽视的关系[J]. 中国学校卫生,2020,41(12):1893-1895.

[201] 张进辅,徐小燕.大学生情绪智力特征的研究[J].心理科学,2004,(02):293-296.

[202] 张静.小学生父母教养方式、自尊及社交焦虑的关系研究[D].大连:辽宁师

范大学,2013.

[203] 张珂.大学生人际关系与内隐攻击性关系的实验研究[D].西南大学,2010.

[204] 张莉华.具有"留守经历"大学生的心理分析[J].当代青年研究,2006,(12):
28-30.

[205] 张曼,陈雁如,郭宏达,等.情绪管理在农村中学生攻击行为与自伤行为间
的中介作用[J].中国学校卫生,2019,40(7):980-983.

[206] 张檬.中学生亲子关系、师生关系、同伴关系与社会适应能力的发展及其关
系研究[D].保定:河北大学,2015.

[207] 张嫔.留守中学生的攻击性行为及干预策略[J].内蒙古教育,2018,(10):13-
14.

[208] 张容,孙群露,林爱华.小学生校园暴力现况及其影响因素分析[J].华南预
防医学,2014,40(2):132-136.

[209] 张珊珊,郭爽,张野,等.校园排斥对初中生攻击行为的影响:宽恕倾向、积
极应对的中介作用及性别的调节作用[J].中国特殊教育,2020,(12):62-68.

[210] 张维蔚,林丽云,熊莉华,等.青少年暴力行为与父母养育方式关系[J].中国
学校卫生,2014,35(2):261-263.

[211] 张文新、程学超,儿童对伤害情景的意图认知与反应倾向关系的发展研
究.心理科学.1995,3

[212] 张雅菲,张国胜.父母教养方式对孩子冒险性的影响:自尊的调节效应[J].中
国健康心理学杂志,2018,26(12):1912-1917.

[213] 张雅涵.大学生焦虑心理和婚恋焦虑现状的调查与分析[J].内蒙古师范大学
学报(教育科学版),2017,30(3):39-42.

[214] 张妍,任慧莹.父母教养方式与大学生心理健康关系元分析[J].中国学校卫

[215] 张艳,黄泽鹏,柳珍妮,等.公办与民办学校中小学生校园暴力影响因素对
比研究[J].中国学校卫生,2015,36(10):1450-1454.

[216] 张月娟,阎克乐,王进礼.生活事件、负性自动思维及应对方式影响大学生抑
郁的路径分析[J].心理发展与教育,2005,(01):96-99.

[217] 张志涛,王敬群,刘芬.大学生父母教养方式、领悟社会支持、孤独感与主观
幸福感的关系[J].中国健康心理学杂志,2012,20(07):1080-1083.

[218] 章志光.社会心理学[M].北京:人民教育出版社,2001.

[219] 赵晨.中学生师生关系的量化和质化研究[D].石家庄:河北师范大学,2014.

[220] 赵崇莲,郑涌.大学生人际关系质量的影响因素研究[J].心理科学,2009,32(04):983-985.

[221] 赵红霞,郭倩楠.大学生宿舍冷暴力现状调查[J].法治校园,2013(04):84-88.

[222] 赵科,陈春莲.西南地区大学生攻击行为现状与应对策略研究[J].德宏师范高等专科学校学报,2007,16(4):67-72.

[223] 赵科.大学生攻击行为及应对策略[J].中国健康心理学杂志,2009,17(5):598-601.

[224] 赵兰,唐娟,李科生.留守未成年犯攻击性与社会支持、家庭亲密度和适应性的相关研究[J].中国临床心理学杂志,2011,19(06):790-791.

[225] 赵茜,苏春景.大学生竞争态度、宿舍人际关系水平和攻击性的关系研究[J].鲁东大学学报(哲学社会科学版),2015,32(06):31-36+51.

[226] 赵祝.小学高年级学生的攻击性行为与亲子关系、同伴关系的相关研究[D].昆明:云南师范大学,2013.

[227] 郑春玲,刘丽,张海燕,等.中学生暴力行为量表的编制[J].中国心理卫生杂志,2013,27(4):285-291.

[228] 郑春玲.中学生暴力行为量表编制及其初步应用[D].太原:山西大学,2013.

[229] 郑全全.初中学生攻击行为的心理特征测量[J].心理科学,2002,25(6):680-684

[230] 支愧云,陈永进,夏薇等.青少年校园暴力问卷编制及信效度评价[J].中国公共卫生,2013,29(2):179-182.

[231] 周春梅.体育游戏修复大学生人际交往障碍问题的教学实验研究[D].湖南科技大学,2017.

[232] 周福林,段成荣.留守儿童研究综述[J].人口学刊,2006,(3):60-65.

[233] 周炜婷.亲子关系对小学儿童暴力行为的影响因素[J].科学大众(科学教育),2019(01):58.

[234] 周文娜.手机新媒体对大学生人际关系的负面影响及其对策研究[J].河南教育(高教),2016(02):29-31.

[235] 朱风书,王叶,郑玥,朱昊,蔡先锋,陈天霞.篮球运动干预对大学生攻击行

为的影响：人际关系中介作用[J].中国健康心理学杂志,2022,30(03):457-465.

[236] 朱坚,杨雪龙,陈海德.应激生活事件与大学生自杀意念的关系:冲动性人格与抑郁情绪的不同作用[J].中国临床心理学杂志,2013,21(02):229-231+212.

[237] 朱丽娜,张增国,郑德伟等.大学生焦虑与功能失调性态度在应激生活事件与攻击性间的中介和调节作用[M].中国学校卫生,2017,38(8):1187-1190.

[238] 朱琳.何愁春风唤不回:新课标下高中班主任如何做好德育工作[J].魅力中国,2010,(34):285.

[239] 朱天晨,邹仪瑄,蓝晓倩,等.中学生亲子依恋与应对方式的关系[J].中国学校卫生,2019,40(9):1406-1409.

[240] 朱文芬,傅一笑,胡小梅,王英诚,邓伟,李涛,马兴顺.遗传与环境因素对青少年暴力行为影响的双生子研究[J].卫生研究,2015,44(06):892-895+903.

[241] 朱研,李志平.医学研究生应激与抑郁关系及自我和谐中介作用[J].中国公共卫生,2016,32(6):842-844.

[242] 朱银潮,李辉,龚清海,等.宁波市中学生暴力行为流行现状及影响因素分析[J].中国学校卫生,2017,38(9):1362-1365.

[243] 朱作鑫.校园暴力之概念、现状及防治对策[J].广西青年干部学院学报,2005,15(5):21-26.

[244] 竺丽芳,苏丹.和谐校园构建视野中大学生人际关系现状及对策研究[J].中国轻工教育,2014,(03):48-51.

[245] 邹泓,李彩娜.中学生的学业行为及其与人格、师生关系的相关[J].北京师范大学学报(社会科学版),2009,(1):52-59.

[246] 邹泓,屈智勇,叶苑.中小学生的师生关系与其学校适应[J].心理发展与教育,2007,23(4):77-82.

[247] 邹巍,后慧宏.儿童攻击性行为案例分析[J].课程教育研究,2018(23):6-7.

[248] 左占伟,石岩.初中生的父母教养方式、社会支持和心理健康的关系[J].石家庄学院学报,2005,(06):90-94.

[249] Anderson CA, Bushman BJ. Human aggression[J]. Annual review of psychology, 2002,53:27-51.

[250] Armsden GC, Greenberg MT. The inventory of parent and peer attachment: Individual differences and their relationship to psychological well-being in adolescence[J]. Journal of youth and adolescence, 1987, 16(5): 427-454.

[251] Aron, E. N., Aron, A., & Davies, K. M. (2005). Adult shyness: The interaction of temperamental sensitivity and an adverse childhood environment. Personality & Social Psychology Bulletin, 31(2), 181-197.

[252] Ashe, D. D., & McCutcheon, L. E. (2001). Shyness, loneliness, and attitude toward celebrities. Current research in social psychology, 6(9), 124-133.

[253] Batanova, M. D., & Loukas, A. (2011). Social anxiety and aggression in early adolescents: Examining the moderating roles of empathic concern and perspective taking. Journal of Youth and Adolescence, 40(11), 1534-1543.

[254] Baumrind D. Rearing competent children. In Damon (Ed.), Child Development Today and Tomorrow. San Francisco, CA: Josey-Bass; 1989: 349-378.

[255] Beck, A. T., & Alford, B. A. (2009). Depression: Causes and treatment. University of Pennsylvania Press.

[256] Berkowitz, L. (1989). Frustration-aggression hypothesis: examination and reformulation. Psychological bulletin, 106(1), 59.

[257] Bowlby J. Attachment and loss: Vol. II. Separation: Anxiety and anger.[M]. New York: Basic Books., 1973.

[258] Cheek, J. M., & Buss, A. H. (1981). Shyness and sociability. Journal of Personality and Social Psychology, 41(2), 330.

[259] Chen, X., Cen, G., Li, D., & He, Y. (2005). Social functioning and adjustment in chinese children: The imprint of historical time. Child Development, 76(1), 182-195.

[260] Day, L. H., & Xia, M. (2019). Migration and urbanization in China. New York, NY: Routledge.

[261] Durbin D L, Darling N, Steinberg L, et al. Parenting style and peer group membership among European-American adolescents. Journal of Research on Adolescence. 1993, 3(1): 87-100.

[262] Fitts, S. D., Sebby, R. A., & Zlokovich, M. S. (2009). Humor styles as mediators

of the shyness–loneliness relationship. North American Journal of Psychology, 11 (2),257–272.

[263] Fredrickson B L. The role of positive emotions in positive psychology: The broaden–and–build theory of positive emotions[J]. American psychologist,2001, 56(3):218.

[264] Friggieri, C. (2008). Loneliness among University students. University of Malta. Retrieved from https://www.um.edu.mt/library/oar//handle/123456789/1835.

[265] Gabriel AS, Daniels MA, Diefendorff JM, et al. Emotional labor actors: a latent profile analysis of emotional labor strategies[J]. The Journal of applied psychology,2015,100(3):863–879.

[266] Gao, F., Xu, J., Ren, Y., Chen, Y. M., & Han, L.(2016). Left–at–home middle school students' shyness and aggression: The mediating effect of loneliness and the moderating role of security. Chinese Journal of Special Education,190(4), 60 – 65.

[267] Granic, I. (2014). The role of anxiety in the development, maintenance, and treatment of childhood aggression. Development and Psychopathology,26(4pt2), 1515 – 1530.

[268] Groh AM, Narayan AJ, Bakermans–Kranenburg MJ, et al. Attachment and Temperament in the Early Life Course: A Meta–Analytic Review[J]. Child development,2017,88(3):770–795.

[269] Han, L., Dou, F. F., Zhu, S. S., Xue, W. W., & Gao, F. Q.(2016). Relationship between shyness and aggression: The Mediating role of being bullied and self–control. Chinese Journal of Clinical Psychology,24(1),81–83.

[270] Heinrich, L. M., & Gullone, E.(2006). The clinical significance of loneliness: A literature review. Clinical Psychology Review,26(6),695–718.

[271] Henderson, Zimbardo.Shyness.In Friedman & S.Howard. Encyclopedia of Mental Health.San. Diego: Academic Press,1998:497–510..

[272] Huesmann, L. R., Eron, L. D., Guerra, N. G., & Crawshaw, V. B. (1994). Measuring children's aggression with teachers' predictions of peer nominations. Psychological Assessment,6(4),329.

[273] Jackson, T., Fritch, A., Nagasaka, T., & Gunderson, J. (2002). Towards explaining the association between shyness and loneliness: A path analysis with American college students. Social Behavior and Personality: an International Journal, 30(3), 263–270.

[274] Kerns KA, Brumariu LE. Is Insecure Parent–Child Attachment a Risk Factor for the Development of Anxiety in Childhood or Adolescence?[J]. Child development perspectives, 2014, 8(1): 12–17.

[275] Koydemir, S., & Demir, A. (2008). Shyness and cognitions: An examination of Turkish university students. The Journal of Psychology, 142(6), 633–644.

[276] Lazarus, R. S. (1991). Emotion and adaptation. Oxford University Press.

[277] Lin S, Yu C, Chen W, et al. Peer Victimization and Aggressive Behavior Among Chinese Adolescents: Delinquent Peer Affiliation as a Mediator and Parental Knowledge as a Moderator[J]. Frontiers in psychology, 2018, 9: 1036.

[278] Loudin, J. L., Loukas, A., & Robinson, S. (2003). Relational aggression in college students: Examining the roles of social anxiety and empathy. Aggressive Behavior, 29(5), 430–439.

[279] Mandler, G., & Sarason, S. B. (1952). A study of anxiety and learning. The Journal of Abnormal and Social Psychology, 47(2), 166.

[280] Monroe, S. M., Slavich, G. M., Torres, L. D., & Gotlib, I. H. (2007). Severe life events predict specific patterns of change in cognitive biases in major depression. Psychological medicine, 37(6), 863–871.

[281] Pavri, S. (2015). Loneliness: The cause or consequence of peer victimization in children and youth. The Open Psychology Journal, 8(1).

[282] Piko, B. F., Prievara, D. K., & Mellor, D. (2017). Aggressive and stressed? youth\" s aggressive behaviors in light of their internet use, sensation seeking, stress and social feelings. Children and Youth Services Review, 77, 55–61.

[283] Podsakoff PM, Mackenzie SB, Lee JY, et al. Common method biases in behavioral research: a critical review of the literature and recommended remedies[J]. The Journal of applied psychology, 2003, 88(5): 879–903.

[284] Sears R R, Maccoby E E, Levin H. Patterns of child rearing[J]. 1957.

[285] Smith, H. M., & Betz, N. E. (2002). An examination of efficacy and esteem pathways to depression in young adulthood. Journal of Counseling psychology, 49 (4), 438.

[286] Twenge, J. M., Baumeister, R. F., Tice, D. M., & Stucke, T. S. (2001). If you can' t join them, beat them: Effects of social exclusion on aggressive behavior. Journal of Personality and Social Psychology, 81(6), 1058.

[287] Wang M, Hanges PJ. Latent Class Procedures: Applications to Organizational Research[J]. Organizational Research Methods, 2011, 14(1):24–31.

[288] Zhao, J., Kong, F., & Wang, Y. (2012). Self−esteem and humor style as mediators of the effects of shyness on loneliness among Chinese college students. Personality and Individual Differences, 52(6), 686–690.

[289] Zimmer−Gembeck, M. J., & Pronk, R. E. (2012). Relation of depression and anxiety to self and peer−reported relational aggression. Aggressive Behavior, 38 (1), 16–30.